한국어 담화와 생략

강연임 지음

어회

국어학을 공부하겠다고 다짐한 것이 어느덧 10년이 지났다. 시작할 때는 최선을 다하겠다고 굳게 다짐했지만, 그것은 세월이 흐르는 만큼 무뎌지고 말았다. 공부에 앞서 생활인이라는 변명을 앞세운 필자의 게으름 때문이다. 그렇지만 국어학을 공부하면서 세상을 알게 되었고, 사람살이를 간접적으로나마 느낄 수 있었다. 특히 담화를 토대로 생략을 살피다 보니 다양한 대화 속에서 인간 냄새를 맡을 수 있었다. 다만 인간 냄새에서 훈훈한 인정을 생각하기보다는 분석적인 감식안을 먼저 고려해야 하는 처지가 아쉬울 뿐이다.

이 책은 2년 전 박사학위 논문으로 제출한 것이다. 무지의 소치로 많은 부분이 성글지만 용기를 내어 간행을 결심하였다. 혼자 고민하며 자괴감에 빠지는 것보다 공표하여 질정을 받는 것이 앞으로 공부하는 데 도움이 되리라는 판단에서이다. 다만 학위논문의 체재를 그대로 두면서 부분적인 첨삭과 교정을 보았다. 체재를 유지하기로 마음먹은 것은 심사과정에서 갚기 어려운 도움을 받았거니와 훗날 공부하는 과정의 반추거리로 남겨두기 위해서이다. 그래도 막상 간행을 결심하니 불안한 마음 가눌 길이 없다. 설익은 밥을 차려내는 신부의 초조한 마음과 같다. 그러면서도 이 분야의 전공자들이 타산지석으로 삼을 수 있지 않을까하는 어리석은 마음에 간행을 결심하게 되었다.

이 책에서는 담화에서 실현되는 생략에 대해 다각적인 방법으로 살펴보고자 했다. 즉 담화에서 생략에 대한 조건과 대상, 분류기준과 유형, 문학이나 매체텍스트에서 나타나는 생략의 실제적인 모습, 그리고 생략의 기능과 의미해석 등이 그것이다.

첫째, 담화에서 나타나는 생략의 조건과 대상에서는 생략에 대한 정의와 조건을 확인한 다음 생략대상을 몇 가지로 나누어 살폈다. 생략에 대한 정의는 기존의 통사적인 관점을 지양하고 상황정보나 인지정보를 감안하여 더 확대된 개념을 적용하고자 하였다. 그리고 이러한 정의에 맞는 생략의 조건을 추론 가능성과 동일성의 개념을 들어 확인하였다. 이어서 생략대상을 언어적 구정보, 상황적 정보, 인지적 정보, 문법적 정보 등으로 나누어 살펴보았다.

둘째, 담화에서 생략의 분류기준과 유형에 대해 확인하였다. 분류기준은 생략이 부가정보원의 복합적인 작용에 의해 실현되거나 복원된다는 점과, 형태적이든 의미적이든 간에 동일성이라는 전제가 충족되어야 한다는 점을 들어 확인하였다. 이를 토대로 생략의 유형을 형태적 동일성에 의한 생략, 의미적 동일성에 의한 생략, 형태범주의 동일성에 의한 생략, 의미범주의 동일성에 의한 생략으로 나눌 수 있었다.

셋째, 문학텍스트에서 생략의 실제적인 모습을 찾아보았다. 특히 대화가 주종을 이루는 텍스트를 선별하여 논의하였다. 중세국어 텍스트는 ≪석보상절≫과 ≪월인석보≫를, 현대국어 텍스트는 소설과 희곡을 들어 확인하였다. 소설로는 <다큐채널, 수요일, 자정>·<울도 담도 없는 집>을, 희곡으로는 <살아있는 이중생 각하>·<부평초>를 들어 살펴보았다.

넷째, 매체담화에서 생략의 실제적 모습을 분석하였다. 매체담화의 유형을 통신매체와 지면매체로 나누고 각 유형별 생략현상과 그 특징에 대해 논의해 보았다. 통신매체로는 전화와 컴퓨터를, 지면매체로는 신문과 잡지를 들어 확인하였다. 특히 지면매체의 경우에는 생략이 효율적으로 기능하는 광고문과 표제어를 대상으로 분석하였다. 그러한 결과 일상담화에서의 생략과 변별되는 몇 가지 특성을 확인할 수 있었다.

　다섯째, 담화에서의 생략의 기능과 의미해석에 대해 논의하였다. 생략은 원활한 의사소통을 위해서 필수적인 기제이다. 그러다 보니 담화에서 다양한 기능을 수행하게 되었다. 즉 강조의 기능이나 신속한 정보전달의 기능은 물론, 언어 경제성을 구현하여 표층결속성이나 심층결속성을 강화하기도 한다. 또한 담화에서의 생략에 대한 의미파악에서는 정도성 해석을 감안하였다. 생략정보의 복원은 언어정보·상황정보·인지정보를 통해 가능한데, 이들의 기능이 명확하게 구분되지는 않는다. 따라서 정도성을 감안하여 생략정보를 복원해야 함을 살폈다.

　정작 내용을 소개하고 보니 부끄리운 마음은 더해만 간다. 생각은 앞서고 실천은 굼떠 진지한 논의를 펼치지 못한 필자의 나태함 때문이다. 오로지 선학제현의 도움을 간구할 따름이다.

　미흡하나마 이렇게 작은 결실이라도 맺을 수 있었던 것은 많은 분들에게 감당하기 어려운 은혜를 입었기 때문이다. 심사과정에서 필자가 미처 생각하지 못했던 부분들을 예리하게 지적해 주신 고영근 교수님, 성근 글을 성실히 보완할 수 있도록 배려해 주신 최전승 교수님, 전체적인 틀은 물론 세심한 부분까지 놓치지 않도록 가르침을 주신 도수희 교수님, 언제나 친정어머니처럼 따뜻하게 감싸 안으며 논문 체재가 완비될 수 있도록 일러 주신 이경자 교수님께 깊고 깊은 감사의 말씀을 드린다. 공부나 생활 면에서 두루 은혜를 베풀어주신 모교의 김진수 교수님, 정원수 교수님, 심성태 교수님께도 감사의 말씀을 드린다. 특히 석사과정부터 지금까지 필자가 긴장할 수 있도록 끝없이 일깨워주신 한영목 선생님께 머리숙여 감사의 말씀을 드린다. 모든 분들에게 진 빚은 열심히 공부하는 모습으로 보답할 수밖에 없겠다.

　공부한다는 이름 아래 아내와 엄마노릇을 제대로 못한 지도 오래이다. 그렇지만 자신의 일에 쫓기면서도 외조에 여념이 없는 남편에게 항상 고

맙고 미안한 마음뿐이다. 엄마는 학교만 간다고 투덜대면서도 체념으로 이해해주는 딸 은시와 아들 시빈이에게 늘 미안할 따름이다. 아직도 공부하는 자식이라고 부족한 점을 사랑으로 감싸주시는 시어머님과 친정 부모님께도 그저 감사한 마음뿐이다. 이 책이 이 고마운 사람들에게 작은 선물이 되었으면 하는 바람이다. 물론 보잘 것 없는 이 책이 그분들의 기대에 미치지 못함을 잘 알고 있다. 더 정진하는 길밖에 다른 방법이 없어 보인다. 좋지 않은 경제사정에도 불구하고 기꺼이 출판을 맡아주신 이회문화사 송미옥 사장님과 관계자 여러분께도 진심으로 감사의 말씀을 드린다.

을유(乙酉) 원단(元旦)에
어은재(魚隱齋)에서 강연임 삼가 씀

█ 목 차

█ 제1장 서론

█ 제2장 담화에서의 생략의 조건과 대상

█ 제3장 담화에서의 생략의 분류 기준과 유형

제4장 문학텍스트에서의 생략의 실제와 분석

제5장 매체담화에서의 생략의 실제와 분석

서 론

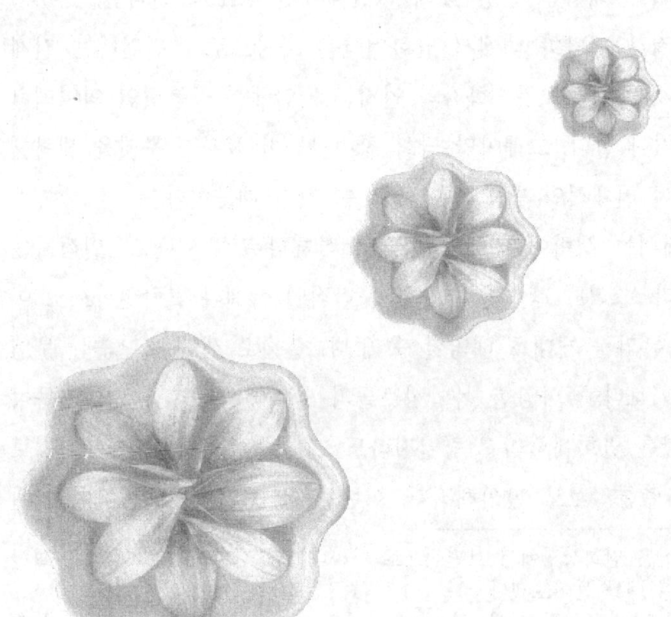

1.1. 문제제기와 연구의 목적

생략은 어느 언어에서나 쉽게 찾아볼 수 있는 보편적인 현상이다. 그만큼 생략이 언어생활에서 중요한 기제로 작용하고 있음을 의미한다. 언중이 생략기제를 사용하는 것은 효과적인 정보교환 때문이다.[1] 따라서 주변정보를 생략하지 않고 모두 발화한다면, 우리는 언어생활을 제대로 영위하지 못할 것이다.

생략은 각 언어마다 차이가 있기는 하지만, 대체로 공통적인 상황 아래에서 실현된다. 그것이 비록 복합적인 언어현상일지라도 통사론이나 의미론 나아가 화용론적인 관점에 의해 실현되기 때문이다. 어떤 관점에 따르든 생략되는 대상은 문장 내에서 불필요한 요소로 인식된 것이다. 하지만 생략정보는 담화 내에서 담화맥락을 바탕으로 복원된다는 전제가 있어야 한다. 그리고 청·화자의 인지구조 안에서 공통적인 의미맥락으로 이해되어야 한다. 그래야만 담화 참여자들이 화자가 무엇을 생략했는지 파악하여 전체적인 맥락을 이해할 수 있기 때문이다.

변형문법에서는 생략에 대해 문법적인 삭제나 탈락 정도로 인식하는 경향이 있었다. 그러나 생략을 단순한 문법적인 삭제나 탈락현상으로 이해해서는 그 본의를 제대로 해명할 수 없다. 실제로 생략은 단순한 문법적인 현상이기보다는 다양한 복합정보들의 융화에 의한 것이기 때문이다. 그래서 같은 발화에서의 생략일지라도 그 발화에 수반되는 부가정보원에 의하여 추론정보도 판이해진다. 이런 점을 고려할 때 생략이 일어

---

1) 그러한 현상은 담화상황에서 보편적으로 나타나는데, 여기서는 그 실태를 확인하기 위하여 예를 들어보겠다.
   "언제 왔어?" "방금요." "됐어. 이젠 더 마셔도 되겠군. 이봐, 여기 술 좀 더 줘요." "그만 드세요. 취하셨어요."(최인호, <천국의 계단>)

나는 상황맥락을 중시할 필요가 있다.

이제 생략을 고찰하는 데 있어서 폭넓은 차원의 정보를 활용해야 한다. 이는 생략에 대하여 의미·화용론적인 측면에서 접근해야 함을 의미한다. 화용론의 대두와 함께 제시된 이러한 논의 방법은 비단 생략뿐만 아니라, 국어학의 많은 부분에서 아주 유용할 수 있다. 말하자면 언어의 제 현상에서 나타나는 상황과 결부지어 연구하는 것이기에 국어학의 여러 분야에서 활용이 가능하다. 이는 생략 역시 화용적인 차원에서 논의해야 그 본질에 더 근접할 수 있음을 의미한다.

기존의 논의에서는 생략에 대해 문장단위를 중심으로 살피기도 하였다. 그러나 생략은 문장의 단위를 넘어선 텍스트,[2] 또는 전체 담화라는 넓은 범주 안에서 일관성을 가지고 수행되는 경우가 많다. 그렇기 때문에 생략에 대해 담화 전체의 결속성을 구축하는 중요한 언어기제로 이해할 필요가 있다. 즉 생략에 대해 더 심도 있는 논의를 진척시키기 위해서는 담화 차원에서의 논의나 텍스트 전체와의 유기적인 연결 관계를 고려한 논의가 필요하다.

이에 본 연구에서는 생략에 대해 문법적인 차원에서의 통사적인 논의는 되도록 지양하고, 의미·화용론의 차원에서 살펴보고자 한다. 이를 위해 생략정보가 발화상황이나 청·화자의 인지정보와 어떠한 관계가 있는지 구체적으로 살펴보고자 한다. 이것이 생략의 본질에 더 근접하는 방편임은 물론, 우리의 언어생활에서 생략이 차지하는 중요성을 확인하는 작업이 될 수 있다. 이러한 논의를 바탕으로 생략을 포함하여 한국어

---

2) 담화와 유사한 용어로 '텍스트'가 있다. 그러나 이 둘은 단순히 중점을 놓는 곳의 차이에 지나지 않는다. 비교하여 설명하면 문자언어의 텍스트 대 음성언어의 담화인 것이다. 그래서 담화 속에 텍스트가 포함된다고 할 수 있다.(스티브즈, 1993) 이러한 관점에 따라 본 연구에서는 담화와 텍스트의 개념을 분리하지 않고 유사 개념으로 처리한다.

의 언어현상이 더욱 바람직한 방향으로 나아가는 데 일조하고자 하는 것이 본 연구에서 의도하는 바이다.

1.2. 기존 연구의 동향과 성과

지금까지 생략에 대한 논의를 살펴보면 크게 네 가지 방향으로 정리할 수 있다. 즉 초창기 전통문법에서 시작하여 변형생성문법, 그리고 기능문법적 접근과 최근의 화용론이나 텍스트 언어학적인 논의 방법이 그것이다.[3]

첫 번째로, 전통문법은 주시경(1910)을 필두로 최현배(1937)나 이희승(1949)에 의한 논의가 해당된다. 전통문법에서는 생략에 대해 단순한 문법현상으로서의 정리나, 문법적인 정문에서의 탈락이나 삭제 정도로 인식하였다. 전통문법에서는 문장의 기본구조인 '주어＋목적어＋서술어'를 우선적으로 상정한 다음, 일부의 문장성분이 나타나지 않는 것에 대해 생략이라고 정의한다. 따라서 다분히 이론적이고 문법적인 차원에서의 논의이기 때문에 일정한 한계가 있다. 이는 초창기 국어문법의 정립이 서구문법 이론의 단순 도입이라는 상황을 비추어볼 때, 생략의 본질에 대해서도 심도 있는 접근이 쉽지 않았음을 말하는 것이다.[4]

두 번째로, 변형문법의 도입에 따라 생략에 대한 논의도 통사적인 관

---

3) 생략에 대한 기존의 연구사는 양명희(1996)에 간략하게 제시되어 있다. 여기에서는 이를 참고하되 최근의 경향까지를 포괄하고자 한다.

4) 물론 이희승(1949)이나 김민수(1969)에서는 생략의 유형에 대해 세부적으로 나누어 고찰하기도 했다.

점에서 이루어졌다. 즉 변형규칙이라는 통사적 방법으로 문장성분의 이동과 삭제 및 탈락과 결부시켜 생략에 대해 고찰한 것이다. 여기에서는 대체로 심층구조와 표층구조를 상정한 후, 대명사의 탈락이나 삭제 그리고 공범주의 생략에 대해서만 논의하여 어느 정도 제한적인 면이 있었다.

한재현(1981)에서는 변형생성문법의 틀에서 표면구조에 상응하여 심층구조를 설정하고, 이를 토대로 통사적인 생략현상을 파악하였다. 그는 어떤 정보가 생략되어도 의미에 혼란이 없을 경우 이를 잉여정보로 간주하였다. 그리고 모든 자연 언어가 잉여정보를 가지고 있다는 가정하에 생략에 대해 설명하고 있다. 그러나 위에서도 언급한 바와 같이 규칙적인 통사현상만으로는 생략의 복잡한 성격을 명쾌하게 해명할 수 없다. 말하자면 상황맥락을 배제한 채 문법적인 논의만으로는 생략의 본질을 해명하는 데 일정한 한계가 있다.

세 번째로, 기능문법적인 접근 방법으로 담화 안에서의 정보구조나 주제와의 관계를 감안하여 생략을 살핀 것이다. 이는 생략에 대해 어느 정도 본격적인 차원에서 접근한 것이고, 여기서부터의 논의가 생략을 독립적인 언어현상으로 간주하였다. 기능주의적 관점에서 정보구조와 주제설정 및 그것의 전달기능에 관심을 집중시킨 논의는, 박승윤(1983), 심인섭(1985), 김일웅(1986), 김언주(1986), 우형식(1986), 박영환(1986), 권재일(1989), 노석기(1990) 등을 들 수 있다.[5]

박승윤(1983)은 동일성 조건이 생략에서 아주 강한 영향력을 행사한다고 보았다. 그러면서 변형문법에서의 동일성 조건은 보편성을 상실할 정도로 지나치게 제한적이라고 지적한다. 그리고 생략되는 요소를 선행담

---

5) 이들이 논의한 생략의 정의와 유형에 대해서는 제2장과 제3장에서 구체적으로 살펴보도록 하겠다.

화를 통해 추론할 수 있다고 함으로써, 언어능력과 인지능력이 하나임을 역으로 밝힌 바 있다.

심인섭(1985)은 생략을 월이나 성분이 기본적으로 갖추어야 할 요소, 즉 필수요소가 나타나지 않거나 임의요소일지라도 앞선 월에 위치해서 통어적으로 되풀이될 때 나타나지 않는 현상이라고 하였다. 여기에서는 문장을 필수요소와 임의요소로 구분하고 이들 요소의 언어적 출현과 비출현에 대하여 관심을 가졌다.

김일웅(1986)에 의하면 생략은 개념구조에서는 필수적으로 존재했던 요소가 표층구조에서 나타나지 않는 현상이다. 그리고 임의요소일지라도 앞선 문맥에서 이미 제시되었거나 초점이 되지 않을 때에는 생략이 가능하다고 보았다.

김언주(1986)에서는 생략을 '꼴의 비실현'이라고 파악하면서 생략과 삭제의 차이에 대해 논의하였다. 즉 생략은 직관적인 파악이 가능한 것이기에 구체적인 어휘가 아니어도 청자가 알 수 있고, 삭제는 언어학적인 훈련이 있은 후에야 판단이 가능한 것이기에 해석을 위해 가정된 문장이라고 논의하였다. 따라서 그 인위성에서 차이점을 찾고 있다. 또한 기능적 관점에서 생략을 무표대용으로 처리하는 입장은 우형식(1986), 박영환(1986), 노석기(1990) 등을 들 수 있다. 이들은 대용의 한 방법으로 유표대용과 무표대용으로 하위분류한 후 무표대용을 생략으로 간주하였다.

정보구조에 관심을 갖고 그것이 문법적이냐 어휘적이냐에 따라 생략 정보를 복원하는 방법에는 권재일(1989)을 들 수 있다. 여기에서는 특히 조사생략에 관심을 가지면서 그 원인을 문장에서의 문법적 관념과 어휘적 관념의 차이로 설명하였다.

네 번째로, 화용적 관점 즉 담화문법적 방식에 따른 논의로 여기에서부터 담화가 진행되는 상황, 청·화자의 심리적 태도를 중시하기 시작하였다. 즉 모든 언어는 그것이 발화되는 맥락에 의해 의미파악이 판이하게 실현된다는 관점에서 생략을 살핀 것이다. 그래서 발화상황, 발화자의 의도, 그리고 청·화자의 사회·인지적 거리에 따른 담화 관계에 주의를 기울였다. 실제로 이 모든 것들이 생략정보를 복원하거나 추론하는 데 아주 중요한 인자로 작용한다.

담화문법적 관점에서의 논의는 장석진(1976)에서 시작하여 김건수(1984), 구도희(1988), 김송룡(1989), 장경희(1990), 김미경(1999) 등으로 이어졌다. 여기에서는 생략과 주변 상황과의 긴밀한 관계를 고려하면서 생략의 유형과 그 특징을 논의하였다.

장석진(1976)에서는 생략을 조응현상의 하위로 구분하되, 특히 영조응을 들어 설명하고 있다. 조응표현에서 하위 유형으로 영조응과 대용형 조응을 제시하고, 그 중에서 생략을 문생략과 성분생략으로 유형화하면서 영조응에 포함시켰다. 김건수(1984)에서는 생략정보의 추론을 상황맥락을 고려해서 파악해야 한다고 보았다. 이는 생략에서 담화상황의 중요성을 확인·제시한 것이라 하겠다. 구도희(1988)에서는 생략을 어떤 언어표현이 일정한 조건을 충족할 때 줄어드는 현상이라고 정의하면서, 삭제를 포함하는 넓고 초이론적인 개념으로 정의하였다. 그는 단문이 통합되어 복문을 형성하는 과정에서 일어나는 것을 삭제로 한정하되, 이를 생략에 포함시켜야 한다는 입장이다. 그 이유는 개념의 출발이 다르다는 점을 제외하고는, 생략과 삭제의 구분이 단지 문장 내에서 일어나는가, 아니면 담화상에서 발생하는가 하는 정도의 차이에 지나지 않는 것으로 판단했기 때문이다.6) 김송룡(1989)은 언어적 문맥과 더불어 비언어적 상

---

6) 필자 역시 생략과 삭제에 대하여, 삭제가 문법적인 현상을 설명하기 위해 필수적인 것이라면, 생략은 문법적인 차원을 넘어서는─따라서 통사적 필수성에 대한 설명보다는─의미·화용적 차원의 현상으로 이해하고자 한다. 그렇게 해야만 생략의 본질에 용이하게 접근할 수 있기 때문이다.

황에서의 생략을 고찰하면서 동일성 조건에 대하여 논의하였다. 장경희 (1990)에서는 생략을 무형 조응사로 파악하였다. 이는 변형문법에서 명사구나 동사구의 삭제·변형의 결과로 나타난 무형의 문법형태로써, 장석진(1976)에서의 무형조응이나 공백화와 맥을 같이 한다. 김미경(1999)에서는 생략을 정보구조적 동기에 의해 실현되는 필수적인 것으로 파악하면서 동시에 생략되지 않는 비구조 정보화에 대해서도 논의하였다.

최근에는 텍스트 언어학의 도입과 더불어 생략에 대해서도 텍스트 언어학적인 방법을 적용한 논의가 활발히 이루어지고 있다. 텍스트 언어학에서도 생략이 그만큼 중시됨을 알 수 있는데, 이는 화용적인 접근 방법과 궤를 같이 하는 것이다.[7]

김성훈(1993)은 텍스트 안에서 어떤 문장성분이나 품사가 되풀이될 때, 혹은 그 성분이 없더라도 언어적 콘텍스트나 상황 콘텍스트 그리고 배경지식 등으로부터 추론될 때, 그 성분이 텍스트 표층에서 어휘화되지 않은 것을 생략이라고 정의한다. 생략을 텍스트 언어학의 차원에서 표층결속성 및 심층결속성의[8] 기제로 파악하여 살핀 것이다.

이현호(1994), 김태옥(1995), 고영근(1996) 등의 텍스트 언어학적 논의에서는 생략을 텍스트성을 결정짓는 일곱 가지 특성 중 결속성을 위한 기제로 보았다. 김태옥(1995)에서는 특정한 통화의도와 목적을 달성하기 위

---

7) 텍스트 언어학에서 텍스트성을 말한 대표적인 것으로는 보그란데와 드레슬러 (1981)이다. 이들에서 제시되는 일곱 가지의 텍스트성으로는 '상황성·결속성· 응집성·응결성·의도성·용인성·상호 텍스트성' 등이 있다. 그런데 이러한 텍스트성을 고양하는 요소 중의 하나로 생략이 자리하고 있다. 따라서 텍스트 언어학적 방법으로 생략의 특징과 본질에 대한 접근이 이루어질 필요가 있다.

8) 여기에서 표층결속성은 응결성이나 결속구조와 상통하는 개념이고, 심층결속성은 응집성이나 결속성과 같은 맥락이다. 따라서 본 연구에서는 이들 용어에 대해 응결성·결속구조를 '표층결속성'으로, 결속성·응집성을 '심층결속성'으로 사용하고자 한다.

해 사용되는 텍스트의 표층구성 요소들간의 문법적인 의존 관계, 즉 표
층결속성을 나타내기 위한 하나의 방법이라는 측면에서 생략을 살폈다.
그리고 담화를 해석하는 청자의 정보처리 과정과 그 결과를 나타내는 심
층결속성에 있어서도 생략이 중요한 기제로 작용함을 확인하고 있다. 고
영근(1996)에서도 의미·기능상의 등가성을 이루는 통합수단을 결속성
혹은 응집성이라 명명하고, 이를 형성하는 방법으로 생략과 대용을 제시
하고 있다. 이상의 논의들은 모두 생략을 본격적으로 다루면서 그 중요
성을 감안하여 하나의 독립된 언어기제로 파악한 경우이다.

　언어활동에 있어서 생략은 없어서는 안 될 필수적인 요소로 자리잡았
다. 또한 생략에 대한 고찰은 이제 문법적이고 통사적인 차원에서 한 단
계 나아가 상황맥락과 발화맥락, 청·화자의 사회적 관계 및 인지정보
등에 의한 화용적 고찰이 필수적이다. 그리고 이것을 바탕으로, 생략이
텍스트 안에서 결속기제로 기능하는 양상을 심도있게 파악해야 진척된
논의가 가능하다.

　이에 본 연구에서는 생략에 대해 다양하게 논의한 기존 성과를 발전적
으로 수용하면서, 담화·화용적인 관점에서 논지를 전개하도록 하겠다.
따라서 본 연구에서는 주로 텍스트성을 수행하는 생략의 기능과 그 의미
를 파악하는 방향으로 논의가 전개될 것이다.

1.3. 연구범위와 논의의 구성

　본 연구는 한국어에서 생략이 수행하는 기능과 그 특성을 담화 및 화
용론적인 차원에서 논의하는 것을 목적으로 한다. 실제로 생략은 여러

가지 복합 정보의 융합으로 나타나는 현상이기에 그것을 둘러싼 부가정
보원에 대한 고찰이 필수적이다. 같은 발화나 생략이라 하더라도 상황이
나 발화맥락에 의해 그리고 담화 참여자의 인지정보에 의해 얼마든지 다
른 의미로 복원되기 때문이다. 따라서 생략에 대한 논의에서는 언어정보
는 물론, 맥락과 상황정보 그리고 청·화자의 인지정보를 충실히 살펴야
한다.

생략에 있어서 중시해야 할 또 하나는 문어와 구어에서 그 실현양상이
다르다는 점이다. 실제로 문어적 발화에서의 생략과 구어적 발화에서의
생략은 상당한 차이가 있다.9) 주로 문어적 발화에서의 생략은 문법적인
호응관계에 의한 것으로, 이때의 생략 의미는 중립을 유지하는 경우가
많다. 즉 단어에 대해서 객관적인 차원으로 의미를 파악·해석하는 것이
다. 그러나 구어적 상황에서의 생략은 문어에서의 생략과는 사뭇 다르다.
구어적 상황은 그 발화를 둘러싼 많은 주변정보의 활용이 가능하고, 또
이들 주변정보의 관여도에 의해 생략정보의 복원이 달라지기 때문이다.
따라서 문어적 텍스트를 토대로 한 논의가 기본적이거나 문법적인 것이
라면, 구어적 자료를 바탕으로 한 논의는 더 복합적이고 다원화된 것이
라 하겠다. 따라서 본 연구에서도 구어자료를 중심으로 생략의 특징을
구명하고자 한다.

위와 같은 점을 염두에 두고 본 연구에서는 담화에서 실현되는 생략에
대한 기본적인 정의에서부터 출발하여 그것의 본질적인 문제를 해명하

---

9) 구어와 문어에 대한 논의는 신지연(1994)에 잘 나타나 있다. 구어에서는 발화상황
의 도움을 직접 받기 때문에 청·화자간에 언어적으로 설명하지 않아도 될 부분
은 생략할 수 있다. 실제로 구어는 문어보다 청자에 대한 격식성을 덜 의식해도
되고 나아가 어휘선택도 상대적으로 더 자유롭다. 또한 청자가 이해하는 데 미흡
한 점이 있으면, 그 자리에서 바로 피드백이 이루어져 전언도 더 효율적일 수 있
다. 이는 전달기제가 간단해져 의사소통이 자유롭게 이루어질 수 있음을 의미하
는 것이기도 하다.

는 데까지 나아가고자 한다. 효과적인 논지 전개를 위하여 다음과 같이
논의를 구성하고자 한다.

첫째, 담화에서 실현되는 생략에 대한 정의를 내리고, 이를 바탕으로
생략이 나타날 수 있는 전제 조건과 대상에 대해 고구하겠다. 먼저 생략
에 대한 정의를 담화를 감안하여 살피고, 이어서 생략이 일어나는 전제
조건을 동일성과 추론 가능성의 측면에서 파악해 보겠다. 그리고 이들
조건이 충족되었을 때 생략되는 대상, 즉 발화된 언어적 구정보, 발화에
수반되는 상황정보, 발화되지 않은 인지정보, 문법적으로 기능하는 언어
정보 등으로 나누어 살펴보겠다.

둘째, 담화에서 생략의 분류 기준과 유형에 대해 살펴보겠다. 생략에
대한 분류 기준은 기존의 논의를 발전적으로 수렴하되, 제2장에서 제시
된 부가정보원을 감안하도록 하겠다. 이에 따라 생략유형을 형태적 동일
성에 의한 생략, 의미적 동일성에 의한 생략, 형태범주의 동일성에 의한
생략, 의미범주의 동일성에 의한 생략으로 나누어 그 실제적 현상과 특
징을 구체적으로 살펴보도록 하겠다.

셋째, 제2장과 제3장에서 논의한 생략에 대한 조건과 대상 그리고 그
유형을 실제 텍스트에 적용·분석하도록 하겠다. 여기에서는 현실 언어
자료를 고려하여 문학텍스트에 나타나는 대화를 분석 대상으로 삼고자
한다.[10] 우선 생략기제가 통시적으로는 어떻게 기능하였는지 파악하기
위해 주선 전기 테스트인 《석보상절》과 《월인석보》에서 대화구조가
비교적 정연한 텍스트를 선정하여 살펴보겠다. 이는 중세국어에 나타난

---

10) 분석 텍스트의 추출은 문어적 차원은 될수록 지양하고 구어적 자료를 중심으로
    활용하고자 한다. 그래서 실제 담화를 여실히 반영하고 있는 소설이나 희곡 등
    의 자료를 중심으로 분석·검토하고자 한다. 소설 텍스트 중에서도 지문은 되도
    록 피하고 담화자료만을 추출하여 활용하도록 하겠다. 이는 서술자료보다는 담
    화자료가 실제 언어현상을 더 많이 수용하였기 때문이다.

생략을 파악하여 그것을 현대국어와 비교함으로써, 생략의 통시적인 변천 과정을 확인하는 작업이 되겠다.[11] 이어서 현대소설 텍스트와 현대희곡 텍스트를 선정하여 그곳에 나타나는 생략현상을 확인하도록 하겠다. 소설과 희곡의 담화는 장르의 특성상 현실적인 대화로 전개된다. 이는 실제 언어현상을 더 적극적으로 반영한 결과이기에, 생략을 살피는 데 아주 좋은 자료가 될 수 있다.

넷째, 매체담화인 전화통신·컴퓨터통신 그리고 신문·잡지의 광고 및 표제어 등에 나타나는 생략에 대해 살펴보겠다. 현대생활에서 빼놓을 수 없는 것 중의 하나가 바로 통신과 신문·잡지 등의 대중매체이다. 통신문화가 발달하면서 이러한 매체를 통한 담화 역시 우리 생활 깊숙이 들어와 정보전달의 주요한 수단이 되었다. 따라서 이들에서 나타나는 생략을 살피면, 현대국어에서 나타나는 생략의 특징을 파악하는 한 방편이 될 수 있다.

다섯째, 이제까지의 논의를 바탕으로 생략의 기능과 의미에 대해 살펴보고자 한다. 여기서는 생략이 담화상황에서 수행하는 기능과 그에 따른 의미해석의 방향을 논의하도록 하겠다. 나아가 여러 가지 부가정보원에 의한 의미해석과 생략정보의 복원에 따른 정도성 해석의 가능성에 대해서도 검토해 보도록 하겠다.

---

11) 생략에 대한 논의를 통시적으로 진척시키기 위해서는 현대국어에서 확인된 생략의 특성을 중세국어의 그것과 비교·고찰할 필요가 있다. 이러한 논의가 생략에 대한 통시적 고찰의 일환이 될 수 있기 때문이다.

제 2 장

담화에서의 생략의 조건과 대상

생략은 정보전달의 효과를 높이는 데 불필요하다고 간주되는 언어요
소를 언표화하지 않는 것이다. 그래서 생략은 발화자의 의지가 은연중에
반영된 결과물이라 하겠다. 이를 감안할 때 생략은 일정한 전제 조건이
있음은 물론이거니와 그 조건에 맞는 대상이 있게 마련이다. 이에 담화
에서 나타나는 생략의 개념을 파악하고 나아가 그 기준과 대상에 대해
살펴보고자 한다.

2.1. 담화에서의 생략에 대한 정의와 조건

생략은 문어나 구어 모두에서 나타나는 현상이지만, 문어에서보다는
구어에서 더욱 빈번하다. 그리고 구어에서의 생략이 담화맥락이나 상황
및 인지정보 등에 의해 생략정보의 복원도 더욱 다양하다. 이는 구어가
문어보다 현실언어의 제 현상을 가감없이 수렴한 결과이다. 따라서 생략
의 진면목을 살피는 데는 담화텍스트가 더욱 유용한 면이 있다. 이를 감
안하여 여기에서는 담화에서 나타나는 생략에 대하여 정의를 내린 후 그
것이 어떠한 조건하에서 실현되는지 살펴보겠다.

2.1.1. 생략에 대한 정의

생략에 대한 정의는 1980년대 이후 활발하게 진행되고 있다. 그리하여
많은 학자들이 다양한 관점에서 정의를 내려왔다. 먼저 기존의 논의 중
에서 생략에 대해 정의한 것을 몇 가지만 들어보면 다음과 같다.[1]

---

1) 생략에 대한 정의를 정리한 노은희(1992 : 98)를 참조하면서 필자가 몇 가지를 더

① 한 문장의 어떤 성분이, 그 문장에 대한 이해와 의미가 변화되지 않고 생략될 수 있는 것이 생략현상이다. (Steinitz : 1971)

② 상황이나 콘텍스트를 통해 보충될 수 있고 이해될 수 있는 문장성분이나 품사를 생략하는 것이다.(Lewandowski : 1984)

③ 완전한 통사 구조에서 필요한 문장 요소들 중 한 요소를 생략하는 것이다. (Todorov & Ducrot : 1985)

④ 특별한 또는 비문법적인 형태, 즉 통사적 문법성(적격성)과 비교되는 언어사용자의 오류이다. (Kwasny & Schdheimer : 1985)

⑤ 생략현상의 주된 특징은 완전한 형식과 생략된 형식 사이의 의미가 동일하다는 데 있다. (Helbig : 1988)

⑥ 기준월(그것이 심층구조의 개념구조이든 표층구조의 앞선 월 또는 물음이든)에 있었던 또는 있어야 하는 요소가 어느 단계의 표층구조에서 보이지 않는 것이다. (김일웅 : 1985)

⑦ 텍스트 안에서 어떤 문장성분이나 품사가 되풀이 될 때 혹은 그 성분이 없더라도 언어적 콘텍스트나 상황 콘텍스트, 그리고 배경 지식 등으로부터 추론될 수 있을 때 그 성분이 텍스트 표층에서 어휘화되지 않은 경우이다. (김성훈 : 1993)

⑧ 만일 어떠한 목적하에 담화에 선행된 단계에서 불러 일으켜진 정보 칸이 ―의무적인 것이든 선택적인 것이든― 상실되거나, 표면구조의 제한을 벗어났을 경우에 있어서도 용인 가능한 문장을 가리켜 생략화된 문장이라 한다. (김희선 : 1994)

많은 학자들이 생략에 대해 다양한 정의를 내리고 있다. 이는 생략이 그만큼 우리 언어사회에서 중요하게 기능하기 때문이다. 그러나 이후의 논의에서도 밝혀지겠지만, 생략은 기존의 문법적이고 통사적인 관점에서만 살펴볼 성질의 것이 아니다. 이를테면 생략은 문법적인 기준을 적용하기보다는 의미론이나 화용론적인 기준을 적용해야만 더욱 정확한 생략정보를 추론할 수 있다. 이는 생략정보의 추론이 문장 차원을 넘어선

보완하였다.

담화·텍스트 전체를 고려해야 함을 의미하는 것이다. 말하자면 생략은 담화맥락에 의거한 상황정보나 담화 참여자들의 인지정보 그리고 발화에 수반되는 언어정보 등이 복합적으로 융합된 것이기에 그에 대한 접근 방법도 다각화해야 한다는 것이다.

실제로 이성범(1999 : 23~24)에서 제시된 예처럼 "세영아, 이제 밤 9시다."는 그 발화맥락에 의해 생략정보의 추론이 다양할 수 있다. 즉 ①"그만 잠자리에 들어야지." ②"이제 밤 9시니까 그만 쉬고 공부해야지." ③"이제 밤 9시니까 황소개구리 잡으러 나가야지" 등의 다양한 생략정보의 추론이 가능하다. 따라서 우리는 문자적 의미 이외에 맥락에 의해 좌우되는 (context-dependent meaning) 의미를 고려할 필요가 있다. 실제로 맥락에 따라 같은 발화일지라도 여러 방향으로의 의미해석이 가능하기 때문이다.

본 연구에서는 위와 같은 점을 염두에 두고 생략에 대한 정의를 문법 및 통사적인 현상에 한정하지 않고, 의미·화용적 차원에서 여러 방향으로 추론·복원할 수 있는 언어현상으로 파악하고자 한다. 생략에 대해 전통문법이나 변형문법에서처럼 단순히 반복을 피하기 위해 실현했던 삭제와는 구별해야 하기 때문이다. 실제로 생략은 정보구조를 긴밀하게 구축하여 신정보를 더욱 용이하고 정확하게 전달하기 위한 언어 전략이다. 따라서 생략을 단순히 구정보의 반복을 피하기 위한 언어현상으로 파악하기보다는 발화자의 의지를 표명하려는 한 방편으로 이해해야 한다.[2]

그렇다면 생략에 대한 정의를 문법적인 차원에서보다 한층 넓은 영역으로까지 확대할 수 있다. 이러한 점을 감안하여 담화에서의 생략에 대한 정의를 내리면 '생략은 담화상황에서 언어정보로 제시될 필요가 없는

---

2) 예를 들어 '나는 서울로(∅), 너는 부산으로 간다'의 경우 생략정보 '가다'에 의해 나머지 발화정보인 '나→서울, 너→부산'이 발화 전면으로 부각되면서 신정보로 기능하게 된다.

요소를 화자의 발화의도에 따라 임의적으로 언표화하지 않는 것이며, 그 생략요소는 나머지의 언어정보나 상황정보 그리고 담화 참여자의 인지 정보 등을 토대로 복원이 가능한 언어현상'이라고 할 수 있다.

2.1.2. 생략의 조건

담화에서 생략이 가능한 언어요소는 어떤 전제 조건을 갖추어야 하는 가.3) 먼저 생략정보는 선행발화나 담화맥락을 바탕으로 복원 및 추론이 가능해야 한디. 비록 청·화자의 감정직 관세나 사회석 관계 능에 의해 다소 다른 형태로 나타날지라도 복원이 전제되어야 한다.4) 이는 청·화 자가 다양한 정보구조를 통해 생략된 요소에 대하여 구정보로, 또는 담 화에서 비초점화된 것으로 인식하고 있음을 의미한다. 다음의 예문을 보 도록 하자.

(1) "니 나이가 몇 살이고?"
  "여, 열 살입니더 ……."

(이창동, <운명에 관하여>)

(2) "그래요. 그것도 뜨거운 ……."
  "열애(熱愛)."
  "당신 웃는 모습 침 좋아."
  "옛날에도 좋아했어요?"

(윤정선, <해질녘>)

---

3) 김일웅(1982)에서는 생략의 조건으로 선행성에 초점을 두어 '되풀이 조건', '동일 지시 조건', '선행 조건'으로 나누어 논의를 전개한다. 김언주(1985)에서는 복원 가능성과 구정보가 생략의 조건으로 제시된다.

4) 생략된 요소가 복원되는 유형은 제3장에서 자세히 기술하겠다.

위의 예에서는 담화가 전개되는 동안 생략이 빈번히 실현되고 있다. (1)에서는 후행화자가 선행화자의 발화 전체를 생략하면서, 자신이 전달하고자 하는 신정보만을 언급한다. 이미 선행발화문 전체가 담화맥락에서 구정보화되었음은 물론이거니와 담화 진행을 위한 초점 요소로 작용하지도 못하기 때문이다. 오히려 생략하는 것이 전체 담화의 긴밀성과 신속성을 상승시키는 효과를 거둔다. (2)의 담화 역시 앞에서 언급한 것을 생략하고, 간단명료하게 정보의 초점만을 밝히고 있다. 이렇게 생략이 동반된 담화는 그 상황을 더욱 선명하게 드러내어 생동감을 불어넣는다. 그런데 (1)과 (2)에서의 생략정보는 선행발화나 발화맥락을 바탕으로 추론 및 복원이 가능한 것이다. 이 추론 및 복원가능성이 생략의 기본적인 전제조건 중의 하나이다.

다음으로 생략되는 요소들은 선행발화에서 언급된 것과 '동일성'이라는 공통 범주에 귀속되어야 한다. 생략에서의 동일성 조건은 박승윤(1983)에 나타나 있는데, 그는 동일성에 대하여 형태적 동일성과 지시적 동일성으로 양분한다. 하지만 동일성은 생략에서 아주 중요한 전제 조건이기 때문에 단지 이분법적인 분류만으로는 충족될 수 없다. 생략유형을 효율적으로 나누기 위해서는 다양한 관점에서의 동일성 조건이 충족되어야 한다. 즉 형태적·지시적인 동일성의 개념은 물론이거니와 그보다 확대된 범주적 개념의 동일성까지 충족되어야 한다. 그것은 생략된 요소가 선행발화에서 언표화된 요소와 동일물을 나타낼 경우도 있지만, 동일 종류의 범주에 속하는 폭넓은 대상을 지칭할 경우도 있기 때문이다. 이를테면 완전한 동일성을 획득하거나, 범주적 개념으로 확대 해석했을 때 공통의 속성을 가지는 대상만이 생략이 가능하다. 다음의 인용문을 보도록 하자.

(3) "우에하라 선생님, 혹시 김환기와 이중섭의 그림을 가지고 계시지 않은지요?"
"없어요, 지금은."
"지금이라면?"
"서울에서 온 사람들이 가져 갔어요."

(한수산, <맑고 때때로 흐림>)

(4) "수진이 어제 백화점에서 실크스카프를 샀대. 세일 기간이라나. 나한테도 좀
알려 주지"
"나도 어제 샀는데. 너무 이쁘더라."
"초복인데 뭐 해? 난 우리 그이하고 멍멍탕 먹으러 갔다왔어."
"어머? 나도 먹었는데. 그러고 보니 우리 너무 웃긴다. 그지?"

(5) "아까 약사실에 갔더니 아무도 없더라."

(3)과 (4)를 보면 생략대상은 선행발화에서와 같은 개념이거나 적어도 같은 범주에 속하는 것이다. (3)에서는 '김환기와 이중섭의 그림'이 계속해서 생략되었는데, 이것은 그보다 더 중요한 정보인 그림의 행방이 바로 이어지기 때문이다. 반면 (4)에서는 생략대상이 선행발화와 동일물이 될 수는 없지만, 적어도 동종에 속하기에 범주개념으로 생략이 가능하다. (5)의 경우는 생략대상이 적어도 '약사'라고 추론할 수 있다. 그것은 약사들이 상주하는 공간인 '약사실'의 선행발화로 인해 '약사실－약사'의 관계를 상정하여 생략정보를 복원할 수 있기 때문이다.

생략정보는 위에서와 같이 완전히 동일한 것일 수도 있지만, 범주적 제시인 경우도 얼마든지 있다. 따라서 범주적 동일성의 경우에는 생략정보를 연상을 통해 추론할 수밖에 없다.[5] 그것은 생략정보가 선행발화에

---

5) 이것은 '지시 조응상의 과정'으로, 생략정보를 어휘범주에 입각하여 추론한 것이다. 박승윤(1983)에서는 이러한 anaphoric process를 형식화하여 나타냈는데, 예를 들면 "아까 교무실 갔더니 Ø회의하고 계시더라"에서 '교무실'에 의해 $\forall x(\exists x(x : 교무실)) \supset \exists y(y : 선생님)$으로 형식화하여 그 의미를 선명하게 제시한 경우와 같다.

서 언표화되지 않았을지라도 담화전개상 맥락의 연상작용에 의해 추론이 가능하기 때문이다. 즉 생략된 정보와 의미 속성상 같은 단어장의 범주에 속하는 것으로 해석하여 생략이 가능하다.

이상의 내용을 감안할 때 생략의 전제 조건은 추론 가능성과 동일성이라고 정리할 수 있다. 이를테면 맥락이나 언어정보를 활용하여 생략정보를 추론할 수 있어야 함은 물론이거니와, 생략정보가 선행발화에서의 구정보와 형태·의미적인 동일성이나 범주적 차원에서의 동일성을 획득해야 한다.

2.2. 담화에서의 생략대상

담화에서 생략되는 대상은 대체로 선행발화에서 실행되어 구정보로 알려진 것이다. 그렇기 때문에 청·화자는 구정보에 대하여 더 이상의 관심을 기울이지 않고, 서로가 원하는 신정보만을 제시한다. 그렇다고 담화에서 생략되는 대상이 언제나 구정보에 국한되는 것만은 아니다. 실제 담화에서는 생략이 여러 가지 정보원의 유기적인 연결로 실현되기 때문이다. 그래서 발화된 언어적 구정보가 아니더라도 담화상황에 의해 추론이 가능한 요소는 얼마든지 생략될 수 있다. 또한 발화자에게 초점정보가 아닌 경우에도 생략이 가능하다.

담화에서의 생략대상은 위의 사항을 고려할 때 다음과 같이 크게 네 가지 정도로 유형화할 수 있다. 즉 담화상황에서 선행화자에 의해 발화된 언어적 구정보와 발화되지 않은 상황정보, 그리고 청·화자의 인지구조 안에 자리한 인지정보와 담화에서 초점화되지 못하는 문법적인 언어정보가 그것이다. 본 절에서는 이들에 대해 자세히 살펴보기로 하겠다.

2.2.1. 발화된 언어적 구정보

생략은 '있어도 되지만, 그리고 선행발화에서 있었던 것이지만 반드시 있어야 할 필요성이 없기에, 또 담화의 초점이 되지 않기에 없앴고, 없어도 전체 맥락에 무리를 주지 않는 것'이라는 기저 의미를 가지고 있다.[6] 이러한 생략은 '지금은 없지만 있었다'는 공범주의 전제하에서 실현되기 때문에 쉽게 그 원형을 복원할 수 있다. 이렇게 쉽게 복원할 수 있는 생략정보가 바로 선행화자가 언급한 언어정보이다.

담화에서 선행화자가 발화한 언어정보는 가장 보편적이기에 일차적으로 생략되는 요소이다. 이는 테마(thema)에 속하는 것으로, 이미 발화된 것이기 때문에 청자나 화자에게 더 이상 관심의 대상이 되지 못한다.[7] 또한 청자가 알고 싶어 하는 신정보에 해당되지도 않는다. 오히려 생략하는 것이 신속한 정보전달에 도움을 준다. 따라서 생략의 우선적인 대상은 선행발화에서 이미 언급된 것으로, 청자가 담화맥락 안에서 그 원형을 복원할 수 있는 언어정보가 된다. 다음의 예문을 보도록 하자.

---

6) 국어대사전(금성판)에서의 생략은 '간단하게 줄이거나 빼는 것'으로 정의된다. 이 정의에서도 '있었다는 기본 선제 아래 없애는 것'이기 때문에 그 원형에는 무엇인가 존재했음을 의미한다. 따라서 어떠한 형태로든 생략대상을 담화 참여자들이 복원할 수 있어야 한다.

7) 테마(thema)와 레마(rhema)에 대한 논의는 지광신(1994)에 잘 나타나 있다. 그에 의하면 화자와 청자에게 알려진 사실은 테마, 알려지지 않은 사실은 레마이다. 또 담화 행위에서 낮은 정보가치를 갖는 것은 테마, 높은 정보가치를 갖는 것은 레마이다. 즉 담화의 대상이 되는 것은 테마, 테마에 덧붙여져 말해지는 것은 레마로 정의한다. 이러한 논의에 입각해 본 연구에서도 테마에 대해서 구정보로 간주한다. 실제로 이러한 테마는 담화전개상 생략하는 것이 더 자연스럽다.

(6) "얘야, 아랫동네의 구렁이 아들이 우리 집에 장가를 들고 싶다고 한다. 첫째
부터 의견을 말해 보아라."
"아버지, 정말로 저를 거기다가 시집을 보내고 싶으세요?"
"내가 (Ø)[8] 너에게 묻는 것 아니냐?"
"전 (Ø) 싫어요, 아시겠어요?"
"그래 됐다. 둘째야 너는 (Ø) 어떠냐?"
"저도 (Ø) 싫어요."
"셋째야 너는 (Ø)?"
"네, 언니들이 (Ø) 싫다고 하니 제가 가겠습니다. 이젠 저밖에 없으니까요."

(김지원, <구렁이 신랑과 그의 신부>)

(7) "동생아, 네 옷고름에 매단 그게 무어니?"
"(Ø) 비단 주머니야."
"그 안에 뭐가 들었니? (Ø) 앙증맞게도 생겼다."
"응. (Ø) 이뻐서 모양으로 차고 있어."
"(Ø) 한 번만 만져보자 얘, 무슨 보물이 들었는지 (Ø) 속은 안 열어볼 테니
까."

(김지원, <구렁이 신랑과 그의 신부>)

(6)과 (7)에서 발생하는 생략 역시 이전의 발화에 근거하여 구정보로
인식하고 후행발화에서 언표화하지 않은 것이다.

(6)에서 보면 아버지 발화에서의 구정보 '구렁이 아들에게 시집가는
것'은 이미 딸들에게는 신정보로서의 기능을 수행하지 못한다. 그렇기
때문에 이후의 발화에서는 모두 생략되고, 그 구정보에 대한 자신들의
마음이 신정보화되어 단독으로 제시되고 있다. 이렇게 담화상황에서 구

---

8) 본 연구에서의 Ø는 문법론에서 일반적으로 공범주를 표시하는 기호인 (e)와 같은
개념으로 사용하였다.
실제로 (e)에 대해 주시경(1910)에서는 '숨은 뜻'이라 했으며, 고영근(1983)에서는
'통사상의 잠재 성분'이라고 언급한다. 다만 본 연구에서는 생략된 성분을 대신
하여 공범주인 (e)의 의미를 Ø로 통일하기로 한다.

정보가 모두 생략되었지만, 의미추론에 있어서는 그리 문제가 되지 않는다. 오히려 그에 대한 발화자 각각의 마음 상태를 직접적으로 제시하여 정보전달의 신속성을 획득하는 효과를 거둔다. 물론 생략정보를 각각의 발화자에게서 복원한다면, 그 의미가 다소 달라질 수 있다. 하지만 이는 담화맥락상 비슷한 의미범주로 귀속될 수 있는 것이기에 그리 문제가 되지 않는다.

(7)에서도 마찬가지로 선행발화에서 이미 구정보화되어 중심적인 의미기능을 수행하지 못하는 것을 후행발화에서 반복하지 않고 있다. 이는 전달하고자 하는 정보의 초점이 아니기도 하다. 이처럼 생략되는 대상은 일차적으로는 선행발화에서 언표화된 것으로 이미 구정보화된 것이다.

구정보화된 언어요소를 발화하지 않으면 담화 참여자의 정보처리 속도를 배가시킬 수 있다. 뿐만 아니라 신속한 담화 진행이 가능하여 의도한 초점 내용만을 간단명료하게 전달하는 장점도 있다. 결국에는 담화 전체로 볼 때 결속력을 강화시켜주는 기능을 이 생략이 수행하는 것이다. 그런데 구정보화된 언어요소를 다시 발화한다면 발화자의 또 다른 의도를 생각해야 한다. 다음의 인용문을 보도록 하자.

(8) "수진이가 어제 그 사람을 만났대.
　　"수진이가?"

(9) "저어 …… 그게 무슨 냄새지요?"
　　"…… 이거 청국장이에요."
　　"청국장이오?"
　　"청국장 모르세요?"
　　"한 번도 먹어본 적이 없습니다."

(이창동, <운명에 관하여>)

(8)에서는 담화맥락상 필요한 주요 신정보들을 선행발화에서 모두 실현한 상태이다. 그런데도 후행발화자는 '수진이'라는 언사를 재발화함으로써 또 다른 의도를 드러내고 있다. 즉 담화 내용상의 행동주인 수진이를 강조하거나 다시 한번 정확하게 확인함으로써 발화자의 내면에 가지고 있는 수진이에 대한 감정적인 상태를 드러낸 것이다. 이것은 후행발화자의 발화 이면에 깔린 새로운 의도-예를 들면 '수진이'에 대한 발화자의 감정이나 놀람, 혹은 수진이가 그 사람을 만난 것에 대해 믿을 수 없음 등의 감정-를 나타낸 것이다.

(9)에서도 선행발화에서 이미 제시된 청국장이 후행발화에서 반복된 것은 그것이 구정보가 아님을 의미한다. 즉 발화형태는 선행발화의 '청국장'과 같을지 모르나 그 안에 담겨있는 의미는 각각의 발화에서 다르게 해석된다. 말하자면 처음의 '청국장'이 객관적 의미의 청국장이라면, 두 번째의 '청국장'은 발화자가 처음 보는 새로운 정보의 '청국장'이고, 세 번째의 '청국장'은 발화자에게 있어서는 이제껏 먹어 왔던 아주 익숙한 음식인데 반해, 청자에게 있어서는 한 번도 먹어본 적이 없는 신기한 음식이라는 의미가 들어있다. 이렇게 구정보라 하더라도 때에 따라서는 신정보로 작용하며 또 다른 발화체가 되기도 한다. 하지만 마지막 발화에서의 화자는 이제 청국장에 대한 정보를 어느 정도 얻었기 때문에 그것에 대하여 새롭게 발화할 필요가 없다. 그래서 그것에 대한 자신의 상황만을 신정보화하여 언급하면 그만이다.

이상에서 보듯이 화자가 구정보를 발화하는 경우는 이미 발화된 언어정보에 대하여 새로운 의미를 부가할 경우이고, 이를 제외한 담화상황에서는 정보교환성 내지 언어 경제성에 입각하여 이미 발화된 언어적 구정보는 모두 생략한다.

2.2.2. 발화에 수반되는 상황적 정보

언어정보와 그것의 발화상황과는 아주 밀접한 관련을 맺는다. 하지만 그 상황이 어떠하냐에 따라, 또는 청·화자의 신분이나 감정에 따라 생략정보의 복원형태는 판이하게 된다. 이는 같은 음식이더라도 그 음식을 어느 그릇에 담느냐에 따라, 맛에 대한 감각이나 음식에 대한 생각이 달라지는 것과 같은 이치이다. 결국은 발화 언어가 어느 상황에서 실현되었느냐에 따라 다양한 의미해석이 가능한 것이다.

상황에 의해 의미가 달리 해석되는 것은, 언어와 그것이 발화되는 상황 사이에 아주 긴밀한 관계가 있기 때문이다. Searle(1980)은 인간 의사소통의 최소 단위는 문이나 그 밖의 다른 표현이 아니고, 진술·질문·명령·기술·설명·사죄·감사·축하 등과 관련된 행동의 수행이라고 하여 상황맥락의 중요성을 강조했으며, Labov(1970)은 담화 분석은 언어 사건의 사회적 맥락을 고려하지 않고서는 기본적인 불변의 규칙들에서 한 발자욱도 떼어놓지 못하는, 그래서 언어분석의 어느 면에 있는 상태라고 논의함으로써 역시 상황맥락의 중요성에 대해 논의하였다.(김건수, 1984 : 129~130 재인용) 다음의 예문을 보자.

> (10) 사장이 여비서에게 "정말 덥군."
>   여비서가 사장에게 "정말 덥군요."

(10)의 발화는 그것이 제시된 상황에 의해 전혀 다른 의미로 해석이 가능하다. 물론 표면적 의미로 단순히 덥다는 정보전달일 수 있지만, 실제 담화상황에서는 전혀 달리 해석되게 마련이다. 그것은 이 언어요소에 발화상황이 개입되기 때문이다. 이를테면 통례적으로 사장과 여비서의 상

하 관계에 의해 새로운 의미해석이 적용될 수밖에 없다. 이처럼 언어는 그것이 발화되는 상황이나 환경 그리고 담화 참여자의 사회적 관계에 의해 의미해석의 방향이 결정된다. 다음의 예문을 더 보도록 하자.

   (11) Is something laughing? (김건수 1984 : 130)

(11)의 예도 일반적인 관점에서는 의미해석상 그리 큰 문제가 발생하지 않는다. 하지만 이것에 대하여 특정한 상황맥락을 고려한다면, '누가 웃는가?'의 의미 외에 '너무 시끄러우니, 조용히 좀 하지'의 의미로도 해석이 가능하다. 이는 모두 상황맥락에 따른 해석으로 가능한 것이다.[9]

고창운(1996)에 의하면 담화상황에서 어떤 문장이 올바른 의미로 전달되기 위해서는 담화 참여자들과 관련된 시간·공간적 조건, 문화적 배경 따위의 문맥이 충족되어야 한다. 그렇지 못하면 담화에 쓰인 문장을 이해할 수 없거나 모욕·농담 따위로밖에 받아들여지지 않기 때문이다. 담화에서의 생략정보 역시 이러한 상황맥락을 고려해야만 더 정확한 의미를 추론할 수 있다. 상황맥락에 의해 추론이 가능한 생략요소를 예문을 통해 확인해 보도록 하자.

   (12) "우리 아이들이나 한국말을 못하지. 집의 아이들은 잘 하잖아요. 말들도 잘 들고, 우리 애들은 제 아빠를 친군 줄 안다니까요."
     "아뇨. 우리집 저놈들 정신상태가 아주 글렀습니다. 이민 삼 년도 채 못 됐는데 벌써 툭하면 영어로 대답들이에요. 가정교육은 에미가 잘 해야 되는 건데, 이건 뭐 ……."

                    (김지원, <물이 물 속으로 흐르듯>)

---

9) 상황맥락은 고창운(1996)에서 제시된 '화용론적 전제'와 맥을 같이 한다. 그에 의하면 화용론적 전제는 특정 상황에서 성립되는 가변적인 의미관계라고 제시되는데, 이는 상황맥락과 동궤의 것이다.

    (13) "언제 왔지, 여긴?"

        "언니 전, 칠년 만에!"

        "서울엔 언제 왔니?"

        "…… 열흘 전쯤에요."

        "어디서 묵고 있지, 지금?"

        "아직 안 정했어요."

(공지영, <고등어>)

(12)에서는 이민세대의 자녀들에 대한 이야기이다. 그들은 자신의 아이들이 한국말을 구사하지 못하는 것에 대해 걱정하고 있다. 따라서 이러한 발화맥락에 준하여 후행화자의 마지막 생략정보에 대한 복원에서는 상황맥락을 활용해야만 한다. 즉 어머니의 가정교육에 대한 부재 때문에 아이들이 엉망이 되었다는 상황전제를 바탕으로 생략정보를 복원해야 한다. 그리고 담화내용의 주체자인 아이들에 대한 언급 역시 생략되었는데, 이것도 상황맥락에 의해 추론이 가능하다.

(13)에서는 화제의 초점이 되는 요소만이 언급되었을 뿐, 주어에 해당하는 언어요소는 담화 전체를 통해서도 제시되지 않았다. 그렇지만 생략된 주어 요소는 그때그때 추론이 가능하다. 또한 담화전개의 상황에 의해 청·화자의 관계가 그리 좋지 않은 점도 드러난다. 이러한 언어 외적 정보-분위기, 청·화자의 억양, 얼굴 표정 등-는 담화가 전개되는 상황과 결부되어 나타난다. 물론 청·화자가 언어 외적 정보를 바탕으로 원하는 정보를 얻는 것은 심리적 추이에 의한 것이다.[10]

---

10) 김희선(1994)에서는 이를 Trasher(1974)의 견해를 빌어 라포탈락(rapport deletion)이라고 언급한다. 라포탈락은 언어적인 선행사를 지니지 않은 채 생략된 것으로, 주로 비격식적인 담화일 때 문장의 첫 부분이 생략되는 경우이다. 예를 들면 "Ø Want a drink?"(Ø-Do you)와 같은 생략이 그것이다. 그러나 이러한 라포탈락 현상 역시 발화행위에 수반되는 상황정보에 의해 추론이 가능함은 물론이다.

우리가 사용하는 언어는 같은 발화라 하더라도 그것이 발화되는 상황에 따라 다양한 의미로 해석된다. 예를 들면 똑같은 발화 '잘났어 정말'은 그것이 어느 상황에서 발화되었느냐에 따라 극과 극의 해석이 가능하다.

(14) 학교 시험 점수를 만점 받아온 아들을 앞에 놓고 엄마가 하는 말 :
   "잘났어 정말. 누구 아들인지 모르겠다. 우리 아들 누굴 닮아서 이렇게 똑똑하지? 응. 아유, 요 이쁜 것, 엄마가 간식 뭐 해줄까?"

(15) 학교 시험 점수를 거의 빵점에 가깝게 받아온 아들을 앞에 놓고 엄마가 하는 말 :
   "잘났어 정말. 너 누굴 닮아서 이 모양이니? 응, 내가 속상해서 살맛이 안나요. 안나. 아유 속상해. 어서 들어가 공부나 햇."

위의 담화상황을 보면 똑같은 발화 '잘났어 정말'이 들어 있다. 하지만 그 의미가 정반대로 해석되기도 하는데, 이것은 담화상황에 의해 상반된 추론이 가능하기 때문이다. 즉 같은 발화라 하더라도 화자가 어느 맥락으로 발화했는가를 고려하면 그 의미해석이 다르게 된다.[11]

담화상황에서 발화에 수반되는 많은 행동들 역시 의미해석상 중요한 기제로 작용한다. 발화에 수반되는 여러 가지 크고 작은 행동들이 발화자의 발화의도를 보완하는 기제로 작용하기 때문이다.

---

11) 물론 담화상황을 바탕으로 의미맥락을 추론하는 경우에 있어서 발화자의 억양 역시 중요한 상황정보가 된다. 같은 발화일지라도 어떤 억양이냐에 따라 발화자의 감정이 얼마든지 달라질 수 있기 때문이다. 그 외에도 상황정보에 들어갈 수 있는 것으로는, 얼굴 표정·행동·목소리 등이 있다. 이러한 것들 모두가 상황정보를 이루며 발화문을 뒷받침하는 기제로 작용한다. 실제로 청자는 이러한 정보를 바탕으로 생략된 내용을 추론하거나 복원한다.

(16) 책상 앞에 앉은 범인에게 형사가 종이와 펜을 내밀며 : "적어."

(17) "뭘하고 있었지?"
　　　들켰다는 듯한 표정으로 여경이 고개를 들었다.
　　　"전화를 걸었어요."
　　　"전화를?"

(공지영, <고등어>)

(18) 문 앞에서 열쇠를 내밀며 : "빨리 좀 열어라. 팔 떨어지겠다. 응?"

　(16)의 발화에서는 행동을 촉발하는 부수적 기제가 생략되었지만, '적어'만을 가지고도 청·화자의 의사소통이 자연스럽게 이루어진다. 즉 발화상황−종이와 펜을 내미는 행동−을 고려하여 생략된 요소를 알 수 있기 때문에 언표화하지 않아도 정보전달에 있어서 무리가 생기지 않는다. 오히려 생략으로 인해 맥락의 결속성을 높이는 효과를 거둔다.

　(17)의 담화 역시 발화에 수반된 행동에 의해 감정 전달뿐만 아니라, 생략된 요소의 추론도 가능하다. 물론 마지막 발화의 '전화'는 선행발화의 반복이라는 측면에서 강조의 기능이라고 할 수 있다.

　(18)에서도 '열어라'의 발화에 수반된, 열쇠를 내미는 행동으로 인하여 생략된 정보 '이 열쇠로 이 문을'을 충분히 추론할 수 있다. 이것은 발화의 초점이 아니라서 생략되었지만, 상황으로 미루어 그 내용을 유추하기에 어려움이 없다. 따라서 언어를 둘러싼 발화상황이나 발화에 수반되는 행동기제들이 생략정보의 복원에서 중시된다.

2.2.3. 발화되지 않은 인지적 정보

담화 참여자는 자신에게 주어진 정보를 해석함에 있어서 여러 가지 정

보를 이용한다. 선행화자에 의해 제시된 언어정보로 해석이 가능한 경우
도 있지만, 대부분은 제시된 정보를 자신의 인지구조에 들어있는 인지정
보와 연결시켜 의미를 유추한다. 그것은 인간이 가지고 있는 고차원적이
고도 복합적인 사고능력 때문에 가능하다. 실제로 담화자는 담화상황에
서 제시되는 수많은 화제들을 자신이 이미 수집한 많은 인지정보와 조합
하여 새로운 정보에 대한 판단을 내린다.[12]

　인지정보는 인간의 두뇌 속에 이미 자리잡고 있는 수많은 정보의 집합
이다. 인간은 이러한 인지정보를 가지고 있기 때문에, 이를 바탕으로 의
사소통을 원활히 수행한다. 말하자면 인지정보를 통하여 새로운 정보를
나름대로 판단·평가하게 된다. 화자가 가지고 있는 인지정보의 구조나
양은 각기 다르지만, 인간은 이러한 인지정보에 의존해서 담화상황의 모
든 정보를 취사선택한다. 그리하여 담화 참여자들에게 있어서 이 인지정
보는 담화 공통 공간의 기능을 담당하고, 담화 참여자들은 여기에서 필
요한 정보를 도출하는 것이다.

 (19) What time is it?

   Well, the postman's been already. (Well, I don't know exactly what time it is. but
   the postman's been already. so it is about x o'clock.) (김건수 1984 : 149)

　(19)의 담화에서 담화 참여자 서로간에 우체부가 몇 시쯤 지나가는지
구체적으로 알고 있다면, 인지정보에 의해 현재의 시간을 추론할 수 있
다. 즉 청·화자의 인지구조 속에 우체부에 대한 정보가 확보되어 있으

---

12) Fauconnier는 언어 연구에 있어서 정신적인 공간개념을 도입하여 이것을 언어현상
　과 병행·연구해야 함을 주장한다. 그리하여 언어 연구에 있어서 발화 자체만을
　중시하지 말고, 그 발화를 연결시켜 주는 심리적 공간의 기능에 초점을 맞추어
　야 한다고 설명한다. 이것은 심리적 공간이야말로 청·화자의 공유된 지식은 물
　론, 관계인식을 이루어내는 요소이기 때문이다.(김희선, 1994, 재인용)

면, 그것을 바탕으로 신정보의 추론이 가능한 것이다.[13] 그렇기 때문에
생략기제 역시 담화상에서 포괄적으로 작용하는 인지정보에 크게 의존
할 수밖에 없다.

　담화에서 생략된 언어요소 중에는 선행발화에서 언급되지 않았을 뿐
만 아니라, 담화상황에 의해 추론이 불가능한 경우도 있다. 이러한 경우
자신의 인지구조 안에 자리잡은 인지정보에 의해 추론이 가능하다. 그것
은 담화 참여자들이 자신의 인지정보를 바탕으로 생략된 정보를 복원하
거나 추론할 수 있음을 의미한다. 다음의 예문을 보도록 하자.

(20) "저기 참새들 좀 보세요. (∅) 기분 좋아라 마냥 떠들고 있어요."
　　 "(∅) 저 할머니 할아버지 좀 보라고, 얼마나 다정해 보이냐고 그러는데?"
　　 "(∅) 우리한테까지 마음을 써요? 저희끼리 놀기 바쁜 녀석들이 ……."
　　 "우리네 아이들같이? (∅)"

(윤정선, <해질녘>)

(21) "나 당신한테 딱 한 번 업혔던 일 기억나요."
　　 "여행을 함께 갔었을 때지 ……."
　　 "숲길에서 ……."
　　 "당신은 새털처럼 가벼웠어."

(윤정선, <해질녘>)

　(20)과 (21)의 담화를 살펴보면 생략된 요소의 복원이 선행발화를 기준
으로 삼기보다는 담화 참여자의 인지정보를 토대로 가능한 것이다. (20)
의 경우 선행발화에서 이미 언표화되어 생략한 것도 있지만, 마지막의
생략은 인지정보에 의한 결과이다. 즉 생략된 요소로 간주할 수 있는 '저

---

13) 물론 우체부에 대하여 인지정보를 가졌다는 상황정보가 제시될 필요가 있다. 이
　　것은 인지정보와 더불어 상황정보가 동시에 제공되어야 함을 의미한다.

희끼리 놀기 바쁜 녀석들'을 표면적으로 해석하기보다는 인지정보에 의존해 '저희끼리 살아가기에 바빠서 부모님에게는 신경 쓰지 못하는 자식들' 정도로 유추 해석이 가능하다.

(21)의 생략 역시 기존의 인지구조 안에 자리잡고 있는 인지정보에 의해서 추론한 것이다. 공유된 인지정보가 이미 확보되어 있었기에 청·화자는 생략된 내용이 있어도 담화전개나 정보전달에 무리가 생기지 않는다. 이처럼 생략은 선행발화나 상황에 의존하지 않고서도 공유된 인지정보에 의해 실현되기도 한다. 오히려 이로 인해 담화의 신속한 전개가 가능할 수 있게 된다. 나아가 공유된 인지정보이기 때문에 서로간에 감정의 교감까지도 가능해질 수 있다.

2.2.4. 문법적인 언어정보

담화상황에서 생략되는 대상 중에는 특별한 어휘적 의미로 사용되지 않고, 단순히 문법적인 관계만을 나타내주기 위해 사용되는 요소가 있다. 한국어에서 문법적인 표지로 활용되는 조사와 같은 것이 이에 해당된다. 그런데 이 문법요소는 실제 담화상황에서 그리 큰 의미 기능을 수행하지 못하기 때문에 생략되는 것이 일반적이다.

기존의 논의에 의하면 국어의 조사는 크게 격조사와 보조사로 나누어진다. 그런데 격조사는 문법적인 격을 수행하기 때문에 쉽게 생략되는데 반해, 보조사는 의미 기능을 수행하기 때문에 거의 생략되지 않는다. 실제로 격조사는 보조사와는 달리 격표지라는 문법적인 기능을 수행한다. 따라서 통사구조를 통해 격을 인지할 수 있을 경우에는 생략될 수 있다고 논의되어 왔다.

격조사의 생략에 대한 논의는[14] Underwood(1890)에서 처음 확인할 수 있다. 그는 한국어에서의 명사는 곡용에 의해 격이 표시되지 않고 후치사(postposition)에 의해 표시된다고 보았다. 따라서 의미의 모호성이 없는 한 격표시의 후치사를 생략하는 것으로 판단하였다.[15]

조사생략에 대한 논의는 정렬모(1946)에 와서 더 적극적으로 논의된다. 정렬모는 격표지를 '명사표시태의 빛'이라 하고 아홉 가지 빛을 설정한다. 즉 다를빛(의) 임자빛(이/가), 휘두를빛(을/를), 부릴빛(로/으로), 기댈빛(에/게/게), 떠날빛(서), 더불빛(와/과), 기울빛(이/가), 엎칠빛(의) 등이 그것인데, 격표지 비실현형의 생략(∅)을 두루빛에 포함시켜 논의하였다. 다를빛이 여러 용례에서 명확히 구별되어 쓰이는 데 비해, 두루빛은 단지 다른 말에 종속되어 두루 쓰이는 것으로 파악하였기 때문이다.

격표지 비실현의 개념은 그 뒤 안병희(1966)에 와서 부정격의 정립으로 논의되었다. 그는 '어머니(가) 오셨다, 충무공(의) 사당, 밥(을) 먹는다' 등의 예에서 주격, 속격, 대격이 격표지에 의해서 표시되는 경우는 격이 강조되는 경우이며, 위에서처럼 격표지 없이 곡용어간의 통합만으로 격을 표시하는 경우는 부정격이라 언급한다.

김광해(1981)에서는 조사생략에 대한 논의를 이전의 통사적인 관점을 벗어나 화용적인 관점에서 바라본다. 그는 관형격표지 '의'의 제로이형태

---

14) 주시경(1910)에서는 격표지 비실현 현상의 예로 '봄(의)꽃'이나 '눈(과) 같으오.' 등을 살피고 있는데, 여기에서 이미 조사생략에 대한 인식이 이루어지고 있다. 물론 주시경에서 '속뜻' 혹은 '숨은뜻'의 단위는 '기(단어)'인 셈이다. 이는 단어의 어휘적 쓰임에서의 생략을 밝힌 것이다.

15) Underwood는 후치사의 실현과 비실현을 영어의 정관사와 부정관사의 용법과 관련짓고 다음의 예를 제시한다. ①병뎌 왔소(A soilder has come) ②병뎌가 왔소(The soilder has come)에서 격의 후치사를 생략하면 영어의 부정관사 a와 같은 효과가 있고, 후치사를 사용하면 정관사 the와 같은 효과가 있다고 보았다.(고영근, 1993. 재인용)

로 '제로관형(∅)'을 제시하고, 명사의 의미자질에 따라 이들의 분포가 어떻게 달라지는지를 살펴보았다. 따라서 선행명사와 후행명사가 의미론적으로 '소유주－피소유주'(주인(의) 토끼), '전체－부분'(동굴(의) 입구), '친족관계'(철수(의) 누나) 등을 형성하면 그것이 ∅로 실현되고, 그렇지 않을 경우('사랑의 슬픔')는 반드시 실현되어야 하는 것으로 논의한다.

신현숙(1982)에 의하면 조사, 특히 격조사는 격표지뿐 아니라 화용론적인 측면에서도 의미가 있다고 보았다. 바로 '주의 집중'이 그것이다. 민현식(1982)에서도 조사에 대한 접근 방법을 화용론적인 관점에서 찾고 있다. 그리하여 조사를 체언의 발화상황 지시표지(Nominal utterance maker) 또는 체언의 발화문맥 지시표지(Nominal context maker)로 보고 있다.16)

대체로 문법 연구의 모델이 되는 언어재료가 모든 발화문 중에서 기본적인 단순정보 지시상황문(중성문)이라고 할 수 있겠다. 따라서 기존의 격조사 '이/가, 을/를, 에/에서' 등은 단순정보 지시상황에 쓰이는 기본 조사류라 할 수 있다. 이는 조사에 대해 문법적인 견지에서의 고찰보다는 문맥을 고려한, 혹은 화맥을 고려한 논의가 필수되어야 함을 의미하는 것이다.

권재일(1989)에 의하면 모든 조사는 문법적 관념과 어휘적 관념을 모두 가지고 있다. 다만 문법적 관념의 비중에는 정도의 차이가 있을 뿐이라고 언급한다. 그에 의하면 문법적 관념과 어휘적 관념의 비중을 그 순서상 주격＞목적격＞관형격＞부사격(위치격＞방편격＞비교격)으로 정리할 수 있다. 그리하여 조사는 그 쓰임에 있어서 문법적일수록 생략될 가능성이 크고, 어휘적일수록 생략될 가능성이 적다.17) 전자인 문법적인 쓰

---

16) 예를 들어 주격조사 '이'를 발화상황 중에서 가장 기본적인 단순정보 지시상황, 또는 강조 지시상황에 선택된 '발화상황 지시표지'의 하나로 본 것이다.

17) 격조사가 문법적인 격 이외에 어휘적인 의미를 갖고 있음은 다음의 논의에서도

임의 조사는 통사구조상 한정해서 쓰이고, 그로 인해 예측이 가능하여 생략이 수월하게 된다.

어떤 조사가 문법적인 쓰임인지 또는 어휘적인 쓰임인지는 맥락에 의존하여 그 정도성 해석을 거쳐야 한다. 어떤 언어현상이 한 가지로 명확하게 규정되는 경우도 있지만, 때로는 상황에 의한 정도개념으로 해석해야 될 경우도 있다.[18] 실제 담화상황에서 특별히 격조사가 실현되는 경우에는 본래의 문법기능에다 발화자의 새로운 발화의도가 부가되었을 때이다. 다음의 인용문을 보도록 하자.

(22) "검이씨, 생선포(∅) 사 가지고 들어가?"
　　　"네. 노친네가 좋아해서 …… 갈치포예요. 어떻게 알았어요?"
　　　"옷에 냄새가 배었나봐."
　　　"아이고 …… 보퉁이(∅) 베고 한숨 잤더니 ……"

(이윤기, <울도 담도 없는 집>)

(22)의 예를 보면 일반적으로 격조사는 쉽게 생략된다. 이는 통사구조상으로 생략된 조사를 충분히 추론할 수 있기 때문이다. 그리고 이러한 경우는 단순히 문법적인 기능을 수행하는 것으로 보는 것이 더 유용하다. 반면 '노친네가'나 '옷에', '냄새가'의 경우는 조사가 생략되지 않았는데, 그 이유는 '가'의 주체적인 기능, '에'의 처소적인 기능이 주격이나 처격보다 우세하게 작용하기 때문이다. 다음의 인용문을 더 보자.

　　언급된 바 있다. 김승곤(1988)에서는 주격조사 '이/가'는 가리킴의 의미를, 관형격 '의'는 소유의 의미를 갖는다고 하고, 류구상(1986)에서는 '이/가'를 '주제, 배타적, 지적, 신정보'의 의미로, 임홍빈(1981)에서는 '의'를 '존재 전제를 요구'하는 어휘적 의미로 설명하고 있다.

18) 이에 대해서는 제6장 2절에서 상술하도록 하겠다.

(23) "부잣집(∅) 아들이 하필이면?"

"…… 머슴의 딸과 눈이 맞았대요. 그런데 부모(∅) 허락이 안 떨어지더라는
군요. 그 당시만 해도 그런게 있었나 봐요."

"……"

"그러던 어느 해 홍수가 나고 물이 불으면서 ……."

"…… 처녀의 집이 물에 떠내려 갔겠군요?"

"아니 어떻게 ……"

(이윤기, <울도 담도 없는 집>)

(23)에서 보면 격조사 '의'는 담화전개상에서 생략되기도 하고 발화되
기도 한다. 이는 같은 조사지만 각각의 발화에서 그 의미 기능이 다르기
때문이다. 즉 생략된 경우는 뒤의 명사 '아들', '허락'에 의미의 초점이
놓여 단지 문법적인 기능을 수행하는 것이고, 발화된 경우인 '머슴의 딸,
처녀의 집'은 선행명사 '머슴', '처녀'에 초점을 두어 보조 어휘적인 의미
로 사용된 것이다.19) 다음의 예문을 보자.

(24) "어제 그 아가씨(∅), 사귄다는 그 사람?"

"응."

"꽤 똑똑하게 보였어. 감성도 예민해 보이고."

"그래?"

"재혼해야죠."

"커피(∅) 마시자."

(공지영, <고등어>)

---

19) 강연임(1996)에 의하면 격조사 '의'는 통사적인 기능 이외에 의미·화용적인 기능
을 수행하는데, 그러한 것으로는 '정보초점의 이동', '의미의 중의성', '화용론적
이형태'를 들 수 있다. 여기에서 정보초점의 이동이 바로 생략과 발화의 기준이
된다. 즉 '명사＋의＋명사'의 구조에서 생략되는 경우는 의미초점이 후행명사에
있고, 발화되는 경우에는 선행명사에 놓인다. 이렇게 볼 때 '의'는 문법적인 기능
이외에 발화자의 발화의지에 대한 강조기능이나 초점정보 이동의 기능을 수행하
기도 한다.

(24)의 담화를 보면 담화가 전개되는 동안 조사가 거의 실현되지 않았다. 그것은 조사가 어휘적인 의미로 실현되기보다는 주로 문법적인 의미로 사용되었기 때문이다. 문법적인 의미들은 대부분 고정적으로 사용되기에 화자들이 굳이 발화하지 않아도 통사구조에 의해 추론이 가능하다. 그리고 이러한 언어표현은 발화하지 않아도 손실되는 정보량이 거의 없다. 오히려 생략하는 것이 담화전개에 있어서 빠른 정보전달을 유도하기 때문에 생동감 있게 담화를 수행하는 강점을 갖는다.

2.3. 요약

이 장에서는 생략에 대한 정의와 그것이 실현되는 전제 조건 및 대상에 대하여 논의하였다. 이를 요약·정리하면 다음과 같다.

첫째, 생략에 대한 정의는 여러 관점에서 내릴 수 있지만, 여기에서는 화용론적인 입장에 따라 상황맥락과 발화맥락 그리고 인지정보를 포함한 부가정보원을 활용해서 추론할 수 있는 비언표화된 언어정보라고 규정지었다. 실제로 담화상황에서는 이러한 부대 정보원들의 기능으로 발화의도나 생략정보를 효과적으로 추론하거나 복원할 수 있다.

둘째, 생략이 일어나는 전세 조건에 내해서는 맥락에 의한 추론 가능성과 동일성을 들어 확인하였다. 맥락에 따른 생략은 그것이 선행발화나 담화맥락을 바탕으로 복원 및 추론이 가능한 경우를 말한다. 비록 그것이 청·화자의 감정이나 사회적 관계 등에 의해 다소 다르게 나타날지라도 복원이 전제되는 경우에 한하여 생략이 실현된다. 또한 동일성에 의한 생략 조건은 이미 발화된 선행정보와 생략요소가 동일하다는 전제 조건이 충족되어야 한다. 실제로 형태적으로나 의미적으로 동일하거나 이에서 확대된 범주적인 동일성이 전제되어야만 후행발화에서 생략이 가능하다.

셋째, 생략대상에 대해서는 크게 네 가지로 구분하였다. 즉 발화된 언어적 구정보, 발화에 수반되는 상황적 정보, 발화되지 않은 인지적 정보 그리고 문법적인 언어정보가 그것이다.

발화된 언어적 구정보는 레마(rhema)로 기능하지 못하기 때문에 생략 처리된 것이다. 즉 선행화자가 이미 언급한 것이기에 후행화자에게 더 이상 신정보로 작용하지 못하여 생략한 것이다. 이러한 언어적 구정보는 가장 일반적인 생략대상이기도 하다.

상황적 정보는 발화와 함께 수반되는 많은 상황정보들, 예를 들면 발화자의 발화상태, 발화공간, 발화시간, 발화맥락, 청·화자의 사회적 관계 등을 통해 생략정보를 복원하는 것이다. 따라서 이들은 단순히 발화 내용을 담고 있는 배경이 아니라, 생략정보를 추론할 수 있는 부가정보원이기에 중시된다. 이들을 통하여 언표화되지 않은 구정보일지라도 충분히 추론이 가능하기 때문이다.

발화되지 않은 인지적 정보는 청·화자가 발화에 참여하면서 각각의 인지구조, 즉 지식 스키마 안에 가지고 있는 기존의 정보를 발화내용의 해석을 위해 활용하는 것이다. 말하자면 이들은 청자나 화자가 새로운 정보를 해석할 수 있도록 보조적인 기능을 수행한다. 따라서 상황정보가 전달정보의 입력에 도움을 주는 부가정보원이라면, 인지적 정보는 화자가 전달한 정보를 청자가 받아들여 해석하는 데 유용한 부가정보원이라 하겠다.

문법적인 언어정보는 주로 조사처럼 통사적인 기능을 담당하는 언어 요소를 말하는데, 이들은 담화에서 주로 어휘적인 의미보다는 문법적인 기능을 담당하는 경우가 많다. 따라서 청·화자는 고정적인 역할을 담당하는 이들 요소에 대해 익히 알고 있고, 그래서 굳이 발화할 필요가 없게 된 것이다. 간혹 이들이 생략되지 않는 경우는 문법적인 의미보다 어휘 의미로서의 기능이 강화되었을 때이다.

제 3 장

담화에서의 생략의 분류 기준과 유형

이 장에서는 앞에서 살폈던 생략대상을 일정한 기준에 맞게 분류·고찰하고자 한다. 담화에서는 언어 경제성의 원칙에 입각하여 이미 구정보화된 요소를 언표화하지 않는다. 그런데 생략은 담화맥락에 따라 다양하게 실현될 수 있다는 점이다. 따라서 이 장에서는 담화에서 실현되는 생략의 분류 기준을 제시하고, 그에 따른 생략의 유형을 나누어 보도록 하겠다. 이어서 예문을 통하여 생략의 각 유형을 구체적으로 살펴보고자 한다.

3.1. 생략의 분류 기준과 유형

일반적으로 생략기제는 청·화자가 정보를 효과적으로 전달·수용하기 위해 활용한다. 생략의 궁극적인 기능이 정보의 신속한 전달·수용에 있기 때문이다. 따라서 생략은 어떠한 담화맥락 안에서든 자연스러우면서도 광범위하게 실현될 수 있다. 단지 우리가 그것을 쉽게 의식하지 못할 뿐이다.

지금까지 생략의 유형에 대해서는 여러 가지 측면에서 논의되어 왔다. 먼저 생략의 유형에 대한 기존의 논의를 정리하면 다음과 같다.

① 두덴문법(1973) : 내용적 이유에 의한 생략, 문체적 이유에 의한 생략, 종교적 이유에 의한 생략, 언어 경제적 이유에 의한 생략, 대화에서의 생략 (김성훈, 1993 인용)
② 박승윤(1983) : 형태적 동일성, 지시적 동일성(선행사가 분명한 것, 그렇지 않은 것)
③ 김일웅(1984) : 언어적 문맥 생략, 비언어적 상황 생략(상황 생략−비언어적

상황을 언어 형식으로 표현하지 않을 경우, 개념 생략-표현된 풀이말의 필수 요소에 상당하는 개념이 머리 속에 형성되고 그것을 어휘화하지 않고 표현, 되풀이 생략-물음·대답과 같은 상황에서 되풀이된 요소 생략, 필수적 되풀이 생략, 임의적 되풀이 생략)

④ 구도희(1988) : 동일 선행어에 의한 생략(담화 주제로서의 생략, 의미 연속체), 비동일 선행어에 의한 생략(개연성, 화용적 비시차성, 상위 범주화)

⑤ 김송룡(1989) : 언어적 문맥에 의존한 생략(반복되는 요소의 생략, 안음과 이음의 과정에서의 생략, 담화 주체의 생략), 화용적 상황에 의존한 생략(담화 현장에서 생략, 관용·개념적 생략)

⑥ 김성훈(1993) : 언어적 콘텍스트 생략(동일한 성분의 되풀이), 언어외적 콘텍스트 생략(언어외적 상황이나 세계 지식에서 찾음)

⑦ 양명희(1996) : 언어적 문맥 생략(생략되는 요소가 앞선 문맥에 있음), 비언어적 상황 생략(생략되는 요소가 문맥에 없음), 현장 생략(담화상황에서 지각 가능한 요소로서, 서술어의 필수 요소를 생략), 상념 생략(의식 속의 사실에서 생략되는 요소를 찾음)

이외에도 생략유형에 대한 다양한 논의를 더 찾아볼 수 있다. 하지만 이상의 논의만을 가지고도 생략의 유형에 대한 사적 흐름의 양상을 어느 정도 파악할 수 있다.

대체로 전통문법에서는 생략을 문법적인 탈락이나 삭제의 개념으로 인식하면서 문장단위를 중심으로 그 현상을 고찰하였다. 그러나 앞에서 밝혀진 바와 같이 생략에 대해 문장 차원에서의 논의로는 그 본질을 구명하는 데 한계가 있다. 이제 생략에 대하여 문장을 넘어선 담화 차원에서의 논의가 수반되어야 한다. 생략이 일어나는 상황맥락과 담화세계를 바탕으로 한 인지정보의 활용을 고려해야만 생략의 본질을 밝힐 수 있기 때문이다. 이러한 점을 감안할 때 생략유형의 분류 역시 담화·화용적인 견지에서 이루어져야 한다.

이에 이 절에서는 위의 논의를 발전적으로 수용하면서 필자 나름의 기준에 따라 생략의 유형을 나누고 각각의 유형에 대하여 상술하도록 하겠다.

생략에 대한 유형을 나누기에 앞서 그 기준을 확인해 두는 것이 유용할 듯하다. 적어도 나름대로 변별되는 기준을 제시하고 유형을 나누는 것이 합리적이기 때문이다. 다만 그 기준을 크게 두 가지 관점에서만 확인하고자 한다.

첫 번째 기준은 생략정보의 복원이 복합적인 방법을 통해 가능하다는 전제가 있어야 한다는 점이다. 말하자면 생략된 언어요소에 대해 객관적인 추론 및 해석이 전제되어야만 생략의 유형을 합리적으로 나눌 수 있다. 이것은 발화된 언어요소 외에 그것이 발화되는 상황맥락은 물론, 담화 참여자의 인지정보까지 고려해야 한다는 말이다. 실제로 담화 참여자들은 담화상에서 언어정보 이외에 상황맥락과 인지정보를 복합적으로 활용하여 생략정보를 추론한다. 생략이 이처럼 복합적인 언어현상이라는 점을 감안해야만 생략정보의 복원도 합리적일 수 있다. 바로 이러한 전제 조건이 충족될 때 생략에 대한 유형도 체계적으로 나눌 수 있다. 이는 후술하겠지만, 범주적 유형을 설정하는 데 유용한 기준 중의 하나이다.

두 번째 기준은 동일성의 개념에 따라 고찰할 필요가 있다는 점이다. 일반적으로 생략은 담화맥락 안에서 동일어의 반복을 피하기 위해 실현된다. 이러한 관점에서 담화맥락에 따라 동일물을 생략할 경우도 있고, 혹은 동종물이 생략될 수도 있다. 동일물을 생략할 경우는 형태적 동일성이나 의미적 동일성에 해당되고, 동종물의 생략은 형태범주나 의미범주의 동일성에 해당된다. 즉 생략은 그것이 동일물이든 동종물이든 간에 '동일성'—범주적 차원의 동일성 개념을 포함하여—을 기본 전제로 하여 일어난다.[1] 따라서 생략에 있어서의 '동일성'은 기본적이면서도 필수적

---

1) 여기서 사용되는 '동일성'은 완전히 같은 사물을 의미하는 것이기보다는, 동일한

인 전제 조건이다. 청·화자는 이 '동일성'을 바탕으로 그들의 담화세계에서 인지하고 있는, 또는 인지할 수 있는 요소를 생략하기 때문이다.

위와 같은 점을 바탕으로 생략이 실현되는 유형을 살펴보면, 크게 네 가지로 대별할 수 있다. 즉 형태적 동일성에 의한 생략과 의미적 동일성에 의한 생략 그리고 형태범주의 동일성에 의한 생략과 의미범주의 동일성에 의한 생략이 그것이다. 이를 표로 보이면 다음과 같다.

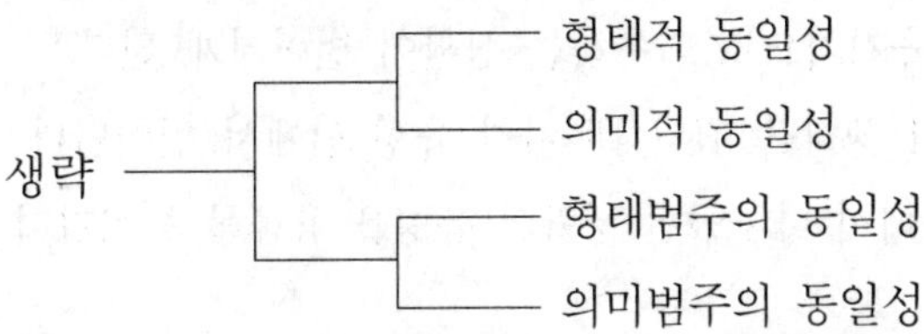

형태적 동일성이나 의미적 동일성은 담화맥락 안에서 형태적으로나 의미적으로 동일물을 삭제하는 것이다. 이때 생략되는 요소는 이미 청·화자 사이에서 구정보화된 것임은 물론이다.

형태범주의 동일성이나 의미범주의 동일성에 의한 생략은 선행발화에서의 정보와 완전히 동일한 요소는 아니지만, 형태나 의미상으로 같은 범주에[2] 속하는 것을 생략한다. 여기에서는 같은 속성이나 같은 의미관

속성이나 관계 및 의미를 가지고 있는 범주화된 개념을 말한다.

2) 범주(category)는 언어기호와 그것이 나타내는 인간경험의 구획을 분류하는 과정 내지 결과로써, 주로 개인의 경험을 일반적 개념으로 추상화하는 과정이며, 이는 identification과 differentiation 등의 복잡한 심리작용으로 이루어진다고 정의된다.(이정민·배영남, 언어학사전) 임지룡(1998)에 의하면 범주화는 인간이 환경세계를 의미 있는 분절로 나누어 파악하는 장치이며, 그 결과로 이루어진 언어적 분절단위가 '범주'(category)이다. 이 경우 범주는 개념과 등심 관계에 놓인다. 실제로 범주와 개념은 동일한 낱말로 실현된다. 따라서 이러한 논의를 바탕으로 본 연구에서는 범주를 같은 속성이나 의미관계 또는 비슷한 속성이나 의미 기능을 수행하는 것들의 합집합이라는 뜻으로 사용하고자 한다.

계, 같은 기능을 수행하는 것으로 간주되는 요소들이 생략된다. 이렇게 볼 때 형태범주나 의미범주는 형태상이나 의미상에서 같은 단어장 안에 포함되는 어휘들의 집합이고, 이들이 담화상황에 따라 생략되는 것이다.

네 가지의 생략유형은 발화상황에 따라 복합적으로 나타나는 경우가 많다. 이는 언어의 복합성에서 기인하는 것이라 하겠다. 즉 특정 언어현상만을 실현시키기보다는 여러 언어현상이 유기적으로 관련되며 복합적으로 실현되는 언어의 속성에서 야기된 것이다. 그래서 생략에서도 각 유형이 복합적이며 유기적으로 작용하는 상황이 벌어지게 된다.[3]

이처럼 담화에서의 생략은 위의 네 가지 유형 안에서 일어난다. 따라서 다음 절에서는 위에서 나누었던 생략의 유형을 용례를 들어가며 검토하기로 하겠다.

3.2. 유형별 생략현상

앞에서 살펴본 생략의 유형에 준하여, 각 유형별 생략현상을 담화 텍스트를 대상으로 살펴보고자 한다. 네 가지 유형의 생략은 발화상황에서 각기 독자적으로 발생하는 경우도 있지만, 대체로 서로 혼합되어 실현되는 경우가 많다. 그러나 이 절에서는 분명한 논지 전개를 위하여 각각의 유형을 분리해서 그 현상을 구체적으로 살펴보도록 하겠다.

---

3) 대체로 형태와 의미적 동일성이 같은 선상에서 실행되고, 형태범주와 의미범주가 또 하나의 같은 선상에서 실행된다. 이는 형태와 의미가 단일한 범주라면, 형태범주와 의미범주는 여기에서 한 단계 상위화되거나 개념화된 더 큰 범주에 속하기 때문이다.

3.2.1. 형태적 동일성에 의한 생략

형태적 동일성에 의한 생략은 앞에서 이미 발화된 선행정보가 후행발화에서 실현되지 않는 것이다. 이러한 경우 선행발화에서의 정보와 후행발화에서 생략된 정보가 형태적으로 동일해야 한다. 즉 형태적으로 동일하여 신정보나 초점정보로 기능하지 못하기 때문에 생략된 것이다. 형태적 동일성에 의한 생략은 가장 일반적인 유형이기에 담화상황에서 빈번하게 나타난다. 실제로 쉽게 파악할 수 있는 정보를 특별한 의미없이 지속적으로 발화하는 것은 초점정보 파악에 있어서 걸림돌로 작용할 뿐이다. 이 유형에 속하는 예를 살펴보면 다음과 같다.

> (1) "정말 혼자 왔소?"
> "그래요. (∅)"
> "나를 만나러 (∅)?"
> "그렇다니까요."
> "여기 있는 줄은 어떻게 알았소?"
>
> (공지영, <고등어>)

> (2) "막내며늘애가 첫아길 가졌는데."
> "축하해요. (∅) 언제가 출산이오?"
> "가을. (∅)"
> "그땐 할멈도 힘들겠구먼."
> "…… 처음이 아니에요. 손주를 벌써 둘이나 보았거든요."
>
> (윤정선, <해질녘>)

위의 예를 보면 생략된 요소들은 모두 선행발화에서 언표화된 정보인 동시에 형태적으로도 동일한 것이다. (1)에서는 선행발화 '혼자 왔소'가 이후의 발화에서 연속적으로 생략된다. 이는 청자가 정말 '혼자 왔는가'

의 여부에 관심을 집중할 뿐, 그가 왔다는 사실이 중요한 정보가 아니기 때문이다. 세 번째 발화 '나를 만나러'는 혼자 왔다는 사실을 확인한 후에 또 다른 신정보로 등장한 것이다. 화자를 만나러 왔다는 사실이 신정보로 제시됨으로써, 이전의 '혼자 왔는가'는 이미 초점 대상에서 제외된 것이다.4) 그런데 두 번째나 세 번째에서의 생략정보는 모두 첫 번째 발화에서 언급된 '혼자 왔소'임을 알 수 있다. 따라서 여기에서의 생략은 모두 형태적 동일성에 의한 것이라 하겠다.

(2)에서도 생략이 연속적으로 일어난다. 두 번째 발화에서는 '막내며늘애'가, 세 번째 발화에서는 '출산이오'가 각각 생략되었다. 그런데 '막내며늘애'는 첫 번째 발화에서, '출산이오'는 두 번째 발화에서 이미 언표화된 것이다. 말하자면 앞에서 이미 언급되었기 때문에 후행발화서는 신정보만을 제시한 것이다. 다만 생략정보 모두가 앞에서 발화된 언어정보와 형태적으로 동일성을 확보하고 있다.

앞에서 살펴본 바와 같이 (1)과 (2)에서는 생략정보가 앞에서 발화된 구정보이면서 동시에 형태적으로도 동일하다.5) 이러한 경우가 바로 생략유형 중 형태적 동일성에 포함된다. 이것은 생략유형 중 일반적이면서도 보편적인 것이라서 담화에서 가장 빈번하게 나타난다. 해당 예문을 더 보도록 하자.

---

4) 만약 후행발화가 '나를 만나러 정말 혼자 왔소?'라고 하면, 이는 초점정보의 비중이 '화자를 만나는 것＋혼자 온 것'으로 양분된다. 그렇게 되면 청자가 정보를 이해하는 과정에서 사고분절 작용이 일어나 정보습득의 수월성을 담보할 수 없다.

5) 여기에서도 의미적 동일성이 성립되고 있다. 실제로 생략에서는 형태적 동일성이나 의미적 동일성을 동시에 충족시킬 수도 있고, 어느 한 조건만을 만족할 수도 있다. 따라서 의미적 동일성은 성립되나 형태적 동일성은 성립되지 않는 경우도 있다.

(3) "몇 개월이나 있었어요?"
   "한 서너 달쯤.(∅)"
   "그 다음은 어디로 갔어요?"
   "깊은 산으로 들어갔지."
   "깊은 산(∅)?[6] 거긴 왜요?"
   "광산에 있을 때 봄을 기다리는 친구 하나를 만난 덕분이오."

(3)에서 보면 두 번째 발화에서 선행정보 '있었다'가 생략되고, 초점정보 '서너 달'만이 단독으로 제시되었다. 그런데 생략된 요소가 이미 언표화된 구정보이면서 동시에 형태적으로도 동일한 것이다.

형태적 동일성에 의한 생략은 앞에서 이미 발화된 것이기에 더 이상 발화하지 않아도 의사소통에 문제가 발생하지 않는다. 이렇게 동일한 형태를 갖는 언어요소가 후행발화에서 생략되는 것이 형태적 동일성에 의한 생략유형이다.

3.2.2. 의미적 동일성에 의한 생략

의미적 동일성에 의한 생략은 선행발화에서 구정보화된 요소를 후행발화에서 생략할 때, 의미적인 동일성만을 충족할 뿐 형태적인 면에서는 그러하지 못하다. 즉 동일한 의미(단어 차원의 의미)를 갖지만 그것이 실현되는 언어석인 형태는 나소 달라진다. 이것이 의미적 동일성에 의한 생략이다. 의미적 동일성에 의한 생략은 담화 참여자가 생략 대상에 대하여 가지고 있는 감정적·심리적 거리가 반영되어 나타난 것이다. 따라서 생략된 요소가 의미상으로는 같을지라도 청·화자가 가지고 있는 기

---

6) 이것은 echoe question의 성격으로, 상황에 필요한 정보가 보충될 수 있을 때 가능한 질문이다.

본 생각이나 태도가 다르기 때문에 다른 형태로 복원되거나 대용되는 것이다.[7] 다음의 예문을 보자.

    (4) A : 김선생 오늘 출근했어?
        B : (∅) 오셨다가 잠시 외출하셨는데요.

    (5) A : 어제 김지은 선배님 만났어? 너한테 삐삐 친다고 번호 좀 알려달라고 하
           던데.
        B : (∅1) 만났어. 글쎄 (∅2) 나보고 레포트 좀 대신 해 달라는 거 있지? 기가
           막혀서. 누가 선밴지도 모르나봐, 안 그러냐?

    (4)의 예에서 생략된 자리에 '김선생'이 실현될 경우, '김선생'보다는 '김선생님'이 될 것이다. 생략된 대상이 B와의 관계에 의해 다시 규정되기 때문이다. 말하자면 의미적으로는 동일한 대상인 '김선생'을 가리키지만, 형태적으로는 다르게 실현되는 것이다. 이는 화자와 생략대상, 혹은 화자와 청자와의 사회적·감정적 거리에 의해서 결정된다.

    (5)의 예에서도 이러한 현상이 잘 나타난다. 생략된 대상이 동일한 '김지은 선배님'이지만, 두 번째 발화자에게 있어서는 A 발화자의 그것과 동일한 감정이 아니다. 따라서 의미적으로는 동일한 대상을 지시하지만, 담화맥락에 의해서 '김지은 선배' 정도로 발화될 것이다. 혹은 청자와 생략대상과의 감정적 거리에 따라 더욱 비하되어 발화될 수도 있다. 예를 들어 두 번째 발화자(B)와 생략대상(김지은 선배) 사이에 불편한 일이 있었다면, 생략대상에 대해 '김지은, 그 여자'로 발화할 수도 있다.

    이렇게 동일 의미를 가지더라도 그것이 언표화되는 과정에서 청·화

---

7) 의미적 동일성에 의한 생략은 발화상황, 발화맥락 등에 의해 복원 정보가 달라지는 유형이다. 따라서 경우에 따라서는 화용론적 생략이라 할 수도 있다.

자 사이의 사회적·감정적 거리에 따라 형태적인 동일성을 확보하지 못할 수도 있다.[8] 이러한 경우가 의미적 동일성에 의한 생략유형이다.

3.2.3. 형태범주의 동일성에 의한 생략

형태범주의 동일성에 의한 생략은 후행발화에서 생략된 요소가 선행발화에서 언급된 정보와 형태적으로 완전히 같지는 않지만, 동일한 형태범주에 포함되는 경우를 말한다. 따라서 복원된 생략정보도 동종의 대상일 뿐 동일물이 될 수는 없다. 다음의 인용문을 보자.

    (6) A : 미진이 어제 서점에서 베스트셀러 "해신"을 샀대. 어제까지가 특별 세일
             기간이라나. 나한테도 좀 알려주지.
        B : 나도 어제 (Ø1) 샀는데. 너무 재밌더라.
        A' : 초복인데 뭐 해? 난 우리 그이하고 멍멍탕 먹으러 갔다왔어.
        B' : 어머? 나도 (Ø2) 먹었는데. 그러고 보니 우리 너무 웃긴다. 그지?

    (6)의 예를 보면 두 번째 발화에서의 Ø1은 앞에서 발화한 베스트셀러 "해신"과 동일한 대상이 아니다. 동일한 책을 둘이서 동시에 공유할 수 없기 때문이다. 따라서 화자와 청자가 의미하는 책은 같은 회사의 물건이더라도 다른 대상임에 틀림없다. 그럼에도 불구하고 다음의 발화에서

---

8) 생략은 그것이 생략된 문장에서의 호응관계에 의한 것이기도 하다. 예를 들어
"A : 김선생, 어디 갔어? B : (Ø1) 아래층에 가셨는데요. B' : (Ø2) 아래층에 갔는
데."의 경우에 Ø1에는 '김선생님'이 들어가는데, Ø2에는 '김선생, 김선생님' 모두
가 들어간다. 이것은 생략대상에 대한 화자의 사회적·감정적 거리에 의한 것이
기도 하지만, 단순하게는 그 문장의 종결어미와의 호응관계에 의한 것이기도 하
다. 따라서 '김선생님 : 가셨는데요(*김선생 : 가셨는데요)'의 호응관계에 의해 Ø1
에서의 생략어는 '김선생'이 아닌 '김선생님'이 되는 것이다.

생략이 가능한 이유는 그것이 같은 종류의 범주에 귀속되기 때문이다. 이럴 경우의 생략은 엄밀히 같은 대상을 지시하는 완전한 동일성을 획득하지는 못하지만, 의미 면에서 일반화되어 같은 범주 안에 속하기 때문에 가능한 것이다. 만약 두 번째 발화의 Ø1 자리에 '책'과 다른 형태범주인 '가방, 시계, 화장품' 등의 어휘가 삽입되면 담화맥락이 어색해지고 만다.

두 번째 A'와 B'의 담화에서도 형태범주의 동일성에 의한 생략이 일어난다. 즉 A'에서의 '멍멍탕'은 B'에서의 그것과 동일한 것은 아니지만, 같은 형태범주에 속하기 때문에 발화하지 않았다. 이처럼 동종의 대상일 경우 생략할 수 있고, 또 생략하는 것이 담화상황을 원활하게 이끄는 데 더 유리하다. 다음의 예를 더 보도록 하자.

(7) "아니, 그 애는 운동을 못하게 되자 삶도 멎어 버렸단다."
"그럼 (Ø)?"
"그 애는 지금 정신병원에 있다."

(8) "그렇지만 만남 자체를 단념한 건 아니네. 그 애들은 꼭 만나게 해야 돼. 자네라면 할 수 있어."
"어떻게 (Ø)?"

(7)과 (8)에서도 형태범주의 동일성에 의한 생략이 나타난다. (7)의 Ø는 '삶이 멎어 버렸다'와 형태범주상 동종에 포함되는 요소, 즉 '죽었나요?'와 동일한 형태의 단어가 들어가야 한다. 형태범주상 용언이 복원되어 전달 정보인 테마(thema)의 상태나 동작을 나타내야 하기 때문이다. 만약 이 자리에 '운동을'이라든지 '아니' 등의 어사가 삽입되면 의미맥락은 연결되지 않는다.

(8)의 Ø에서도 마찬가지로 '만나게 한다' 혹은 '할 수 있다'와 비슷한

형태범주의 요소가 삽입되어야 한다. 그렇지 않으면 두 발화자의 의사소통은 원만하게 이루어지지 못한다. 이러한 경우의 생략이 형태범주의 동일성에 의한 것이다. 이러한 범주적 생략은 주로 현대국어로 오면서 다양하게 나타난다. 이는 복잡하고 다양한 현대 언어생활이 반영된 결과라 하겠다.

3.2.4. 의미범주의 동일성에 의한 생략

의미범주의 동일성에 의한 생략은 형태범주의 동일성에서와 마찬가지로 생략되는 대상이 이전 발화에서 언급된 것과 의미맥락상 같은 범주에 포함되는 것이다. 그래야만 청자가 선행의 발화를 근거로 후행발화에서 생략된 요소를 복원할 수 있기 때문이다. 다음의 예문을 보도록 하자.

(9) "나 이제 더 이상 그렇게 살지 않을래. 더 이상 지지구 볶구 맞으면서까지는
　　안 살 거야"
　　"그래, 잘 생각했어. 더 이상은 (∅) 안돼. 니가 등신이니? 지금까지만도 많이
　　참은 거지."

(9)의 예에서는 의미범주의 동일성에 의한 생략이 나타난다. (9)에서 생략된 곳에 들어갈 수 있는 내용은 이전 발화에 기초해 '지지구 볶구 맞는' 다소 비인간적인 행위에 해딩하는 깃이다. 이는 청자가 화맥에 의거해 두 번째 발화에서 생략된 요소가 이와 유사한 내용임을 알기 때문이다. 만약 생략된 부분에 '즐겁다'든가 '행복하다'는 내용이 삽입되면, 전체 맥락과 어울리지 않는다. 따라서 이러한 의미범주의 동일성은 기저에 동일한 의미 기능을 수행한다는 전제가 있어야 성립된다. 해당 예문을 더 보도록 하자.

(10) "조용히……해……시끄러……"
　　 "너 어째 이러냐!"
　　 "나 좀 가만 놔둬……죽을 거 같애……"
　　 "영주, 너 또 (∅)"
　　 …… 중 략 ……
　　 "얼마나 마신 것이여."

(김인숙, <한 여자 이야기>)

(10)의 ∅자리에는 영주가 '죽을 것 같은' 어떤 행동을 했다는 의미 기능의 어휘가 생략되었다. 말하자면 ∅자리에는 영주가 죽을 것처럼 괴로워하는 어떤 행동과 어울리는 어휘가 삽입될 때 전체 맥락이 자연스럽게 이어진다. 그리고 이러한 생략정보에 대한 유추는 다음의 발화 '얼마나 마신 것이여'로 가능하다. 요컨대 '영주'의 '죽을 것 같은 행위'는 술을 마신 결과로 해석할 수 있다.

의미범주의 동일성은 위에서 본 바와 같이 생략된 부분과 그것의 의미를 뒷받침해 주는 구정보 사이의 의미맥락에서 동질성을 내포하되, 직접적인 동일성보다는 확대된 개념인 범주적 동일성으로 해석이 가능한 경우이다. 이 또한 앞서 살펴본 형태범주의 동일성에 의한 생략과 마찬가지로 현대국어에 와서 많이 나타나는 유형이다.

3.3. 요약

이 장에서는 생략의 분류 기준과 유형 그리고 각 유형에 따른 생략현상을 살펴보았다. 생략유형의 분류 기준은 담화상에서 실현될 수 있는 언어정보·상황정보·인지정보 등을 감안했으며, 나아가 동일성의 문제를 중요하게 고려하였다. 지금까지 이 장에서 논의한 것을 요약하면 다음과 같다.

첫째로, 생략의 분류 기준과 유형에 대하여 고찰하였다. 생략의 분류 기준에서는 상황맥락이나 인지정보를 통한 추론가능성을 중시하면서 동시에 동일성의 개념을 적극적으로 활용하였다. 생략정보의 복원은 선행발화에서 언급된 언어정보에 의하기도 하지만, 그것이 발화된 상황정보나 청·화자가 가지고 있는 인지정보에 크게 의존한다. 따라서 생략의 유형을 나눌 때에도 생략이 실현되는 복합적인 상황을 전제해야 한다. 실제로 언어정보 이외에 상황정보나 인지정보를 감안해야만 범주적 생략유형을 설정할 때 도움이 된다. 그리고 생략된 정보가 궁극적으로 동일하다는 전제를 두어야 한다. 그것이 선행발화에서 언표화된 것과 동일물이든 동종물이든 간에 '동일성'이라는 공통의 범주에 포함되어야 한다. 이 동일성은 생략의 기본적이면서도 강력한 전제 조건이다.

생략의 유형은 위에서 밝힌 기준을 참조하여 나누었다. 그 결과 생략정보가 형태·의미적으로 완전히 동일한 경우와 범주적으로만 동일한 경우로 나눌 수 있었다. 이러한 관점에 따라 생략유형을 형태적 동일성에 의한 생략, 의미적 동일성에 의한 생략 그리고 형태범주의 동일성에 의한 생략, 의미범주의 동일성에 의한 생략으로 세분할 수 있었다.

둘째로, 각 유형별 생략현상을 구체적으로 살펴보았다. 형태적 동일성에 의한 생략은 가장 일반적인 유형으로 담화상황에서 빈번하게 나타난다. 이 유형은 앞에서 발화된 선행정보를 후행발화에서 실현하지 않는 것이다. 그런데 이때의 생략정보는 선행발화에서의 정보와 후행발화에서의 그것이 형태적으로 동일하다.

의미적 동일성에 의한 생략은 선행발화에서 실현된 언어요소를 후행발화에서 언표화하지 않는 것이다. 그런데 이때의 생략은 형태적으로는 동일하지 않을지라도 의미적인 측면에서는 동일성을 확보하고 있다. 이 유형에서는 생략정보의 복원에 있어서 담화 참여자가 가지고 있는 각자의 감정적·신분적 거리가 반영된다. 그래서 같은 의미를 가진 생략요소일지라도 청·화자가 가지고 있는 기본적인 생각의 차이 때문에 복원형태도 각기 다르다.

형태범주의 동일성에 의한 생략은 선행발화에서 언급된 것과 후행발화에서 생략된 요소가 형태론적으로 완전히 같지는 않을지라도 동일한 형태범주 안에 포함되는 것을 말한다. 그래서 생략된 정보의 복원에서도 담화 참여자들의 입장에 따라 그 형태가 조금씩 차이가 난다. 그렇더라도 그 복원된 정보가 생략된 요소와 동일한 범주에 들어감은 물론이다.

의미범주의 동일성에 의한 생략은 이전 발화에서 언급된 것과 후행발화에서 생략된 요소가 의미맥락상 같은 범주에 포함되는 것이다. 말하자면 발화정보와 생략정보가 의미맥락상 동질성이 확보되었을 때 실현된다. 그렇게 해야만 청자가 이전 발화를 토대로 생략된 요소를 복원할 수 있기 때문이다.

문학텍스트에서의 생략의 실제와 분석

생략요소는 담화 참여자들의 인지구조 속에 공통적으로 확보된 것이다. 그렇기 때문에 언표화하지 않아도 의사소통에 무리를 주지 않는다. 언중이 언어를 사용하는 근본적인 이유가 원활한 의사소통이라고 전제할 때, 생략기제는 더 합리적이고 효율적인 의사소통을 가능케 하는 요소라 하겠다. 다만 생략이 복합적으로 실현되는 언어현상이기에 발화상황이나 발화맥락 등을 충분히 고려할 필요가 있다.

이 장에서는 이와 같은 맥락에 따라, 생략에 대해 화용적인 관점을 견지하여 논의를 전개하도록 하겠다. 특히 문학텍스트 중에서 대화상황을 중심으로 살펴보도록 하겠다.[1] 다만 생략의 유형은 필자가 제3장에서 분류한 방법에 따라 고찰하기로 한다.

4.1. 고전산문에서의 생략

담화상황에서 필요한 정보만을 제공하려는 의식은 언중이 언어를 매개로 의사소통을 시작하면서부터 있었다. 말하자면 생략은 시대를 초월하여 경제적인 언어기제로 활용되었던 것이다. 이러한 의미에서 생략은 현대국어뿐만 아니라, 고대·중세국어에까지 거슬러 올라갈 수 있다. 만약 생략이 없었다면 효과적인 의사소통이 어려웠을 것이기 때문이다.

생략에 대한 통시적인 고찰의 일환으로 이 절에서는 고전산문 텍스트에 나타나는 생략현상을 살펴보도록 하겠다. 즉 조선 전기 문헌인 ≪석

---

1) 이 장에서는 장르를 불문하고 담화자료에서 나타나는 생략현상을 살펴보고자 한다. 이는 담화자료에 나타나는 생략이 실제 언어생활에서 실현되는 생략과 유사할 것으로 판단했기 때문이다.

보상절≫과 ≪월인석보≫를 대상으로 생략현상을 고찰하겠다. 이는 15·
16세기를 대표하는 많은 문헌들 중 ≪석보상절≫과 ≪월인석보≫가 당
시의 언어현상을 충실히 반영한 것으로 판단하였기 때문이다.

4.1.1. ≪석보상절≫의 경우

　≪석보상절≫은 세조가 어머니 소헌왕후의 명복을 빌기 위해 당시에
성행하던 산문을 국문화한 텍스트이다. 이 텍스트는 뒤에서 살펴볼 ≪월
인석보≫와 함께 당시의 언어현실을 충실히 반영하였다는 점에서 국어
사상 중요한 자료라 하겠다. 고영근(1995 : 337)에서 논의했듯이 ≪월인
천강지곡≫·≪석보상절≫·≪월인석보≫는 석가의 일대기를 운문이나
산문으로 엮은 텍스트로, 중세어의 음운·문법·문체 등을 살펴보는 데
중요한 자료이다. 여기에서는 고전산문 텍스트 중 먼저 ≪석보상절≫을
분석하기로 하겠다.

　≪석보상절≫은 훈민정음 반포 이후 국문으로 간행된 최초의 산문 텍
스트이다. 이 ≪석보상절≫은 먼저 한문으로 제작한 다음 그것을 국문으
로 의역했다는 점에서 비교적 자연스럽고 세련된 문체라는 평가를 받아
왔다. 따라서 ≪석보상절≫에 이입된 각각의 텍스트는 당시의 언어현상
을 충실히 반영한 것으로 볼 수 있다. 지금까지 ≪석보상절≫은 초간본
6, 9, 13, 19, 23, 24권 등 모두 6권이 전한다. 특히 6권에는 각 텍스트들이
대화체로 전개되어 당시의 언어현상을 더욱 구체적으로 살펴볼 수 있는
장점이 있다.

　이 절에서는 권6을 텍스트로 선정하여 당시 언어현실에서 생략이 어
떻게 실현되었는지 분석하고자 한다. 다만 ≪석보상절≫ 권6에 나오는

텍스트 중에서 대화체가 80% 이상을 차지하는 <라후라출가기>와 <기원정사건립기>를 대상으로 분석하고자 한다.

4.1.1.1. <라후라출가기>에 나타난 생략현상

<라후라출가기>는 ≪석보상절≫ 권6의 처음 부분에 나오는 텍스트로, 석가의 아들 '라후라'가 출가하는 과정에서 파생되는 문제를 그의 어머니인 '야수다라'와 협의하는 내용이다. 여기에서는 <라후라출가기>에 나오는 대화를 중심으로, 그곳에 나타나는 생략의 유형과 특징에 대해 살펴보도록 하겠다. 그렇게 하는 것이 중세국어에서 나타나는 생략의 실체를 파악할 수 있을 뿐만 아니라, 이를 토대로 현대국어의 생략과 비교할 수 있기 때문이다. 먼저 각 유형에 따른 생략현상을 분석하도록 하겠다.

가. 각 유형에 따른 생략현상

가) 형태적 동일성에 의한 생략

형태적 동일성에 의한 생략은 ≪석보상절≫에서 가장 일반적으로 나타나는 유형이다. 선행발화에서 구정보화된 요소, 특히 형태적으로 동일한 요소를 후행발화에서 생략하는 것은 아주 자연스러운 일이다. 그런데 이 <라후라출가기>에서는 종결어미를 사용하지 않고 이야기가 지속되는 특징이 있다. 그래서인지 반복되는 언어요소는 처음에만 제시될 뿐 나머지 발화에서는 언표화하지 않았다. 이는 다름 아닌 형태적 동일성에 의한 생략이다. 다음의 예문을 보도록 하자.

(1) 目連이 그 말 듣줍고, (∅) 즉자히 入定ᄒᆞ야, 펴엣던 ᄇᆞᆯ홀 구필 ᄊᆞᅀᅵ예 (∅) 迦毗羅國에 가아, (∅) 淨飯王끠 安否ᄉᆞᆲ더니 ……

(2) "太子 羅睺羅ㅣ 나히 ᄒᆞ마 아호빌쎠 (∅) 出家ᄒᆡ여 (∅) 聖人ㅅ道理 비화ᅀᅡ ᄒᆞ리니 …… 羅睺羅ㅣ 道理ᄅᆞᆯ 得ᄒᆞ야ᅀᅡ (∅) 도라와 (∅) 어머니ᄆᆞᆯ 濟渡ᄒᆞ야 (∅) 네가짓 受苦ᄅᆞᆯ 여희여 (∅) 涅槃得호ᄆᆞᆯ 부텨ᄀᆞ티시긔 ᄒᆞ리이다"

(1)과 (2)에서 '목련'과 '라후라'는 이미 언표화되어 그가 누구인지 청자가 충분히 인지할 수 있다. 그렇기 때문에 이어지는 발화가 다소 길어도 주어적 인물에 대해 언급하지 않는다. 물론 주어적 인물을 생략할 수 있었던 것은 형태적으로 동일하기 때문이다. 다음의 인용문을 더 보자.

(3) "耶輸ㅣ 그 긔별 드르시고 / 羅睺羅 더브러 / 노폰 樓 우희 오ᄅᆞ시고 / 문ᄃᆞᆯ홀 다 구디 ᄌᆞᆷ겨 뒷더시니"

(4) "目連이 耶輸ㅅ 宮의 가보니 門올 다 ᄌᆞᄆᆞ고 유무 드륧 사ᄅᆞᆷ도 업거늘 / 즉자히 神通力으로 樓 우희 ᄂᆞ라 올아 / 耶輸ㅅ알ᄑᆡ 가 셔니 / 耶輸ㅣ 보시고"

(3)과 (4)에서도 제시된 구정보 '야수'와 '목련'을 형태적 동일성에 의해 생략하였다. 이는 이미 전달된 정보이고, 또한 더 이상 새로운 정보원으로 기능하지 못하기 때문이다. 오히려 뒤에 이어지는 내용들이 신정보로 자리해야 하기 때문에 발화하지 않는 것이 정보전달의 측면에서 효과가 더 크다.

이상에서 보듯이 <라후라출가기>에서는 선행발화에서 이미 언표화된 요소를 형태적 동일성에 입각해 생략하고 있다. 이는 기본적인 생략대상이기에 중세국어에서도 보편적으로 나타난다.

나) 의미적 동일성에 의한 생략

의미적 동일성에 의한 생략은 선행발화에서 언표화된 언어정보가 의미적으로 동일할 때 발화되지 않는 것이다. 물론 청자나 화자에 따라 그 복원형태는 약간씩 달라질 수 있으나, 의미 면에서는 동일하게 해석된다. <라후라출가기>에서도 그러한 실상을 확인할 수 있다. 다음의 예문을 보자.

(5) "내 太子롤 셤기ᅀᆞᆸ보더 하늘 셤기시ᅀᆸ돗ᄒ야 ᄒᆞᆫ번도 디만ᄒᆞᆫ 일 업수니 妻眷 ᄃᆞ외얀디 三年이 몯 차이셔 世間 ᄇᆞ리시고 城 나마 ⋯⋯"

(6) "耶輸는 겨지비라 法을 모롤씨 즐굽드리워 ᄃᆞ온 ᄠᅳ들 몯 ᄡᅳ러 ᄇᆞ리ᄂᆞ니 그듸 가아 아라듣게 니르라"

(5)와 (6)에서는 '태자'와 '야수'가 의미적으로 동일하기 때문에 이후의 발화에서 생략되었다. 이미 발화된 정보이기 때문에 후행발화에서 굳이 언표화할 필요가 없었던 것이다.

의미적 동일성은 앞의 형태적 동일성에 의한 생략과 동시에 일어날 수도 있고 그렇지 않을 수도 있다. 일반적으로는 형태적 동일성이 성립되면 의미적 동일성도 같이 수행되는 경우가 많다. 그러나 의미적 동일성이 성립된다고 해서 반드시 형태적 동일성이 수반되는 것은 아니다.

(5)의 경우에도 생략정보 '태자'는 발화자인 야수부인에게는 형태적·의미적 동일성이 성립되지만, 이 발화를 듣는 목련에게는 의미적 동일성만 충족될 뿐 형태적 동일성은 성립되지 않는다. 그것은 목련이 생략정보인 '태자'를 추론할 경우 자신의 입장을 고려할 수밖에 없기 때문이다. 그래서 생략정보는 '태자'가 아닌 '부처' 혹은 '세존' 정도가 된다. 이는 화자나 청자 모두 각자의 입장에서 생략정보를 추론하기 때문이다.[2] 이

외에도 의미적 동일성에 의한 생략이 빈번히 일어나고 있다. 다음의 인용문을 더 보자.

(7) "내 지븨 이싫 저긔 여듧 나랏 王이 난겻기로 드토거늘 우리 父母ㅣ 듣디 아니ᄒ샨 고돈 ……"

(8) 耶輸ㅣ 이말 드르시고 ᄆᅀᅥ미 훤ᄒ샤 前生앳 이리 어제 본ᄃᆞᆺᄒ야 즐굽ᄃᆞᆸ던 ᄆᅀᅥ미 다 스러디거늘

(7)과 (8)에서도 의미적 동일성에 의한 생략이 일어난다. (7)에서는 '여듧 나라의 왕이 서로 다툰 일'이 후행발화 '우리 부모 듣지 않은 이유는'에서 생략되었다. 이는 '여덟 나라의 왕이 야수부인을 얻기 위해 서로 경쟁하던 일'을 바탕으로 청자가 이와 맥을 같이 하는 의미를 추론할 수 있기 때문이다. 말하자면 의미적 동일성에 의한 생략으로 해석이 가능하기 때문에 언표화하지 않은 것이다. (8)의 경우도 생략정보 '야수'가 의미적으로 동일하기 때문에 언표화되지 않았는데, 이때는 형태적 동일성도 함께 수행된다.

<라후라출가기>에서는 생략의 일반적인 두 유형인 형태적·의미적 동일성에 의한 것만 빈번히 실현될 뿐, 여기에서 확대된 개념인 형태·의미범주의 동일성에 의한 생략은 일어나지 않는다. 이것은 당시의 생략이 상황맥락이나 발화맥락을 중시하기보다는 언어정보에 더 큰 비중을 둔 결과라 하겠다. 어쨌든 중세국어에서 생략이 나타나는 것은 당시의 언중도 언어 경제성의 원리에 입각해 언어 운용의 이점을 충분히 살리고

---

2) <라후라출가기> 전체적으로 볼 때 같은 인물일지라도 상대인물과의 입장이나 이야기하는 맥락에 따라 호칭이 달라진다. 일례로 '라후라'는 야수부인의 입장에서는 '태자'로, 목련의 입장에서는 '라후라'로, 부처의 입장에서는 '라운'으로 발화된다.

있었음을 의미한다.

나. <라후라출가기>에 나타난 생략의 특성

<라후라출가기>에 나타난 생략은 형태적 동일성과 의미적 동일성에
의한 것뿐이다. 말하자면 범주적 생략이 나타나지 않는다. 이는 조선 전
기 텍스트에 나타나는 생략의 특징이라 해도 좋을 듯하다. 그렇지만 이
텍스트에 나타난 생략도 다양한 특성을 가지고 있다.

첫째, 이 텍스트에서는 구정보화된 주어를 생략함으로써 신속한 사건
전개는 물론, 결속성3)과 정보성의 상승 효과를 거두고 있다는 점이다. 다
음의 예에서 그러한 특성을 확인할 수 있다.

(9) "네 迦毗羅國에 가아 (Ø1) 아바닚긔와 아즈마닚긔와 아자바님내끠 다 安否ᄒ
  ᅀᆞᆸ고 ᄯᅩ (Ø1) 耶輸陀羅롤 달애야 (Ø2) 恩愛롤 그처 (Ø2) 羅睺羅롤 노하 보내
  야 (Ø3) 샹재 ᄃᆞ외에 ᄒᆞ라

(10) 羅雲이 져머 노릇술 즐겨 (Ø) 法드로몰 슬히 너겨ᄒᆞ거든 부톄 ᄌᆞ로 니ᄅᆞ샤
  도 (Ø) 從ᄒᆞᅀᆸ디 아니ᄒᆞ더니

(9)와 (10)에서는 주어를 선행발화에서 한 번만 제시하고 후행발화에서
는 연속적으로 생략하였다. 특히 (9)에서는 주어가 계속해서 생략되는데,
여기에서 생략된 주어는 심지어 동일 인물이 아닌 것도 있다. 즉 Ø1은
처음에 제시한 주어 '네(목련)'에 해당하지만 이어 생략되는 Ø2는 이전

---

3) 고영근(1999 : 166)에 의하면 텍스트다움의 가장 기본적인 요건으로 의미의 그물
  망, 곧 응집성을 제시한다. 응집성은 내용의 일관성 내지 주제로의 일관성이라고
  해석할 수 있다. 나아가 언어적 결속장치인 응결성(표층결속성)과 응집성(심층결
  속성)을 1차적 텍스트다움을 위한 요소로 제시한다.

발화의 목적어 '야수다라'에 해당하고, Ø3 역시 바로 앞에서 언급된 '라후라'로 복원될 수 있다. 이처럼 다양한 주어일지라도 신정보로서의 기능을 수행하지 못할 경우 생략 처리한다. 오히려 그에 따르는 새로운 정보를 발화하여 정보성을 높이고 있다. 말하자면 신속한 정보전달로 주제전달력의 상승효과를 도모하기 위해 주어를 생략한 것이다.

하지만 <라후라출가기>의 전체 구성을 보면 화제가 바뀌는 단락에서는 이미 알고 있는 주어일지라도 생략하지 않고 있다. 이는 화제단락을 엄격하게 구분하기 위해 주어를 적절히 이용한 것이다. 다음의 인용문을 보도록 하자.

(11) 耶輸ㅣ 그 긔별 드르시고 羅睺羅 더브러 노폰 樓 우희 오르시고 門둘흘 다 구디 줌겨뒀더시니/目連이 耶輸ㅅ宮의 가보니 문올 다 주무고 유무 드릃 사롬도 업거늘 즉자히 神通力으로 樓 우희 느라 올아 耶輸ㅅ알픠 가 셔니/ 耶輸ㅣ 보시고 흥녀ᄀ론 분별흥시고 ……

위에서 보듯이 화제가 바뀌는 부분에서는 주어를 발화하여, 화제단락을 표시하는 기제로 활용하였다. 하지만 화제가 바뀌지 않는 발화에서는 선행발화에 의거해 주어적 인물을 생략하고 있다.

둘째, 다른 중세국어 텍스트에서와 마찬가지로 여격어를 빈번히 생략하고 있다는 점이다. 물론 생략된 여격어는 발화상황을 바탕으로 추론이 가능하다. 간혹 여격어가 생략되지 않을 때도 있는데, 이때는 발화자가 여격어를 강조할 때이다. 다음의 예문을 보도록 하자.

(12) 目連이 耶輸ㅅ宮의 가보니 門올 다 주무고 ……
    耶輸ㅣ 보시고 …… 世尊ㅅ安否 묻줍고 (Ø1) 니ᄅ샤ᄃᆡ 므스므라 오시니잇고 目連이 (Ø2) 술보ᄃᆡ ……

> (13) 부톄 目連이ᄃ려 니ᄅ샤ᄃᆡ ……
> …… 셜본잃 中에도 離別ᄀ투니 업스니 일로 혜여 보건덴 므슴 慈悲 겨시거
> 뇨 ᄒ고 目連이ᄃ려 니ᄅ샤ᄃᆡ
> 후에 부톄 羅雲이ᄃ려 니ᄅ샤ᄃᆡ ……

(12)에서는 각각의 여격어에 해당되는 언어정보가 생략되었지만, 청자는 발화상황을 바탕으로 추론이 가능하다. Ø1에서는 처음에 제시된 주어 '목련'이 다음 발화에서는 여격어로 기능하기에 생략 처리하였다. 하지만 발화상황을 바탕으로 추론이 가능함은 물론이다. Ø2 역시 바로 앞의 발화에서 주어로 기능한 '야수'가 생략되었다. 이때에도 발화맥락을 바탕으로 생략정보의 추론이 가능하다.

반면 (13)에서는 여격어들이 모두 발화되는데, 이런 경우는 화제단락이 바뀌면서 여격어에 대한 정보를 새롭게 제시해야 할 필요가 있거나, 발화자가 여격어를 특별히 강조하려는 의지가 반영되었을 때이다.

셋째, 문학적 수사법을 이용하면서 생략기제를 적절히 구사하고 있다는 점이다. 다른 텍스트에서는 쉽게 나타나지 않는 이러한 기교적 표현은 당시의 비유적인 언어사용의 실태를 짐작할 수 있다. 이렇게 생략기제를 활용하여 비유적·함축적으로 표현하는 가운데 복합적으로 정보를 제시하여 신속한 의사소통을 이루기도 한다. 다음의 예문을 보자.

> (14) 펴엣던 불홀 구필 쓰시예 (폈던 팔을 다시 굽힐 사이, 즉 '매우 빠른 시간'을 의미)

> (15) 길 녏 사ᄅᆞᆷ과ᄀ티 너기시니 (길 가는 사람과 같게 여기시니, 즉 '남과 같이 생각하니'의 의미)

> (16) 즁ᄉᆡᇰ마도 몯호이다 (짐승만도 못합니다, 즉 '매우 하찮은 존재입니다'의 의미)

이러한 현상은 현대국어에서도 표현의 묘미를 살리기 위해 종종 나타난다. 이처럼 비유·함축적으로 표현하는 것은 많은 정보를 복합적으로 전달하여 의사소통의 신속성을 획득한다. 이러한 표현을 바탕으로 당시 언중의 언어사용 실태를 엿볼 수 있거니와 관습화된 생략표현의 일면도 짐작할 수 있다.

넷째, 조사생략이 빈번하다는 점이다. 조사생략은 현대국어에서도 일반적으로 나타나는 현상이다. 잘 아는 것처럼 조사는 문장에서 격표지 실현을 위한 기제로 사용된다. 그런데 이 격표지가 초점정보로 기능하지 않을 경우 일반적으로 발화되지 않는다. 실제로 조사는 담화의 처음 부분에서 초점정보로 기능할 때만 실현되고 나머지 경우는 생략해도 정보전달이나 의미파악에 있어서 문제가 되지 않는다. 오히려 생략하는 것이 신속한 정보전달을 담보한다. 다음의 예문을 보도록 하자.

> (17) 妻眷(∅) 두외얀디 三年이 몯차이셔 / 世間(∅) 브리시고 / 城(∅) 나마 逃亡ᄒ샤 / 車匿이(∅) 돌아 보내샤 / 盟誓(∅) ᄒ샤디 / 道理(∅) 일워ᅀᅡ 도라오리라 ᄒ시고 / 鹿皮옷(∅) 니브샤 ……

> (18) 耶輸ㅣ '부텻 使者(∅) 왯다' 드르시고
> 어버ᅀᅵ 子息(∅) ᄉᆞ랑호ᄆ 아니 한 ᄉᆞᅵ어니와
> 世尊ㅅ安否(∅) 묻줍고

(17)과 (18)의 예에서는 조사—주로 주격이나 목적격 조사—가 생략되었다. 이렇게 생략함으로써 다음에 제시되는 새로운 정보를 청자가 더 빨리 받아들이도록 의도한 것이다. 이외에도 이 텍스트의 여러 곳에서 조사생략이 확인된다. 이것은 당시의 언중이 조사를 생략하는 것이 정보를 전달함에 있어 더 효과적이라고 판단하였기 때문이다.

다섯째, 인용문이 구어체 그대로 기술되어 있다는 점이다. 그래서 요

약 제시의 경우에도 인용동사나 주어적 인물을 생략한 채 구어체의 인용문만 직접 제시한다. 이는 당시의 실제 담화에 근접한 언어양상을 살펴보는 데 유용하다. 이렇게 인용문만을 직접 제시함으로써, 텍스트 전체가 통사적인 표층결속성은 물론 의미적인 심층결속성까지 획득하게 된다.[4] 다음의 예에서 그러한 현상을 찾아볼 수 있다.

(19) 耶輸ㅣ '부텻 使者 왯다' (ㅎᄂᆞᆫ 말을) 드르시고 靑衣를 브려 '(네 가서) 긔별 아라오라' ᄒᆞ시니 (청의) '(부텻 사자ㅣ) 羅睺羅 ᄃᆞ려다가 沙彌 사모려 ᄒᆞᄂᆞ다' 홀쎄

(20) 耶輸ㅣ 니ᄅᆞ샤ᄃᆡ …… 車匿이 돌아보내샤 盟誓ᄒᆞ샤ᄃᆡ '(내) 道理 일워ᅀᅡ 도라오리라' (라고 말을) ᄒᆞ시고

위의 예에서 보는 바와 같이 인용문에 해당하는 부분이 구어적인 모습 그대로이다. 이처럼 나머지 요소들을 생략하고 구어적 인용문만을 직접 제시함으로써, 의미해석이 다소 어려운 경우도 있겠으나 대체로 텍스트의 강한 표층결속성을 형성하는 데 일조하고 있다.

4.1.1.2. 〈기원정사건립기〉에 나타난 생략현상

≪석보상절≫ 권6에 실려 있는 <기원정사건립기>는[5] 네 편 중 가장

---

4) 고영근(1999 : 161)에 의하면 기능적 등가성에 의한 텍스트 형성은 응결성을 위한 장치이며, 이것은 문맥이나 화맥을 근거로 하여 의미를 찾는 방법이라고 제시한다. 그런데 여기에서도 문맥이나 화맥을 바탕으로 생략정보를 추론하기에, 이에 대하여 응결성을 위한 장치로 보고자 한다.

5) <기원정사건립기>는 <수달의 이야기>·<수달과 기원정사 이야기> 등의 이름으로 불린다. 본 연구에서는 앞의 텍스트 <라후라출가기>와의 호응을 감안하여 <기원정사건립기>로 칭한다.

긴 텍스트이다.6) 이 텍스트는 주인공인 수달이 부처가 머물 정사를 지으면서 그 신심이 더하여 마침내 깨달음을 얻는다는 이야기이다. 그런데 이 텍스트는 다양한 사건전개를 대부분 등장인물들간의 대화로 처리하여 주목된다. 이러한 점은 이 텍스트가 당시의 현실언어를 상당수 함유한 것으로 이해해도 좋을 것 같다. 따라서 이 목에서는 ≪석보상절≫에 나타나는 생략의 유형과 특징을 살피는 일환으로 이 텍스트에 나타나는 생략현상을 고찰하도록 하겠다.

가. 각 유형에 따른 생략현상

가) 형태적 동일성에 의한 생략

<기원정사건립기>는 등장인물들의 대화나 바탕글에서 많은 생략이 나타난다. 그 중에서도 일반적으로 나타나는 생략 유형이 형태적 동일성에 의한 것이다. 선행발화에서 이미 언표화된 정보가 형태적으로 동일성을 획득하여 후행발화에서 굳이 언표화할 필요가 없었던 것이다. 다음의 예문을 보도록 하자.

(21) 舍衛國 大臣 湏達이 가ᅀᆞ며러 (∅) 쳔랴이 그지업고 (∅) 布施ᄒ기를 즐겨 (∅) 艱難ᄒ며 어엿븐 사ᄅᆞ물 쥐주어 거리칠써 號를 給孤獨이라 ᄒ더라

(22) "舍衛國에 ᄒᆞᆫ 人臣 湏達이라 ᄒᆞ리 잇ᄂᆞ니 아ᄃᆞ시ᄂᆞ니잇가"
　　 "(∅) 소리ᄲᅮᆫ 듣노라"

---

6) ≪석보상절≫ 권6의 이야기는 모두 네 편이다. 처음이 <라후라출가기>, 두 번째가 <바라문 가섭의 이야기>, 세 번째는 <기원정사건립기>, 마지막으로 <승만경과 그밖의 이야기>가 그것이다. 그 중 <바라문 가섭의 이야기>와 <승만경과 그밖의 이야기>는 아주 적은 분량이고 나머지 두 편이 권6의 대부분을 차지하고 있다.

(21)과 (22)에서는 형태적 동일성에 의한 생략이 일어난다. (21)은 <기원정사건립기>의 처음에 나오는 부분인데, 대화부분은 아니지만 생략이 빈번히 일어난다. 처음에 제시된 주어 '수달'은 구정보로 처리되었기에 이어지는 후행발화에서는 언급되지 않는다. 즉 '가스며러→천량이 그지 업고→보시ᄒ기→줘주어 거리칠씨'까지 행동의 주체이지만 처음에 발화되었기에 이어지는 발화에서는 언표화되지 않는다. 이는 이미 제시된 인물이기에, 그리고 이어지는 내용도 모두 그에 관한 것이기에 굳이 발화할 필요가 없었던 것이다. 이렇게 생략하는 것이 빠른 사건전개가 이루어져 독자나 청자에게 지루함을 주지 않는 장점을 갖는다.

(22)에서도 선행발화에서 제시된 구정보 '사위국 대신 수달'을 후행발화에서 언표화하지 않는다. 오히려 후행발화에서 그 사람에 대한 평가나 상태를 제시하는 것이 효과가 더 크기 때문이다. 다음의 예문을 더 보도록 하자.

(23) "出家ᄒ 사ᄅ몬 쇼히 걷디 아니ᄒ니 그에 精舍ㅣ 업거니 어드리 가료"
　　　"내 (∅) 어루 이ᄅᄉ보리이다"

(24) "世尊이 ᄒᄅ 몃 里롤 녀시ᄂ니잇고"
　　　"(∅) ᄒᄅ 二十里롤 녀시ᄂ니 轉輪王이 녀샤미 ᄀᄐ시니라"

(23)과 (24)에서도 형태적 동일성에 의한 생략이 일어난다. 먼저 (23)에서는 선행발화에서 제시된 '정사'가 후행발화에서 언표화되지 않았다. 이는 그것을 짓고자 하는 발화자의 의지가 신정보로 자리하기 때문이다. (24)에서도 역시 구정보 '세존'이 생략되었다. 이처럼 형태적 동일성에 의한 생략은 동일한 형태의 언어정보가 후행발화에서 언표화되지 않는 것으로, 이 텍스트에서 가장 일반적으로 나타나는 유형이다. 이는 현대국어

에서와 마찬가지로 중세국어에서도 형태적 동일성에 의한 생략이 가장 일반적인 유형임을 말하는 것이다.

나) 의미적 동일성에 의한 생략

의미적 동일성에 의한 생략은 선행발화에서와 같은 의미로 사용되는 언어요소가 후행발화에서 생략되는 것을 말한다. 그런데 의미 면에서는 같더라도 그 형태 면에서는 달라질 수 있다. 이는 화자와 청자의 입장, 혹은 생략대상에 대한 화자나 청자의 감정이나 관계 등의 차이 때문이다. 그러나 추론형태는 다를지라도 의미적으로는 동일한 대상을 지칭한다. 이 텍스트에서도 그 실태를 확인할 수 있다. 다음의 예문을 보도록 하자.

(25) "그뒷 아바니미 잇느닛가"
　　 "(∅) 잇느니이다"
　　 "내 (∅) 보아져 ᄒᆞᄂᆞ다 ᄉᆞᆯᄫᅡ써"

(26) "如來하 우리 나라해 오샤 衆生이 邪曲ᄋᆞᆯ 덜에 ᄒᆞ쇼셔"
　　 "出家ᄒᆞᆫ 사ᄅᆞᄆᆞᆫ 쇼히 ᄀᆞᆮ디 아니ᄒᆞ니 그에 精舍ㅣ 업거니 (∅) 어드리 가료"

(25)에서는 선행발화에서 제시된 '아바님'이 지속적으로 생략된다. 그러나 두 번째 생략대상인 '아바님'은 ᄀᆞ것이 의미적으로는 동일할지 몰라도 발화형식은 달라질 수밖에 없다. 이를테면 첫 번째 발화에서의 '아바님'은 바라문의 입장에서 제시된 것인 반면, 두 번째는 호미 딸의 입장에서 발화되었기 때문이다. 이는 호미와 다른 인물들간의 입장 차이나 감정적 거리가 달라서 나타난 현상이다. 그래서 의미적으로는 동일한 대상이지만 형태적으로는 달리 실현될 수밖에 없다.

(26)에서도 선행발화에서의 '여래'가 후행발화에서 언표화될 때에는 의미는 같지만 형태적으로는 다르게 실현된다. 이를테면 후행발화에서는 발화자의 입장에 따라 '출가한 사람'으로 제시되게 마련이다. 따라서 생략정보의 복원도 '출가한 사람' 혹은 '본인' 정도의 의미가 된다. 이처럼 이 텍스트에서는 의미적 동일성에 의한 생략이 보편적으로 실현되고 있다. 다음의 예문에서도 그러한 생략이 빈번히 일어난다.

> (27) "主人이 므슴 차바눌 손소 돋녀 밍ㄱ노닛가 太子롤 請ㅎᄉ바 이받ᄌᆞ보려 ㅎ
>   노닛가 大臣올 請ㅎ야 이바도려 ㅎ노닛가"
>   "그리 아닝다"
>   "婚姻 위하야 아ᄉ미 오나든 이바도려 ㅎ노닛가"
>   "그리 아니라 부텨와 즁과롤 請ㅎᄉ보려 ㅎ뇡다"

(27)의 예에서도 의미적 동일성에 의한 생략이 일어난다. 선행발화에서의 '주인이 손수 음식을 만드는 일'이 후행발화에서는 아예 언표화되지 않는다. 이는 선행발화에서의 의미와 동일하기 때문에 더 이상 초점정보로 기능하지 못함을 의미한다. 오히려 생략하는 것이 신정보인 후행발화에 청자의 관심이 집중되어 정보전달의 신속성을 확보하게 된다.

<기원정사건립기>는 전체적으로 형태적 동일성이나 의미적 동일성에 의한 생략이 빈번하게 일어난다. 이는 선행발화에서 언급된 언어정보가 후행발화에서 형태나 의미적으로 동일하기 때문에 발화할 필요가 없었던 것이다. 그러나 이보다 확대된 개념인 범주적 동일성에 의한 생략은 찾을 수 없다.

나. <기원정사건립기>에 나타난 생략의 특성

<기원정사건립기>에 나타난 생략은 앞에서 살핀 <라후라출가기>와

큰 차이를 보이지 않는다. 그래서 역시 일차적인 생략만이 실현되고 범주적 생략은 나타나지 않는다. 아무래도 범주적 생략은 발화상황을 고려한 것이기에 현대국어에서 더 일반적이다. 그렇지만 이 텍스트에서도 생략이 정보성을 상승시키는 기제로 작용함은 물론이다. 특히 여격어나 인용동사를 생략하는 것은 <기원정사건립기>에서 보이는 주요 특성이기도 하다. 이제 그 특성을 몇 가지로 나누어 살펴보도록 하겠다.

첫째, 여격어의 생략이 많다는 점이다. 이는 중세국어의 다른 텍스트에서도 쉽게 확인되는 것이다. 따라서 여격어의 생략은 당시의 언어현상에서 보편적으로 나타나는 특성으로 이해해도 좋을 것 같다. 다음의 인용문을 보도록 하자.

(28) "舍衛國에 훈 大臣 湏達이라 호리 잇ᄂ니 아ᄅ시ᄂ니잇가"
　　　 護彌 닐오디 "소리ᄲᆞᆫ 듣노라"
　　　 婆羅門이 닐오디 "舍衛國 中에 뭇 벼슬 놉고 가ᅀᆞ며루미 이 나라해 그듸 ᄀ
　　　 트니 …… 그 뒷 ᄯᆞᆯ 맛고져 ᄒᆞ더이다"
　　　 護彌 닐오디 "그리 호리라"

(29) 舍利弗이 닐오디 "분별말라 六師이 무리 閻浮提예 가득ᄒᆞ야도 ……"
　　　 湏達이 술ᄫᅩ디 "六師ㅣ 겻구오려 ᄒᆞ거든 제 홀 양ᄋᆞ로 ᄒᆞ라 ᄒᆞ더이다"

(28)과 (29)에서는 여격어가 모두 생략되었다. 이는 상황을 통하여 누구에게 발화하는지 충분히 알 수 있기 때문이다. (28)에서는 첫 번째 발화를 바라문이 하였기에, 두 번째 호미의 발화에서는 바라문에 해당하는 여격어를 생략하였다. 뿐만 아니라 이어지는 모든 발화에서도 청·화자가 이미 정해져 있어서 상대에 대한 여격어가 발화되지 않는다.

여기에서 주목되는 것은 '닐오디'의 주어적 인물에 대해서는 강조하고 있다는 점이다. 이 텍스트 전체적으로 볼 때에 여격어가 일반적으로 생략되지만, '닐오디, 술바쎠, 무로디' 등에서는 담화의 주체(주격)를 생략하지 않는다. 이는 새롭게 발화되는 신정보나 발화자를 강조하려는 의지가 반영된 결과이다.

그렇지만 위에서 예로든 '닐오디, 술바쎠, 무로디'와는 달리 '대답ᄒ오디'에서는 주어적 인물을 생략한다. 이는 담화상에서 대답할 주체가 이미 확정되어 있음을 청·화자가 알기 때문이다. 다음 예문을 보도록 하자.

(30) 太子ㅣ 무로디 "앗가혼 ᄠᅳ디 잇ᄂ니여"
　　 對答ᄒ오디 "그리 아니라 내 스랑ᄒ오디 어느 藏ㅅ 金이삭 마치 ᄭᆯ이려뇨"

(31) 湏達이 ᄯᅩ 무로디 "엇뎨 쥬이라 ᄒᄂ닛가"
　　 對答ᄒ오디 "부톄 成道ᄒ야시ᄂᆯ 梵天이 轉法ᄒ쇼셔 請ᄒᅀᆞ바ᄂᆯ ……"

(32) "엇뎨 부톄라 ᄒᄂ닛가 그 ᄠᅳ들 닐어쎠"
　　 對答ᄒ오디 "그듸ᄂ 아니 듣ᄌᆞᄫᅥ더시닛가 ……"

(30), (31), (32)에서 알 수 있듯이 '대답하다'의 서술어가 들어있는 곳에서는 주어적 인물이 모두 생략되었다. 이와 같은 현상은 이 텍스트 전체에서 나타나는 특성이기도 하다.

둘째, 문장호응에 필요한 인용동사가 지속적으로 생략된다는 점이다. 발화상에서 다른 사람의 말을 인용·전달하는 경우, 전달내용을 모두 발화한 후에는 문장호응상 맨 마지막에 앞의 문장성분과 호응되는 종결 서술어가 와야 한다. 그럼에도 불구하고 이것이 종종 생략되고 있다.[7] 다음

---

7) 정진원(1999)에서도 이와 같은 현상을 살피면서 그에 따른 통계를 제시하기도 하였다. 뿐만 아니라 시간표시어(그때)의 빈번한 생략도 살피고 있다. '중요하지 않은 것은 덜어낸다'는 텍스트 생산자의 의도에 따라 시간표현이 대부분 생략되었음을 밝힌 것이다.

의 예문에서 그러한 현상을 찾아볼 수 있다.

(33) 護彌 닐오디 "그리 호리라" ᄒ야ᄂᆞᆯ

(34) 그 ᄯᆞᆯᄃᆞ려 무로디 "그딋 아바니미 잇ᄂᆞ닛가" (Ø)
    對答호디 "잇ᄂᆞ니이다"

(33)과 (34)의 예를 비교해 보면, (33)에서는 발화내용을 전달하고는 마지막에 'ᄒ야ᄂᆞᆯ'이 제시되어 문장호응을 고려하였지만, (34)의 경우에는 문장 종결서술어를 생략하고 바로 새로운 발화가 이어진다. 이처럼 이 텍스트에서는 발화문 뒤에 와야 할 문장호응 동사가 빈번히 생략된다. 이는 구어적인 발화체를 문자언어로 옮기면서 나타난 현상으로 보아야 하겠다. 다음의 예문에서도 문장의 호응동사가 생략된다.

(35) 湏達이 살ᄫᅩ디 '이 東山ᄋᆞᆯ 사아 如來 위ᄒᆞᅀᄫᅡ 精舍ᄅᆞᆯ 이르ᅀᆞᄫᅡ지이다' (Ø)
    太子ㅣ 닐오디 '내 므스거시 不足ᄒᆞ료 전혀 이 東山ᄋᆞᆫ 남기 됴ᄒᆞᆯᄊᆡ 노니논 ᄯᅡ히라' (Ø)
    湏達이 닐오디 '金으로 ᄯᅡ해 ᄭᆞ로몰 뿜 업게 ᄒᆞ면 東山ᄋᆞᆯ 프로리라' (Ø)
    湏達이 닐오디 '니르샨 양ᄋᆞ로 호리이다' (Ø)
    太子ㅣ 닐오디 '내 롱담ᄒᆞ다라' (Ø)
    湏達이 닐오디 '太子ㅅ法은 거즛마ᄅᆞᆯ 아니ᄒᆞ시는 거시니 구쳐 프르시리이다' ᄒᆞ고

(35)의 예에서 알 수 있듯이 문장의 맨 마지막에 와야 할 종결서술어를 생략하여, 결국은 앞의 문장성분과 호응이 되지 않는다. 그렇지만 역으로 새로운 언어정보를 신속하게 전달하여 정보전달의 수월성을 담보하는 면이 있다.

셋째, 화제의 빠른 전개로 정보성 및 결속성을 고양하고 있다는 점이

다. 이를테면 부처의 이야기나 수달을 소개하는 장면에서 신정보에 해당
하는 언어정보만을 제시하는 경우가 그것이다. 그렇게 함으로써 신속한
정보전달의 효과는 물론, 주제를 향한 심층결속성까지 고양하게 된다. 이
는 구정보를 고려하지 않고, 곧 바로 신정보만을 나열하여 신속한 사건
전개를 유도한 결과이다. 다음의 예문은 그러한 실태를 잘 드러내고 있
다.

   (36) 舍衛國 大臣 須達이 가ᅀᆞ며러 / 쳔랴이 그지업고 / 布施ᄒ기를 즐겨 / 艱難ᄒ
       며 어엿븐 사ᄅᆞ믈 쥐주어 거리칠써 / 號를 給孤獨이라 ᄒ더라

   (37) 淨飯王 아ᄃ님 悉達이라 ᄒ샤리 / 나실 나래 / 하ᄂᆞᆯ로셔 셜흔 두 가짓 祥瑞
       ᄂᆞ리며 / 一萬 神靈이 侍衛ᄒᅀᆞᄫᅡ며 / 자ᄇ리 업시 닐굽 거르믈 거르샤 / 니
       ᄅᆞ샤ᄃᆡ / 하ᄂᆞᆯ 우 하ᄂᆞᆯ 아래 나ᄲᆞᆫ 尊호라 ᄒ시며 / 모미 金ㅅ 비치시며 / 三
       十二相 八十種好 ㅣ ᄀᆞᆺ더시니 / ……

   (36)과 (37)에서는 두 주인공인 '수달'과 '실달'의 이야기를 제시하고 있
다. 그런데 발화의 처음 부분에서만 이들에 대한 소개를 하고, 이후부터
는 그들에 관한 새로운 정보만을 지속적으로 언급한다. 이렇게 구정보를
생략하고 새로운 정보만을 발화하여 청자로 하여금 화제에 대한 집중력
을 강화함은 물론, 사건에 대한 응집력도 고양하는 효과를 거둔다.
   예외적으로 이 텍스트의 마지막 부분인 '개미이야기'에서는 같은 문장
구조를 가진 언어정보들이 반복 발화되고 있다. 이는 이 부분에 대한 발
화자의 특별한 강조의지가 반영된 결과이다. 즉 이미 발화되어 알고 있
을지라도 다시 한번 언표화함으로써 청자에게 새로운 이미지나 또 다른
사고의 여지를 제공하기 위함이다. 다음의 인용문을 보자.

(38) 그듸 이 굼긧 개야미 보라 그듸 아래 디나건

　　毗婆尸佛 위ㅎᅀᄫᅡ 이 짜해 精舍 이르ᅀᄫᆯ 쩨도 이 개야미 이에셔 살며

　　尸棄佛 위ㅎᅀᄫᅡ 이 짜해 精舍 이르ᅀᄫᆯ 쩨도 이 개야미 이에셔 살며

　　毗舍佛 위ㅎᅀᄫᅡ 이 짜해 精舍 이르ᅀᄫᆯ 쩨도 이 개야미 이에셔 살며

　　拘留孫佛 위ㅎᅀᄫᅡ 이 짜해 精舍 이르ᅀᄫᆯ 쩨도 이 개야미 이에셔 살며……

이처럼 동일한 구조와 내용을 반복해서 발화한다. 이렇게 발화한 것은 그것이 비록 구정보일지라도 강조하고자 하는 발화자의 의도가 개입된 것으로 보아야 한다. 이러한 중복 발화는 비록 정보성을 약화시키는 면이 있지만, 발화자의 강조의지를 분명히 하는 장점이 있다.

4.1.2. ≪월인석보≫의 경우

≪월인석보≫는 ≪월인천강지곡≫·≪석보상절≫을[8] 종합하여 석가의 일대기를 기술한 문헌이다. 그런데 이 텍스트는 당시의 언어현실을 여실하게 반영했다는 점에서 문학사뿐만 아니라, 국어사에서도 중요한 자료가 아닐 수 없다. 실제로 이 세 문헌은 각각의 표기법에서부터 음운·문법·문체에 이르기까지 중세국어의 참된 모습을 파악하는 데 중요한 자료이다.(고영근, 1995 : 338)

≪월인석보≫ 안에는 다양한 기생텍스트가 존재한다.[9] 그런데 이들은

---

8) ≪월인천강지곡≫은 운문 서사문학으로, ≪석보상절≫은 산문 서사문학으로, 그리고 ≪월인석보≫는 산운교직의 강창문학으로 논의되어 왔다. 그런데 이들은 각각의 특색을 구비하면서 당시 언어현실을 다면적으로 보여주고 있다. 따라서 중세국어의 언어현상을 살펴보는 데 있어서 이들은 아주 소중한 자료이다.(사재동 1965 참조)

9) 고영근(1999 : 245)에 의하면 하나의 본텍스트(Haupttext)에서 여러 가지 복선텍스트(Plurilineale text) 내지 기생텍스트(Paratext)가 파생된다. 한국어로는 '가지텍스트'

모두 당시의 언어현실을 반영하여 이루어진 것이다. 따라서 이곳에 나타나는 생략을 분석하는 것은, 곧 중세국어에 대한 생략현상을 살피는 방법이 될 수 있다. 뿐만 아니라 이들을 통하여 생략의 통시적인 조망도 가능하리라 본다. 말하자면 중세국어에서 생략의 쓰임에 대해 고찰하여, 그것이 현대국어의 생략과 어떠한 동이점이 있는지 확인이 가능하다는 점이다.

언어사용의 경제적 욕구는 어느 언어사회를 막론하고 존재하게 마련이다. 그렇기 때문에 중세국어 시기의 언중 역시 생략기제를 활용하는 것은 당연한 일이다. 따라서 중세국어의 대표적인 문헌인 ≪월인석보≫에 나타나는 생략을 살펴보고, 그것과 현대국어에서의 생략을 비교·고찰하면 생략의 변천양상을 조감할 수 있으리라 본다.

담화분석을 위한 텍스트로 ≪월인석보≫에 이입된 <목련전>과[10] <안락국태자전>을[11] 선택하였다. <목련전>과 <안락국태자전>이 조선 전기의 언어현실을 충실히 반영한 것으로 볼 수 있기 때문이다. 따라서 여기에서는 이 두 텍스트를 중심으로 당시의 담화에서 나타나는 생략의 유형과 특징에 대해 살펴보고자 한다. 이러한 논의가 효과적으로 진행되면,

---

혹은 '덤텍스트'라 할 수 있는데, 이들을 텍스트의 분지(分枝)라 하겠다. 예를 들어 문학작품의 경우 비평가에게 평가를 받거나 다른 언어로 번역되는 절차를 거쳐 새로운 형태의 인지적 구성체를 만드는 것이다.

10) 고니시 도시오(1992)는 <목련전>의 이야기 형성기제에 대하여 논의하였다. 그는 이야기의 형성기제로 명차기 특징을 제시한다. 즉 ①통사적 통합수단으로 논리적 접속부사를 사용하지 않음 ②반복표현 ③부분적 생략이나 대용 ④전술언급 기능으로 '이'와 '그'의 활용 ⑤장면의 극적인 전환 등이 그것이다. 이중 생략은 의미·기능적 통합수단으로써 의미상의 등가성에 기댄 명명적 연쇄의 한 방편으로 사용되고 있다.

11) <안락국태자전> 역시 <목련전>과 마찬가지로 중세국어의 생략을 살펴보는 데 적절한 텍스트이다. 그래서 이 작품에 대한 논의를 통하여 중세국어에 나타나는 생략의 실체를 더 객관적으로 파악할 수 있다.

생략기제를 통시적으로 살피는 하나의 지침이 될 수 있다.(강연임, 2000c)

4.1.2.1. 〈목련전〉에 나타난 생략현상

<목련전>은 ≪월인석보≫ 권23 상절부에 실려 전하는 것으로, 대화체가 주종을 이루는 텍스트다. 이 텍스트는 출가한 아들 나복(목련)이 현세에서의 악업으로 아비지옥에 떨어져 고통받는 어머니를 구제하여 마침내는 천상인 도리천으로 천도한다는 내용이다.

<목련전>에 대하여 원불경(原佛經) <목련경>에서 개작(改作)을 거듭하여 마침내 '쉽고도 재미있는' 소설형태로 변모된 것으로 보고 있다.(사재동, 1965) 이를 감안하면 <목련전>은 언중에게 친근하게 애독되거나 구연자들이 쉽게 연행했던 텍스트라 하겠기에, 당시의 언어현상이 상당수 반영된 것으로 볼 수 있다. 그렇기 때문에 <목련전>에 나타난 생략을 제대로 살피면, 중세국어의 특징을 효과적으로 파악하는 성과도 거둘 수 있다.

<목련전>은 당시의 현실언어를 많이 반영한 대화체라서 비교적 구체적인 표현을 보이고 있다. 그리고 어휘들이 대부분 순 우리말로 되어 있어서 문학적인 현실감을 어느 정도 자아내기도 한다. 또한 그 문체에 있어서도 지나친 수식사를 삼감으로써 간결한 표현을 이루었을 뿐만 아니라, 어떤 대상이나 장면을 묘사·제시함으로써 문학적인 묘미를 살리기도 했다. 그리고 기교 면에서 강세법이나 비유법 등이 현대 문장수법에 버금갈 정도로 구사되어 있다.(사재동, 1965)

위의 특성 중에서 특히 주목되는 것은 구어체에 가까운 대화형식이라는 점이다. 이것은 이 텍스트가 당시의 언어현실을 상당수 반영한 증표이며, 따라서 이 텍스트의 담화구조를 면밀히 고찰하면 중세국어의 생략

을 좀더 자세히 고증할 수 있다. 이러한 전제를 두고 <목련전>에 나타
나는 생략의 유형과 의미 기능에 대하여 살펴보도록 하겠다.

가. 각 유형에 따른 생략현상

가) 형태적 동일성에 의한 생략

<목련전>에서 생략의 첫 번째 유형으로 들 수 있는 것이 바로 형태
적 동일성에 의한 생략이다. 앞에서도 살핀 것처럼 이 유형은 담화맥락
안에서 형태적으로 동일한 대상물을 생략하는 것이다. 이때 생략되는 요
소는 청·화자 사이에서 이미 구정보화된 것이다. 이렇게 구정보를 생략
하면 화자는 의도한 정보를 신속하게 전달할 수 있을 뿐만 아니라, 담화
맥락의 표층결속성을 통해 심층결속성까지 강화할 수 있다. <목련전>에
서 그 실태를 들어보면 다음과 같다.

> (39) "아기씨 오시ᄂ이다."
>   "네 (∅ : 아기씨 오시는 것을) 엇데 안다."12)

> (40) "어마니몰 아라 보리로소니잇가."
>   "(∅ : 어머님을) 몰라 보애라."

(39)와 (40)의 예에서 보면 각각 두 번째 발화에서는 이전 발화에서 언
급된 '아기씨 오시나이다'와 '어마니몰'을 발화하지 않는다. 이는 선행발
화에서 이미 언표화되었을 뿐만 아니라, 그것이 담화전개에서 초점 요소
로도 작용하지 못하기 때문이다. 오히려 이들을 생략하는 것이 신속한
정보전달 및 선후 담화의 표층결속성을 강화하는 효과를 거둔다. 다음의

---

12) 띄어쓰기 필자(이하 동일)

예문을 더 보도록 하자.

(41) "스승닚 어마니믜 姓과 므스기시고 (∅ : 스승님 어머님의) 이름은 므스기신
고. 스승님 爲ᄒᆞᆹ바 獄中에 가 글왈 相考ᄒᆞ야 보리이다."
"相考ᄒᆞ니 (∅ : 스승님 어머님의) 일후미 업거니와 알픠 쏘 大阿鼻地獄이 잇
ᄂᆞ니이다."

(42) "釋迦牟尼佛이 스승님끠 엇더시니잇고."
"(∅ : 석가모니불은) 本師 和尙이시니라."

(43) "어미 黑暗地獄올 여희여 어느 길헤 냇ᄂᆞ니잇고."
"(∅ : 어머니 흑암지옥을 나와서) 餓鬼中에 냇ᄂᆞ니라."

(41), (42), (43)의 예문에서 공통적으로 나타나는 생략은 모두 형태적
동일성에 의한 것이다. 생략된 요소가 모두 선행발화에서 언급된 언어요
소와 형태적으로 동일하기 때문이다. 이들이 생략되어도 의사소통에 지
장이 없기 때문에, 다음 화자의 발화에서는 신정보만 제시된 것이다. 또
한 이렇게 발화되지 않은 언어요소는 담화맥락을 통해 청·화자의 인지
구조 속에 공통적으로 담지된 것이기도 하다. 그런데 특이하게도 <목련
전>에서는 선행발화에서 실현되지 않았던 언어요소가 후행발화에서 실
현되는 경우가 있다.

(44) "(∅ : 어머니를) 어느 길헤 냇ᄂᆞ니잇고."
"目連아 네어미 비록 餓鬼를 여희여도(∅ : 네어미) 王舍城中에 암카히 ᄃᆞ외
야 냇ᄂᆞ니라."

(44)의 예에서 목련의 선행발화에서는 '어머니'가 발화되지 않았다. 그
러나 후행의 부처 발화에서는 '네 어미'로 실행된다. 이것은 목련과 부처

의 담화상황으로 미루어, 두 담화 참여자가 서로 누구의 이야기를 나누는지 알기 때문에 가능하다.

목련이 생략정보를 발화하지 않은 것은 자신의 어머니가 어디에 있는지 확인하는 것이 중요하기 때문이다. 반면에 부처의 후행발화에서는 목련의 급박한 감정과는 달리 '아귀지옥을 벗어난' 대상을 분명히 할 필요가 있어서 구정보일지라도 실행한 것이다. 그래서 부처의 발화는 아귀지옥을 벗어난 대상에 대한 일종의 '의미 강조'의 기능이 있다. 다시 말하면 발화 대상을 더 강조하기 위하여 이전 발화에서 생략된 요소를 다시 복원하여 실현한 경우이다. 이것은 생략대상에 대한 화자의 주관적 입장과 감정적 관계가 내재되어 발생되는 현상이다.

나) 의미적 동일성에 의한 생략

앞에서도 말한 것처럼 의미적 동일성에 의한 생략은 담화맥락 안에서 의미적으로 동일한 언어요소를 삭제하는 것이다. 이때 생략되는 요소는 이미 청·화자에게 구정보화된 것임은 물론이다. 그런데 이 경우 선행발화에서 구정보화된 요소가 후행발화에서 복원될 때 의미적인 동일성만 충족할 뿐 형태적인 면에서는 그러하지 못하다. 그러한 실태를 <목련전>에서 확인해 보면 다음과 같다.

> (45) "스승니미 엇던 사른미완더 우리 地獄門 알픠 와 겨시니잇가"
> "날드려 嗔心 말라. 나는 어마님 어드라 오라."
> "뉘 (Ø1 : 스승님에게) 닐오더 어마니미 이에 잇다 ᄒ더니잇고"
> "釋迦牟尼佛이 (Ø1 : 나에게) (Ø2 : 어머님이 여기 계신 것을) 니른시더라"

(45)에서는 의미적 동일성에 의한 생략이 일어나고 있다. 생략정보 Ø1은 '나'와 '스승님'이지만 각각의 발화자에 따라 복원정보의 형태는 달라

진다. 이는 생략대상과 화자의 사회적 관계에 따라 생략정보가 복원되기 때문이다. 따라서 생략된 Ø1은 선행발화의 '나'에 해당하지만, 후행화자와의 관계에 의해 '스승님'이 된다.[13] 담화 참여자의 신분적 거리 때문에 의미적으로는 동일하지만, 형태적으로는 동일하지 않게 된다. 다음의 예문을 더 보도록 하자.

> (46) "스승니미 엇뎨 이여긔 오시니잇고."
>   "(Ø1 : 나는=스승님은) 어마님 어드라 (Ø2 : 여기에) 오라."

> (47) "흔 靑提夫人이 이셔 닐오디 내 아드리 出家 아니ᄒ고 일후미 大目犍連 아니라 ᄒ더이다."
>   "(Ø : 어머님이) 몰래라 ᄒ샤미 올ᄒ니 父母 겨싏 젯 일후믄 羅卜이러니."

(46)에서 생략된 요소는 '나'이지만, 복원시키면 화자(옥주)와의 관계에 의해 '스승님'이 된다. (47)의 예에서도 목련의 발화에서 생략된 정보가 선행발화에서는 '청제부인'이었지만, 화자인 목련과의 관계에 의해 그 실행발화에서는 '어머님'이 된다. 이것은 옥주 및 목련이 그 대상인 어머니와 사회적·감정적 거리가 다른 데서 기인한다. 이렇게 의미적 동일성에 의한 생략은 담화 참여자의 주관적인 입장이 개입되어 빚어지는 현상이다. 이는 중세국어나 현대국어 모두에서 나타나는 생략의 공통된 현상이다.

위의 예처럼 의미적 동일성에 의한 생략은 생략대상에 대한 청·화자

---

13) 화자를 중심으로, 그와 언급대상과의 사회적·개인적 관계를 고려한 언표화의 차이는 언어의 상황지시적 기능에 의한 것이다. 즉 화자를 중심으로 그 상황이 달라짐에 따라 그것의 명칭이 변하거나 지시내용이 바뀌게 되는 것이다. 그래서 상황성에 입각해 복원된 정보는 의미 면에서는 동일하나 형태 면에서는 얼마든지 달라질 수 있다. 하지만 청·화자 사이에서 구정보로 인식되었기 때문에 생략된 것이다.

의 입장이[14) 다르기 때문에 나타난다. 담화 참여자들이 각자의 입장에서 생략정보를 파악하기에, 설사 같은 대상일지라도 다른 표현체가 되는 것이다.

다음으로 형태범주의 동일성과 의미범주의 동일성에 의한 생략을 들 수 있는데, 이는 <목련전>에서 찾아 볼 수 없다. 형태범주나 의미범주의 동일성에 의한 생략유형은 형태적 동일성이나 의미적 동일성보다는 넓은 범위의 생략이다. 그러므로 선행발화에서의 발화 여부와 관계없이 청·화자간에 알고 있다고 간주되는 언어요소를 언표화하지 않는 것이다. 그런 점에서는 형태·의미적 동일성에 의한 생략과 동일하다고 할 수 있지만, 특정 지시물이나 개체를 지칭하기보다는 다소 다른 지시물이나 개체로 대용할 수 있다는 점에서 약간의 차이가 있다. 이러한 범주적인 생략유형이 <목련전>에서 발견되지 않는 것은 현대국어의 생략과 큰 차이점을 보이는 것이면서, 동시에 당시의 언어현상의 한 특성을 드러내는 것으로 보아도 좋을 듯하다.

나. <목련전>에 나타난 생략의 특성

앞에서 <목련전>에 나타난 생략의 유형에 대해서 고찰해 보았다. 그런데 <목련전>은 생략의 네 가지 중에 기본 유형이라고 할 수 있는 형태적 동일성에 의한 생략과 의미적 동일성에 의한 생략만이 빈번하게 실현된다. 따라서 일차적인 범위의 생략만 실현될 뿐, 그것에서 다소 확대된 범주적 개념의 생략은 찾을 수 없다. 이제 위의 논의를 바탕으로 <목

---

14) 여기에서의 관계는 여러 가지가 해당된다. 담화상황에서 발생하는 청·화자의 관계, 혹은 화자와 청자 그리고 생략대상과의 관계 등이 있기 때문이다. 사회적·신분적·감정적·성별·나이 등 여러 가지 맺을 수 있는 관계들을 바탕으로 화자가 생략정보를 추론하기에, 그 추론 형태도 다양할 수밖에 없다.

련전>의 담화상황에서 생략이 구현하는 특성을 살펴보기로 하겠다.

첫 번째로, <목련전>에 나타나는 생략은 정보성의[15] 상승과 의미의 강조 기능을 담당한다는 점이다. 등장인물간의 대화에서 생략기제를 통해 신속하게 정보를 전달하고, 그로 인해 정보성의 상승이나 의미의 강조 효과를 거두는 것이다. 즉 화자가 전달하려는 정보를 우선하여 발화함으로써 청자가 발화자의 의도를 쉽게 이해할 수 있도록 돕는다.[16] 다음의 예문을 보도록 하자.

(48) "스승니미 엇뎨 이여긔 오시니잇고."
　　"(Ø : 나는=스승님) 어마님 어드라 (Ø : 여기에) 오라."

(48)의 예에서 보면 후행발화에서는 이미 구정보에 속하는 '나'와 '여기'의 언어요소를 발화하지 않고, 신정보에 속하는 '어찌'에 해당되는 내용만이 발화된다. 구정보를 반복하지 않았기 때문에 필요한 정보를 효과적으로 전달한 셈이 되었다. 이것은 어머니를 구하고자 하는 목련의 간절한 마음이 개입된 것으로, 그만큼 발화의도를 강조하려는 의지가 내포된 것이다. 사족에 해당하는 요소를 언표화하지 않고, 중요한 신정보만을 언급하여 소기의 목적을 달성한 것이다.[17]

---

15) 정보성은 제시된 텍스트가 담화 참여자들에 의해서 예측된 것인가 그렇지 않은가, 신정보인가 구정보인가, 또는 확실한 것인가 그렇지 않은가의 정도에 관여하는 것이다.(이현호, 1994 : 58~62)

16) 물론 발화의도에 따라서 간혹 구정보인 테마를 생략하지 않고 언표화하는 경우가 있다. 이 경우는 테마의 정보전달량이 높아서가 아니라, 발화자의 특별한 의도가 개입된 것으로 보아야 한다.

17) 이는 테마와 레마의 관계로 설명이 가능한데, 테마-레마에 대한 논의는 지광신(1994)에 잘 나타나 있다. 아직 테마와 레마에 대한 분류 기준을 명백히 정의하지는 못했지만, 일반적으로는 다음의 세 가지 기준에 의거해 나눈다. 즉 ①화자와 청자에게 알려진 사실은 테마, 알려지지 않은 사실은 레마, ②대화에서 낮은 정

두 번째로, <목련전>의 생략에서는 상황에 따른 정보해석이 가능하다는 점이다. 잘 아는 것처럼 이 상황성은 어떤 텍스트를 소통상황에 적합하도록 하는 요소들과 관계된다.(이성만, 1995) 실제로 언어는 그것이 발화되는 상황과 밀접한 관계를 맺으며 의미전달을 수행한다. 따라서 청·화자는 발화상황에 의거해 화제에서 초점이 되지 못하는 요소를 과감히 생략한다.[18]

<목련전>의 생략도 상황정보에 크게 의존하고 있다. 물론 생략된 정보는 담화의 초점 요소에서 제외된 것들이다. 하지만 청·화자의 발화상황으로 충분히 추론할 수 있다. 그러한 실상을 살펴보면 다음과 같다.

(49) "스승니미 엇던 사ᄅ미완디 우리 地獄門 알픠 와 겨시니잇가"
目連이 (∅ : 옥주에게) 對答호디 "날ᄃ려 嗔心 말라 나는 어마님 어드라 오라(∅ : 지옥몬 알픠 와 잇다)"
(∅ : 옥주가 목련에게) 무로디 "뉘 닐오디(∅ : 스승님의) 어마님이 이에 잇다 ᄒ더니잇고"
(∅ : 목련이 옥주에게) 對答호디 "釋迦牟尼佛이 (∅ : 어마니미 이에 잇다) 니ᄅ시더라"
(∅ : 옥주가 목련에게) 무로디 "釋迦牟尼佛이 스승님끠 엇더시니잇고"
(∅ : 목련이 옥주에게) 對答호디 "(∅ : 석가모니불은) 本師 和尙이시고 나는 (∅ : 나는 석가모니불의) 弟子 大目犍連이로라"

(49)에서는 구체적인 청·화자가 언급되지 않았다. 또한 그들의 상하관

보가치를 갖는 것은 테마, 높은 정보가치를 갖는 것은 레마, ③대화의 대상이 되는 것은 테마, 테마에 덧붙여지는 것은 레마 등이 그것이다.

18) 이러한 현상은 현대국어 자료에서 두루 찾을 수 있다. 그러한 예로 "(∅ : 너는) 언제 왔지, 여긴?" "언니 전, 칠년 만에!(∅ : 여기에 왔어요.)" "(∅ : 너는) 서울엔 언제 왔니?" "…… (∅ : 저는) 열흘 전쯤에요.(∅ : 여기 서울에 왔어요)" "(∅ : 너는) 어디서 묵고 있지, 지금?" "아직 (∅ : 묵을 곳을) 안 정했어요." 등을 들 수 있다.

계나 친밀도도 전혀 발화되지 않았다. 그러나 담화전개의 상황을 바탕으로 청·화자의 위치와 사회적 관계를 충분히 추론할 수 있다. 또한 담화의 전체 주제인 '목련 어머니 찾는 일'도 처음에 제시되고 그 이후에는 전혀 언급되지 않는다. 게다가 담화의 주체인 화자의 언급 역시 없다. 이것은 상황정보에 의해 추론이 가능한 것들이기에, 굳이 언표화할 필요가 없었기 때문이다. 또한 발화되지 않아도 전체 담화전개에 영향을 미치지 않는다. 오히려 이들의 생략으로 신속한 정보교환의 카테고리를 형성할 수 있다.

세 번째로, <목련전>에서는 생략이 텍스트의 심층결속성과 표층결속성을 강화하고 있다는 점이다.[19] 텍스트에서의 표층결속성은 의사소통을 위한 통사론적 특질이라 하겠다.[20] 나아가 이러한 표층결속성의 상승은 의미론적인 특질을 반영하는 심층결속성의 상승과 연결된다.[21] 그런데

---

19) 텍스트에서 결속성을 높이는 장치는 생략 이외에도 여러 가지가 있다. 즉 표층텍스트에서 나타나는 발화체들의 연속성에 기여하는 모든 문법적, 통화적 도구 및 구조와 패턴 등이 그것이다. 따라서 텍스트에 사용되는 회기(recurrence), 대용형(proforms), 상(aspect), 접속표현(junctive expressions), 기능적 문장투시법(functional sentence perspective), 억양(intonation) 등이 모두 텍스트의 결속성을 높이는 데 기여한다.(이현호, 1994 : 32)

20) 파터는 텍스트의 결속성을 높이는 기제로 생략을 들고 있다. 그는 생략이 동지시 관계를 표시하기 위해 삽입될 수 있는 응결수단이라고 보았다. 그러한 예로는 ㉠"Ich liebe dich."→"Ich (liebe) dich auch." ㉡"Ich kam, sah, siegte→Veni, vidi, vici." (이성만, 1995) ㉢"문을 두드려라, 그러면 문이 열릴 것이요."→"두드려라, 그러면 열릴 것이요." 등이 해당된다. 이들 예문에서 선행발화보다는 후행발화가 응집력이 강하다. 이는 선행발화에서 구정보화된 것을 생략하여 나타난 결과이다. 이를테면 ㉠에서는 후행발화에서 '사랑한다'는 어휘를 생략함으로써 다른 어사인 '내가 너를'이 더욱 중요하게 제시되고 있으며, ㉡에서는 행위자 '나'를 생략함으로써 후행발화에서는 행위자보다는 그가 하는 행위에 문장 전체의 초점이 모아지고 있다. 물론 이러한 결속성은 청자의 인지적 정보 처리과정에 의해 더욱 뚜렷해진다.

21) 텍스트의 결속성은 보그란데와 드레슬러(1981)에 의하면, 텍스트 세계의 구성성분들, 즉 표층텍스트의 기저에 깔려있는 각 개념과 그들 사이의 구성체가 상호

이러한 심층결속성은 청자의 인지구조 속에서 정보 처리 과정을 거친 후, 그 결과에 의해 나타나는 텍스트의 특질이다. 이와 같은 현상은 <목련전>에서도 두루 확인할 수 있는데, 예문을 들어보면 다음과 같다.

(50) 目連이 슬허 獄主ᄃ려 무로디 …… 獄主 對答ᄒ오디
    目連이 슬허 獄主ᄃ려 무로디 …… (Ø : 옥주) 對答ᄒ오디
    目連이 슬허 獄主ᄃ려 무로디 (Ø : 묻는 내용, 옥주) 對答ᄒ오디

(51) "스숭니미 엇뎨 이여긔 오시니잇고"
    "(Ø : 나는) 어마님 어드라 (Ø : 여기에) 오라"
    "스숭님 어마니미 이에 잇다 ᄒ야 뉘 니르더니잇고"
    "釋迦牟尼佛이 (Ø : 어마니미 이에 잇다고 나에게) 니라시더라"

(50)과 (51)의 예에서도 생략기제를 사용함으로써 담화의 표층결속성을 상승시킨다. 즉 같은 상황에 대한 기술에서 특정 언어요소를 생략함으로써, 담화가 진행될수록 더 간결한 구조를 형성한다.[22] 특히 (51)에서는 주고받는 담화의 내용이 각기 초점 요소로 되어 있다. 그리하여 문장의 표층결속성을 높이는 것에서 시작하여, 전체적으로는 사건전개의 긴밀함으로 연결되고, 이것이 담화 전체의 심층결속성의 상승효과를 가져온다.

네 번째로, 구정보와 신정보의 생략과 발화관계를 테마나 레마 표지로 설명할 수 있다는 점이다. 잘 아는 것처럼 테마나 레마 표지란 정보전달량에 따른 개념으로, 테마는 문장에서 가장 낮은 정보전달량을, 레마는

수용 가능하고 적합해지는 것이다. 실제로 생략은 담화상황에서 발화의도에 따른 핵심정보만을 언급하게 하여 정보의 집중화는 물론, 그것의 인지과정을 통하여 표층결속성 및 심층결속성을 상승시키기도 한다.

22) 물론 현대국어의 텍스트와 비교하면, 문장전개 면이나 어투·문체 면에서 신속하고 깔끔한 느낌이 덜하다. 하지만 이것만으로도 당시의 언어현상에서 전체 맥락의 결속성을 강화시키는 기제로 생략이 활용되고 있음을 알 수 있다.

가장 높은 정보전달량을 갖는 언어요소이다.(허금회, 1993) 그렇다면 이러한 테마와 레마의 개념은, 곧 신정보와 구정보의 개념으로 해석해도 무리가 없다.

<목련전>에서의 생략도 구정보와 신정보, 즉 테마와 레마의 개념으로 파악할 수 있다. 실제로 구정보와 신정보 그리고 테마와 레마 모두 '정보성'을 중시하기 때문에 이들을 같은 맥락으로 이해해도 무방하다. 그렇다면 생략에서 구정보를 삭제하는 것은 곧 테마를 언표화하지 않는 언어현상이고, 높은 정보전달량을 갖는 신정보를 실현한 것은 곧 레마를 언표화한 것이라 하겠다. <목련전>에서 그러한 실상을 확인해 보면 다음과 같다.

(52) 釋迦牟尼佛이 스승님끠 엇더시니잇고. (Ø : 석가모니붏은) 本師 和尙이시니라.

(53) 뉘 닐오디 어마니미 이에 잇다 하더니잇고. 釋迦牟尼佛이 (Ø : 어마님이 이에 잇다) 니르시더라."

이들은 테마에 해당되는 선행발화 요소를 후행발화에서 생략하고, 레마인 신정보((52)의 레마 : 본 절의 화상, (53)의 레마 : 석가모니불)만 발화한 것이다. 즉 정보가치가 낮은 테마보다는 높은 정보가치를 지닌 레마에 담화의 초점을 맞춘 것이다. 따라서 청·화자는 담화가 전개되는 과정 내내 서로 원하는 신정보－레마만을 발화하며 신속한 정보전달을 도모할 수 있다. 이로 인해 정보성의 상승 효과는 물론, 화제의 집중이 신정보로 이루어져 의미도 강하게 전달할 수 있다.

이상에서 보는 바와 같이 <목련전>의 생략은 다양한 기능과 특성을 가지고 있다. 이들이 정보성을 상승시켜 결국은 의미를 강조하기도 하고,

상황에 따른 정보해석을 가능케 하기도 하며, 나아가 텍스트의 심층결속성과 표층결속성을 강화하는 기능을 담당하기 때문이다.

4.1.2.2. 〈안락국태자전〉에 나타난 생략현상

<안락국태자전>은 《월인석보》 권8에 실려있는 텍스트로, <목련전>과 마찬가지로 텍스트의 90% 이상이 대화체로 구성되었다. 따라서 텍스트의 대부분을 차지하는 이러한 대화구조는 당시의 언어현실에 더 근접할 수 있는 이점이 있다. 이는 <안락국태자전>이 당시의 언어 상황에서 나타나는 생략과 그 특징을 파악하는 데 유용한 텍스트임을 의미한다. 따라서 여기에서는 <안락국태자전>에 나타나는 생략의 각 유형과 특징에 대해서 살펴보도록 하겠다.

가. 각 유형에 따른 생략현상

가) 형태적 동일성에 의한 생략

<안락국태자전>에 나오는 생략의 유형 중 가장 일반적인 것이 형태적 동일성에 의한 것이다. 형태적 동일성에 의한 생략은 중세국어뿐 아니라 현대국어에서도 보편적인 현상인데, <안락국태자전>에서도 그러한 생략이 빈번하게 실현되고 있다. 다음의 예문을 보자.

> (54) 比丘ㅅ 알픠 나ᅀᅡ가샤, (Ø1) 세 번 절ᄒ시고, (Ø1) 請ᄒ야 궁듕에 드르샤, 比丘란 노피 안치시고 王ᄋᆫ 낫ㄱ비 안ᄌ샤, (Ø1) 무르샤ᄃᆡ "(Ø1) 어드러셔 오시니잇고"

(55) (Ø1) 梵摩羅國 林淨寺애 겨신 光有聖人ㅅ 弟子ㅣ로니, 光有聖人이 五百弟子
　　　거느려 겨샤 衆生 敎化ㅎ시ᄂ니, (Ø2) 大王ㅅ 善心ᄋᆞᆯ 드르시고 찻믈 기를 媒
　　　女를 비ᅀᆞᄫᅩ라 ㅎ실ᄊᆡ, (Ø1) 오ᅀᆞ보이다

(56) 어버이 몯 ᄀᆞ존 子息은 어딘 이롤 비호디 몯ᄒᆞᆯᄊᆡ, (Ø1) 어버의 일후믈 더러
　　　비ᄂ이다 ㅎᄂ니, (Ø1) 나거든 ᄣᅡ해 무더 ᄇᆞ료더 ᄒᆞ리이다

위의 예문을 통해 알 수 있듯이, 형태적 동일성에 의한 생략은 확인되거나 추론 가능한 구정보의 경우에 형태적인 동일성에 준하여 생략하는 것이다. 즉 앞선 정보와 형태적으로 동일한 언어정보를 생략하면서 담화 전개의 신속성을 획득한다.

(54)의 경우 주어적 인물인 '사라수대왕'과 여격의 인물인 '비구'가 생략되었다. 담화상황으로 보아 동일 공간에 존재하기 때문에 굳이 발화할 이유가 없었다. 그래서 필요한 신정보만을 지속적으로 발화한 결과가 되었다.

(55)에서도 화자인 '승렬바라문비구'와 담화내용상의 주어인 '광유성인'이 생략되었다. 화자인 승렬바라문비구의 경우 담화전개에서 상황정보를 바탕으로 추론이 가능하며, 담화 속의 주체인 광유성인도 담화내용을 통해 충분히 짐작할 수 있다.

(56)에서도 '어버이 못 가진 자식'이 형태적 동일성에 의해 생략되었다. 이 유형은 <안락국태자전>의 생략 중에서 50% 이상을 차지하여 15세기, 즉 조선 전기 텍스트의 특성으로 볼 수 있지 않을까 한다.23)

---

23) 형태적 동일성에 의한 생략과 의미적 동일성에 의한 생략은 거의 동시에 나타나는 경우가 많다. 다만 형태적 동일성과 의미적 동일성은 '형태적 동일성≤의미적 동일성'의 관계를 형성한다. 중요한 것은 어느 유형에 속하느냐가 아니고 그것들이 어떤 의미 기능을 수행하느냐에 있다.

나) 의미적 동일성에 의한 생략

의미적 동일성에 의한 생략은 같은 의미맥락으로 사용되는 언어요소를 의미적 등가성에 의해 생략하는 것이다. 물론 생략된 요소를 복원하면 화자와 청자의 사회적 관계 그리고 생략요소와 담화관계에 의해 다른 형태로 복원된다는 전제를 갖는다. 그리하여 언어적 발화체는 다르더라도 지시 대상의 의미는 동일하다. <안락국태자전>에서도 의미적 동일성에 의한 생략이 보이는데, 예를 들어보면 다음과 같다.

(57) 長者ㅣ 듣고 '세흘 드려 드러오라' ᄒ야 ᄯᅳᆯ헤 안치ᄉᆞᆸ고 (Ø1) 묻ᄌᆞ보ᄃᆡ
    "이 ᄯᆞ리 너희 죵가" 王과 比丘왜 (Ø2) 對答ᄒ샤ᄃᆡ
    "眞實로 (Ø3) 우리 죵이니이다"

(58) 王이 (Ø1) 무르샤ᄃᆡ "이 아기 엇더니완ᄃᆡ 늘그늬 허튈 안고 이리ᄃᆞ록 우는다" 安樂國이 (Ø2) 온 ᄯᅳᆮ 숧고 往生偈ᄅᆞᆯ 외온ᄃᆡ 王이 그제ᅀᅡ 太子ㅣ 고ᄃᆞᆯ 아ᄅᆞ시고

(59) 鴛鴦이 놀이ᄅᆞᆯ 블로ᄃᆡ '고ᄇᆞ니 몯 보아 술옷 우니다니 님하 오ᄂᆞᆳ나래 넉시라 마로리어다' 하야ᄂᆞᆯ 長者ㅣ (Ø1) 菩提樹 미틔 ᄃᆞ려다가 삼동 내 버혀 더뎻ᄂᆞ니라. 安樂國이 (Ø2) 듣고 菩提樹 미틔 가 보니, (Ø1) 삼동 내 버혀 더뎻거늘 주ᅀᅥ다가 차뎨로 니ᅀᅥ 노코 ……

(57)에서 자현장자의 처음 발화에서는 원앙부인이 '딸'로 실현된다. 그러나 두 번째 화자인 사라수대왕의 생략발화에서는 의미상으로 볼 때 '원앙부인' 혹은 '부인' 정도로 해석된다. 물론 앞의 발화 '딸'과 같은 대상을 가리키지만, 생략정보를 복원하면 그 추론 형태는 다를 수밖에 없다.

(58)에서도 안락국이 이야기를 한 대상은 사라수대왕이다. 비록 사라수

대왕의 발화에 나타난 '늘그늬'라는 표현이 생략되었지만, 의미적으로는 동일한 대상을 달리 표현하게 된다.

(59)에서도 앞에서 생략된 대상은 원앙부인이지만, 뒷부분에서 안락국이 보리수 밑에 가서 찾은 대상은 '원앙부인'이 아니라 '어머니'로 그 호칭이 바뀜은 당연하다. 이것은 원앙부인에 대한 안락국과 소치는 아이의 관계가 서로 다르기 때문이다. 이야기를 전하는 소치는 아이에게 원앙부인은 그저 자현장자 집의 종에 지나지 않지만, 그 이야기를 듣는 안락국에게 있어서 그 원앙부인은 바로 자신의 어머니이기 때문이다.

의미적 동일성에 의한 생략은 생략대상에 대한 청·화자의 사회적·인지적 거리에 의해 결정된다. 하지만 <안락국태자전>에는 형태적 동일성에 의한 생략과는 달리 의미적 동일성에 의한 생략이 많이 나타나지 않는다. 뿐만 아니라 형태범주의 동일성에 의한 생략과 의미범주의 동일성에 의한 생략도 찾아 볼 수 없다.24) 이는 중세국어에서 실현되는 생략의 한 특성으로 이해해도 좋겠다.

나. <안락국태자전>에 나타난 생략의 특성

텍스트에서의 정보성은 청·화자가 원하는 정보를 어느 정도 획득·제공하느냐에 따라 결정된다.25) 이는 발화에서 청·화자의 욕구를 어느

---

24) 강연임(1998b)에서 유형 분류한 범주적 개념의 동일성에 의한 생략이 본 텍스트에서는 나타나지 않고 있다. 이것은 형태·의미의 범주적 동일성에 의한 생략 유형이 현대국어로 오면서 확대된 것으로 보이기 때문이다. 이를 감안할 때 중세국어 텍스트에서의 생략은 구정보가 확연히 드러나는 경우에만 실현된다 하겠다.

25) 정보성의 개념은 제시된 텍스트 자료가, 담화 참여자들에 의해서 예측된 것인가 그렇지 않은가, 신정보인가 구정보인가, 또는 확실한 것인가 그렇지 않은가의 정도에 관여하는 요인이다.(이현호, 1994)

정도 충족시키느냐에 따라 정보성의 강도도 달라짐을 의미한다. 그렇기 때문에 레마에 해당되는 신정보나 초점정보는 대부분 발화된다. 이들이 화자의 의지를 집약·제고하는 기능을 수행하기 때문이다. 반면에 이미 알고 있는 테마는 의사소통의 신속성과 수월성을 저해하여 언표화되지 않는다. 여기에서는 위의 내용을 고려하면서, <안락국태자전>에서 실현된 생략의 특성을 몇 가지로 나누어 살펴보도록 하겠다.

첫 번째로, 이 텍스트의 생략에서는 구정보에 해당되는 주어적 인물이나 여격어가 대부분 비언표화된다는 점이다. 특히 상황맥락에 의거해 추론 가능한 경우의 주동자는 대부분 언표화되지 않는다. 이것은 발화맥락을 통해 청·화자가 쉽게 추론할 수 있기 때문이다. 이렇게 주동자를 생략함으로써 담화전개에 있어서의 불필요한, 혹은 담화전개를 이완시키는 요소들을 제거한다. 이는 결국 중요한 신정보만을 지속적으로 제시하여 빠른 정보전달의 효과를 획득한다. 먼저 주어적 인물을 생략한 것부터 보도록 하겠다.

(60) (Ø1) 梵摩羅國 林淨寺애 겨신 光有聖人ㅅ 弟子ㅣ로니, 光有聖人이 五百弟子 거느려 겨샤 衆生敎化ᄒ시ᄂ니, (Ø2) 大王ㅅ 善心을 드르시고, Ø2 찻믈 기를 媒女를 비ᅀᆞᄫᅩ라 ᄒ실ᄊᆡ Ø1 오ᅀᆞ보이다

(61) 安樂國이 뎌를 向ᄒ야 가는 저긔 길헤 八媒女를 맛나니, (Ø1) 往生偈를 브르며 摩訶栴檀 우믌 므를 기러 가거늘, 安樂國이 (Ø1) 무로디 ……

(60)에서는 발화 전체가 신정보만으로 연결되었다. 그리고 그 때의 주동자 역시 단 한 번만 실현되고 나머지는 모두 생략되었다. 이렇게 걸림돌로 작용하는 요소들이 제거되어 신정보를 신속하게 전달하는 효과를 거둔다.

(61)에서의 주어적 인물들도 처음에 한 번씩만 발화되고 이후의 발화에서는 모두 생략되었다. 이러한 주어적 인물들은 구정보일 뿐만 아니라, 발화자도 이후의 행동에 대해서만 초점을 맞춘다.

다음으로 여격어가 생략된 경우를 보겠다. <안락국태자전>에서는 여격어인 '~에게'가 거의 생략되었다. 이는 담화상황을 바탕으로 누구에게 발화하는지 충분히 알 수 있기 때문이다.

(62) 聖人이 (Ø1) 니르샤디 "그러커든 다시 (Ø2) 가 大王모물 請ᄒᆞ야 오라 (Ø2) 찾
　　　　믈 기를 維那롤 사모리라" ᄒᆞ야시놀

(63) 長者ㅣ (Ø1) 무로디 "그러면 (Ø1) 비디 언매냐 ᄒᆞ뇨"
　　　　夫人이 (Ø2) 對答호디 "우리 항것 둘히 내 비들 모르시리니 ……"

위에서도 각각 '누구누구에게'에 해당되는 여격어가 대부분 생략되었다. 이는 담화상황으로 추론이 가능함은 물론, 담화구조상 상대가 바로 눈앞에 있다는 상황맥락에 따른 것이다. <안락국태자전> 전체적으로 볼 때 여격어의 생략은 아주 두드러진 현상이다. 거의 모든 담화에서 혹은 지문에서 여격어가 생략되었기 때문이다.

하지만 그것이 신정보를 담지하고 있거나 발화의도가 내재될 때는 실현된다. 다음의 예문을 보자.

(64) 그저긔 鴛鴦夫人이 도라 드러 王끠 술본대
(65) 그저긔 光有聖人이 勝熱婆羅門比丘ᄃᆞ려 무르샤디
(66) 鴛鴦夫人이 王끠 살보디
(67) 鴛鴦夫人이 듣줍고 比丘끠 닐오디
(68) 鴛鴦夫人이 울며 比丘끠 닐오디 …… 鴛鴦夫人이 王끠 술보디"

이들은 모두 여격어에 해당하는 어사가 생략되지 않았다. 대체로 새로운 담화가 시작되는 부분으로써, 여격어에 해당하는 대상이 달라지기 때문이다. 즉 이전의 여격어와는 대상이 달라지기 때문에, 이들을 신정보로 인식하여 생략하지 않은 것이다. 마지막 (68)번의 경우는 청자가 둘(비구와 사라수왕)인 상황에서 처음에는 비구에게, 다음에는 왕에게 발화하는데, 이럴 때에는 여격어가 모두 실현된다. 이처럼 특별한 경우를 제외하고는 대부분의 여격어가 생략된다. 따라서 이 텍스트에서 생략의 주요한 특성 중의 하나로 주어나 여격어의 빈번한 생략을 들 수 있다.

두 번째로, 주어 생략과 관련하여 각각의 담화가 누구와 이루어지느냐에 따라 명칭이 약간씩 달라진다는 점이다. <안락국태자전>의 등장인물들은 담화 상대자에 따라 각기 다르게 언표화된다. 이러한 생략은 의미적 등가성에[26] 기댄 명명적 연쇄의 한 양상으로 해석할 수 있다.(고영근, 1996)

<안락국태자전>에서도 의미적으로 동일한 요소들이 상황맥락과 상대와의 관계에 의해 그때 그때 명칭을 달리 쓰고 있다. 그리하여 같은 대상을 언급하더라도 때로는 명칭이 축소되기도 하고, 아예 생략되기도 하는 것이다. 이는 더 신속한 정보전달을 염두에 둔 발화자의 의지가 반영된 결과이다. 이렇게 등장인물의 명칭이 달라지는 것은 담화상황에서 상대인물과의 사회적·신분적 관계 때문이다. 그리고 이러한 경우의 명칭들은 상황맥락과 인지맥락에 의거해 추론이 가능하다. 각 등장인물과 상대에 따른 명칭을 요약하면 다음 표와 같다.

---

26) '의미적 등가성'이란 공통된 어휘적 자질을 기반으로 삼아 명명적 연쇄를 이룸으로써 이야기를 형성하는 절차를 말한다.

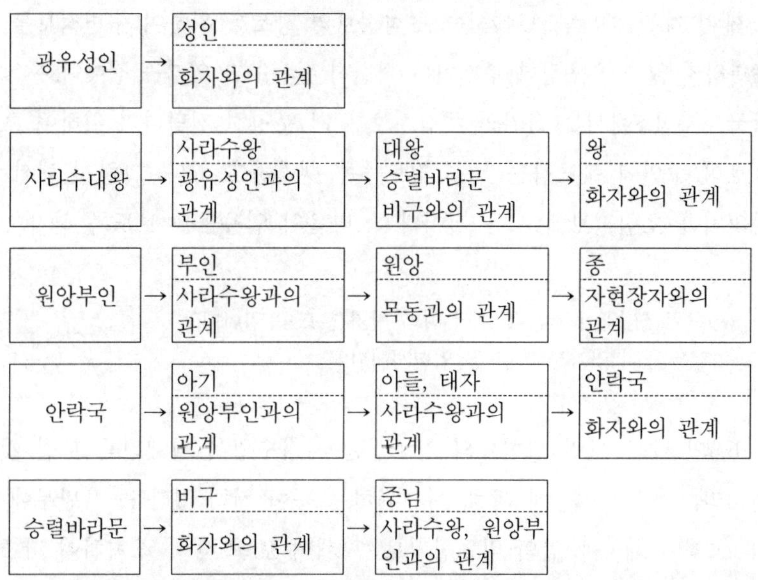

이 표에서 보는 것처럼 담화상대에 따라 그들의 이름이 각기 달라진
다. 이렇게 같은 대상이 상황에 따라 달리 불리는 것은 이들 사이에 기능
이나 실용적 의미의 등가성이 있기 때문이다.[27]

---

27) 고영근(1999)에서는 텍스트다움의 기본 조건으로 응결성과 응집성을 제시한다.
응결성은 보통 결속구조로 논의되는데 텍스트를 텍스트답게 만들어 주는 형식적
인 장치(주로 언어적인 장치)이고, 응집성이란 의미의 그물망, 주제의 일관성을
의미한다. 응결성은 응결성 장치(1)−자소, 음운, 형태·품사, 통사론적 응결장치−,
응결성 장치(2)−의미·기능상의 등가성에 기댄 응결−로 나누어진다. 응집성은
의미의 그물망으로 응결성과 표리관계를 형성한다. 따라서 응결성이 텍스트 형
성의 표면구조라면 응집성은 심층구조를 의미한다. 이러한 응집성은 심리적 요
인으로 의도성과 수용성이, 사회적 요인으로 정보성과 상황성이 있다. 그리고 마
지막 텍스트다움을 위한 조건으로 간텍스트성을 제시하는데, 이는 응결성과 응
집성의 조화에 의한 상관관계이다. 이 중 생략은 의미상의 등가성에 기댄 명명
적 연쇄에 해당된다. 즉 동일 의미를 수행하기 때문에 생략되어 신정보의 제공
에 도움을 준다. 예를 들면 '디나건 겁에 비제희국에 혼 요녀 잇거늘 가시국왕이
(∅1) 곱다 듣고 혹심을 내야 사자 브려 (∅2) 구혼대 그 나라히 (∅3) 아니 주거늘'

세 번째로, 이 텍스트에서는 초점정보의 강조를 위하여 주변정보를 언표화하지 않거나 초점화 부가어를 적절히 활용하고 있다는 점이다.[28] <안락국태자전>에서는 화자의 초점정보를 더 분명히 전달하기 위하여 초점정보의 주변에 분포하는 부수 정보들을 생략하고 있다. 그렇게 해서 발화의지를 초점정보에 모은 것이다.[29] 다음의 인용문을 보도록 하자.

> (69) "沙羅樹王이 八媒女 보낼 나래 앗가본 뜨디 업더녀"
>   "大王이 앗가본 뜨디 곧 업더시이다."

(69)의 예를 보면 발화자의 강조점은 사라수왕이 팔채녀를 보낸 것이 아니라, 그러한 행동에 대해 '아까워하는 뜻이 전혀 없다'는 후반부에 있다. 그렇기 때문에 앞의 비초점정보 '팔채녀 보낸 것'을 생략하여 강조점을 '아까운 뜻이 없다'는 곳에 두고 있다.[30]

또한 상황정보를 활용하여 강조점을 초점정보에 두는 경우도 있다. 다음의 예문을 보자.

> (70) 比丘ㅣ 王宮의 뜰헤 드러 錫杖올 후는대 王이 드르시고 四百八夫人ㅅ 中에
>   第一鴛鴦夫人올 브리샤 '齋米 받ㅈ보라' ᄒᆞ야시놀

에서 후행절의 명사구가 생략됨으로써 선행절의 명사구와 명명적 연쇄를 이루는 경우이다.

28) 정태자(1998)에 의하면 초점의 정의는 어떤 특별한 실체나 실체들간의 관계와 관련된 개념으로, 특히 실체의 속성이나 특질 또는 그것의 가치를 나타낸다. 초점정보는 화자가 선택한 것으로, 담화의도나 방향과 관련하여 청자의 주의를 가장 많이 끄는 정보이다.

29) 초점정보를 강조하는 방법으로는 억양·문체·강세, 초점정보어의 문장(담화) 내에서의 위치, 주변정보의 생략에 따른 초점정보어의 문두화 등이 있다.

30) 이곳의 발화에서는 '곧'이라는 부사를 활용하여 발화자의 발화의지를 더욱 강조하고 있다.

위의 예에서 보면 사라수대왕의 발화는 '재메 받ᄌᆞᄫᅡ라'만으로 끝난다. 이러한 발화가 가능한 것은 상황정보의 활용 때문이다. 즉 비구가 와서 문을 두드리는 상황을 바탕으로, 사라수대왕이 그러한 발화를 하게 된 것이다. 이렇게 언어정보 이외에 상황정보와 화자의 인지정보를 활용하여 주변정보를 생략하고, 초점정보만을 발화하는 것은 언중의 기본적인 의사소통 책략이다. 따라서 생략되고 남은 정보는 강력한 초점정보로 기능하여 의미의 강조기능은 물론, 신속한 정보전달이라는 부가적인 효과까지 획득하게 된다.

초점화 부가어를 활용하여 초점정보에 관심을 집중시키기도 한다. 이 텍스트의 결말 부분에서 그러한 실태를 확인할 수 있다. 마지막 부분은 등장인물들에 대한 최종적인 신분확인인데, 여기서 특이한 점이 '이제'라는 부사어가 지속적으로 반복되고 있다는 점이다. 그런데 마지막의 부정적 인물 자현장자에게서만은 그것이 생략되었다.

> (71) 光有聖人은 이젯 釋迦牟尼佛이시고 沙羅樹大王온 이젯 阿彌陀佛이시고 鴛鴦夫人은 이젯 觀世音菩薩이시고 安樂國은 이젯 大勢至菩薩이시고 勝熱婆羅門온 이젯 文殊ㅣ시고 八婇女는 이젯 八大菩薩이시고 五百弟子는 이젯 五百羅漢이시니라 子賢長者는 Ø 無間地獄애 드리 잇ᄂᆞ니라

(71)의 예문을 보면 '이제'라는 부사를 지속적으로 반복하고 있다. 이 경우 부사어 '이제'는 초점화 부가어가 된다.[31] 즉 초점어외 앞이나 뒤에

---

31) 정태자(1998 : 105~108)에 따르면 초점화 부가어(focusing adjunct, 또는 초점어(focuser))는 절이나 문장 안에 있는 특정한 부분에 주의를 집중시키기 위하여 어떤 요소를 첨부하는 것을 말한다. 대체로 이들은 부사로 구성되는데, 그 의미 기능에 따라 제한적 용법과 추가적 용법으로 나뉜다. 문장에서 이들의 위치는 주로 주어와 서술어 사이인데, 그 위치가 고정적인 것만은 아니다. 대체로 초점어의 앞이나 뒤에서 그들의 의미를 강조해 주는 기능을 수행한다.

서 초점어의 의미를 강조하는 기능을 수행한다. 실제로 이들은 뒤의 초점어인 '석가모니불', '아미타불' 등을 강조하기 위해 사용되었다. 요컨대 부사어 '이제'의 반복은 각각의 등장인물이 현재 이후에 갖게 되는 신분을 강조하기 위함이다. 그러나 마지막의 부정적 인물인 자현장자에게 와서는 부사어 '이제'가 생략되었다. 화자의 강력한 발화의지의 반영으로, 이는 시작과 끝을 표시하지 않아 부정적 인물의 고행이 영속됨을 드러내는 것으로 이해된다.

 네 번째로, 이 텍스트에서는 생략이 표층결속성과 심층결속성의 기제로 활용된다는 점이다. 잘 아는 것처럼 한 텍스트를 언어학적으로 분석하는 데 있어서 중시되는 기준 중의 하나가 바로 결속성이다.[32] 이러한 결속성은 통사적 통합 수단에 의한 표층결속성과 의미·등가상의 통합 수단에 의한 심층결속성로 나누어진다.[33] 심층결속성은 텍스트 심층구조에서 나타나는 의미·심리·인지적인 요인에 의한 것이지만(김성훈, 1995) 표층결속성과 경계가 명확하게 구획되는 것은 아니다. 그런데 중요한 것은 생략이 표층결속성이나 심층결속성을 강화하는 기제로 작용한다는 점이다. <안락국태자전>에서도 생략은 표층결속성과 심층결속성을 위해 기능하고 있다. 다음의 예문을 보자.

---

32) 오장근(1993)에 의하면, 한 텍스트 내의 개별문장들 사이의 관계는, 많은 경우에 있어서 통사론적으로나 의미론적으로 다양한 언어적 성분들에 의해 확고해질 수 있다. 이렇게 언어적으로 확고해진 텍스트 관계를 찾아낼 경우, 그것을 표층결속성라고 정의한다. 그 외에도 많은 학자들이 나름대로 표층결속성에 관해서 정의하고 있는데, 일반적으로 대용이나 생략 그리고 접속사·시제 등을 들고 있다.

33) 고영근(1996)에 의하면 통사적 통합수단에 의한 표층결속성은 문장과 문장의 통사적 연결 수단을 의미하는 것이다. 이를테면 문장간의 통사적 결합 관계이다. 그리고 의미·등가상의 결합수단은 앞 뒤 문장의 연결에 있어서 어휘·의미·기능상의 등가성을 의미한다.

(72) "沙羅樹大王이 어디 계시뇨"
　　 "길헤 믈 기러오시ᄂ니라"

(73) "므슴 노래 브르ᄂ다"
　　 "子賢長者ㅣ 지븨 鴛鴦이라 홂 죠이 ᄒ 아ᄃ롤 나하ᄂᆯ 그 아기 닐굽살 머거
　　 아비보라 니거지라 ᄒᆞ대 ……"

(74) "이 두 스ᄅ미 네 항것가"
　　 "眞實로 올ᄒ니이다."

　(72)의 예를 보면 사라수대왕의 행방을 묻는 질문에, 주변의 여러 정보
를 생략하고 바로 레마에 해낭하는 '길에 물 길어 오십니다'를 제시한다.
그래서 신속한 정보전달의 효과는 물론, 결속성까지도 상승시키는 효과
를 거두고 있다.
　(73)에서도 질문에 대해 노래 내용으로 즉각 대답한다. 주변적인 발화,
예를 들면 '이 노래는'이라든지 '내가 들은 바로는' 등등의 추론 가능한
구정보들이 발화되지 않는다. 질문의 핵심에 해당하는 정보를 직접 제공
함으로써 강한 결속성을 형성하게 된다.
　(74)에서도 '옳다'는 발화 하나에 이전 발화의 모든 내용이 집약된다.
이처럼 담화에서의 생략은 표층결속성을 형성하고, 나아가 심층결속성까
지 확보하는 효과를 거두게 한다. 또한 표층결속성과 심층결속성의 상승
은 신속한 정보전달과 언어 경제성의 효과까지 얻도록 돕는다. 따라서
불필요한 요소를 생략하는 것은, 시대를 초월하여 모든 언중의 기본적인
언어 책략임을 알 수 있다.
　이렇게 볼 때 <안락국태자전>의 담화 텍스트는 생략기제를 효과적으
로 활용하면서 정보의 전달·수용상에서 다양한 특성을 보여주고 있다.
즉 구정보에 해당되는 주어적 인물이나 여격어를 언표화하지 않음은 물

론, 초점정보의 강조를 위해서는 주변정보를 과감히 생략하기도 한다. 뿐만 아니라 표층결속성과 심층결속성을 상승시키는 기제로 생략을 적극적으로 활용하기도 하였다.

4.2. 현대소설에서의 생략

현대국어에 대하여 생략을 살피는 방법은 여러 가지가 있다. 실제 담화자료를 수집해서 분석하는 방법은 물론이거니와 현대국어의 모습을 반영한 문학텍스트를 다양한 관점에서 활용할 수도 있기 때문이다. 여기에서는 후자의 방법을 선택하여 현대국어에 나타나는 생략현상을 살펴보도록 하겠다. 문학텍스트 중 현대소설을 선정한 것은 이들이 현대국어의 모습을 여실히 담아낸 것으로 생각하였기 때문이다. 다만 여기에서는 배수아의 <다큐채널, 수요일, 자정>과 이윤기의 <울도 담도 없는 집>을 분석 텍스트로 활용하고자 한다.

배수아의 <다큐채널, 수요일, 자정>은 소설임에도 불구하고 텍스트 전체가 구어체로 되어 있다. 이 텍스트는 일인칭 화자가 텔레비전에 출연하여 자신의 지난 이야기를 구어체로 늘어놓는 방식이기에 실제 언어상황을 더 많이 반영하고 있다.

이윤기의 <울도 담도 없는 집>도 다른 텍스트와는 달리 대화가 많이 활용되어 현대의 언어현실을 상당수 반영한 것으로 볼 수 있다. 그리고 이들 대화가 대부분 구어로 제시되어 실제 담화와 차이가 거의 없다. 이는 이 텍스트가 실제 담화에서 나타나는 생략의 특징이나 기능을 고찰하는 데 유용할 것으로 판단된다.

다양한 현대소설 텍스트를 활용할 수도 있지만, 여기에서는 이 두 텍스트만을 대상으로 고찰하고자 한다. 이 두 텍스트가 현대담화의 제반 특성을 함유하였기에, 이 두 텍스트에 나타난 생략을 올바로 파악하면 현대국어에서 나타나는 생략의 특징과 의미를 살피는 결과가 될 것이다. 실제로 이 두 텍스트는 대화구조를 취하고 있어서 실제 언어현실에 근접해 있음은 물론이거니와 본 연구의 주요 방향인 화용적 담화상황을 살피는 데에도 적절한 면이 있다.

여기에서는 이러한 점을 염두에 두고 두 텍스트에서 나타나는 생략의 유형과 특징 그리고 그것들이 수행하는 담화상의 의미 기능에 대해 살펴보기로 하겠다.

4.2.1. <다큐채널, 수요일, 자정>의 경우

<다큐채널, 수요일, 자정>은 일인칭 화자인 주인공이 텔레비전 다큐채널 프로그램에 출연하여 몇 해 전의 일을 이야기하는 형식으로 텍스트가 짜여져 있다. 따라서 이 텍스트는 구어의 경어체로 이루어져 지문보다는 대화가 우세할 수밖에 없다.

이 텍스트는 이야기의 처음부터 끝까지 화자인 '장마리'의 독백 형식으로 전개된다. 이렇게 처음부터 끝까지 이야기체로 구성되어 다른 텍스트에서보다는 현대의 언어현실에 근접할 수 있는 강점을 갖는다. 여기에서는 이전의 방법대로 <다큐채널, 수요일, 자정>에 나타나는 생략의 유형과 특성에 대하여 살펴보기로 하겠다.

4.2.1.1. 각 유형에 따른 생략현상

가. 형태적 동일성에 의한 생략

앞에서도 말한 것처럼 형태적 동일성에 의한 생략은, 생략 유형 중 가장 일반적이다. 따라서 본 텍스트에서도 형태적 동일성에 의한 생략이 빈번히 일어난다. 다음의 인용문을 보도록 하자.

> (75) 난 서류상의 고향이 부산이죠. 그러나 그때까지 (Ø1) 한번도 (Ø2) 가본 적이 없었습니다. 심지어는 (Ø1) 그곳에서 태어나지도 않았어요. (Ø2) 아는 사람들이 살고 있지도 않습니다. 당연하잖아요.

> (76) 그때 준배는 보험회사 직원이었습니다. 물론 그 이전에 (Ø1) 여러 가지 직업을 거쳤죠. 지금은 (Ø1) 아마 다른 직업을 가지고 있으리라고 생각이 듭니다. (Ø1) 살아있다면 말이죠.

위 인용문에서도 생략이 빈번하게 일어난다. 따라서 생략기제를 감안하지 않으면 효율적이고 원활한 의사소통이 불가능해진다. (75)에서는 Ø1의 화자인 '나'와 Ø2의 구정보인 '부산'이 처음에 한 번 발화된 이후 지속적으로 생략된다. 선행발화에서 이미 제시되었기 때문에 더 이상 언급할 필요가 없게 되었다. 그래서 화자는 부산에 대한 자신의 생각을 언급하는 데 초점을 둔 것이다.

(76)에서도 구정보인 '준배'가 생략되었다. 그에 대한 자신의 생각을 언급하는 것이 중요할 뿐 그가 준배라는 사실이 중요한 정보가 아니기 때문이다. 이러한 형태적 동일성에 의한 생략은 이외에도 더 찾아볼 수 있다. 다음의 예문을 더 보도록 하자.

(77) 준배가 친구들과 항상 가곤 하는 당구장이었죠. 자정이 넘어서 (Ø1) 문이 열리고 시로가 들어왔습니다. (Ø2) 혼자였죠. 준배는 결코 혼자서 당구장에 가거나 하는 일이 없었습니다. 그래서 (Ø2) 이상한 놈이라고 생각하고 있었습니다.

(78) "당신, 시로를 어떻게 해서 알게 됐죠?"
"(Ø1) 준배를 통해서 알게 된 것뿐이에요. 준배는 시로를 당구장에서 만났죠."
"당구장이라구요? 어디에 있는 당구장이죠? 혹시 당구 클럽 아카데미?"
"아녜요. 준배는 그런 곳에 가지 않아요. (Ø2) 영등포 시장 안에 있는 거라고 들었어요."

위 예문에서도 형태적 동일성에 의한 생략을 확인할 수 있다. (77)을 보면 '당구장'이나 '시로'는 이미 구정보화되어 담화전개에서 불필요하게 되었다. 그렇기 때문에 화자는 이들을 생략하면서 신정보를 신속하게 전달하고 있다.

(78)에서도 짧은 담화상황이지만 많은 생략이 일어난다. 시로나 준배 그리고 화자인 나에 대한 생략은 기본적인 현상이거니와 화제의 초점인 당구장에 대한 것까지도 신정보만 발화한다. 이렇게 발화함으로써 청자와 화자는 서로간에 원하는 정보를 신속하게 전달하거나 획득할 수 있다.

나. 의미적 동일성에 의한 생략

의미적 동일성에 의한 생략 역시 형태적 동일성에 의한 생략과 마찬가지로 빈번하게 나타난다. 의미적으로 동일한 요소를 생략하는 것은 청·화자가 생략대상에 대해 모두 공감하기 때문이다. 다음의 인용문을 보자.

(79) "넌 운전을 난폭하게 해서 안돼. 돌아올 때는 시로가 (∅) 한다고 했으니 괜
찮아."

(80) "저런 여자들은 속옷을 어떤 것을 입을까?"
"뭐 별다른 것이 있을까. 의외로 시시하게 (∅1) 켈빈클라인 정도로 차리고
있을지도 몰라."
"넌 어. 넌 속옷을 뭘 입지?"
"난 언제나 할인매장에서 사. (∅2)"
"마리 넌 레이스가 달린 걸 좋아하니?"
"전혀 아냐. 난 면으로 된 것만 사."

위의 담화에서도 의미적 동일성에 의한 생략이 일어난다. 이는 (79)에
서의 '운전'이나 (80)에서의 '속옷'이 지속적으로 생략되었기 때문이다.
실제로 이들은 담화에서 중요한 초점정보로 작용하지 못한다. 오히려 이
들에 대한 청·화자의 주관적인 생각이 전달 정보가 될 수 있기에, 이들
을 생략하는 것이 담화전개상 더욱 유리하다.

(81) "너 시로 맞지?"
"(∅1) 넌 소연이지, 김소연."
"여기서 이렇게 (∅2) 만나다니 꿈인가 생각했어."
"우리들은 음, 휴가를 보내러 왔어. 이 친구는 준배라고 하고 여기는 마리라
고 하지. 우리는 모두 친구야."

(82) "시로, 넌 내가 여기 있는 것 알고 온 게 아니야?"
"난 정말 (∅1) 몰랐어. 우리는 그냥 휴가를 떠난 거야. 휴가라구."
"우리 마지막으로 만났을 때 너는 곧 유학을 떠날 것처럼 말했어."
"그땐 그랬지."
"그런데 왜 (∅2) 떠나지 않았어?"
"일이 꼬였어 (∅3)."

(81)과 (82)에서도 의미적 동일성에 의한 생략이 빈번히 일어나고 있다. (81)의 Ø1은 선행발화에 대한 암묵적인 동의를 의미한다. 즉 '그래 나는 시로 맞아'에 해당하는 내용이 생략된 것이다. 중요한 것은 이어지는 후행발화로 청자의 신분을 확인할 수 있다는 점이다. 말하자면 '너는 김소연이지'의 후행발화에서 자신이 '시로'임을 암묵적으로 드러내는 것이다.

(82)에서도 의미적 동일성에 의한 생략이 일어난다. Ø1은 앞의 발화 '화자가 여기 있는 것'을 의미하고, Ø2는 '유학'을, Ø3은 '유학을 떠나지 못했어' 정도의 의미로 추론할 수 있다. 이러한 의미적 동일성에 의한 생략은 앞에서 살펴본 형태적 동일성에 의한 생략과 병행하여 일어나는 경우가 상당히 많다.

다. 형태범주의 동일성에 의한 생략

범주적 차원에서의 생략은 이전의 형태적 동일성이나 의미적 동일성에서 한 단계 확대된 생략유형이다. 즉 완전한 동일성의 차원에서 좀더 확대된 생략으로, 맥락상 같은 형태범주에 속하는 경우에 실현된다. 이 형태범주의 동일성에 의한 생략은 생략정보가 선행발화에서 정확히 제시되지 않았다. 이렇게 생략정보가 정확하지 않기 때문에 그 복원에 있어서도 비슷한 여러 형태로 가능하다. 다만 의미맥락을 바탕으로 복원했을 때 담화 흐름에 순응하기만 하면 된다. 그러한 실상을 이 텍스트에서 살펴보면 다음과 같다.

(83) "다른 애들은 (Ø1)?"
　　 "(Ø2) 산책을 나갔어."[34]

---

34) Ø2는 형태적·의미적 동일성에 의한 생략유형이다. 즉 선행발화 '다른 애들'의 구정보화로, 그리고 비초점정보로 인해 생략된 유형이다.

(84) "(∅1) 부산여자일지도 몰라. 그렇다면 (∅1) 고약한 사투리를 쓰겠군."
  "그럴지도 모르지. 하지만 아닐 수도 있어. (∅1) 같은 회사의 여직원일지도
  모르지."

(83)의 경우 ∅1은 후행발화 '산책을 나갔어'를 바탕으로 여러 형태로의 복원이 가능하다. 예를 들면 '어디 갔니?', '뭐하니?' 등이 그것이다. 이들의 공통점은 모두 형태적으로 같은 범주에 속한다는 것이다. 이를테면 용언류라는 형태범주에 귀속되는 것이다.

(84)에서는 이전의 담화상황을 바탕으로 ∅1을 복원할 경우 '결혼하고자 하는 여자, 신부가 될 여자, 그 여자' 정도로의 복원을 상정할 수 있다. 어느 경우일지라도 이들은 모두 같은 형태범주에 속하는 공통점을 갖는다. 이처럼 형태범주의 동일성에 의한 생략은 형태적으로 같은 범주에 속할 때 실현된다.

라. 의미범주의 동일성에 의한 생략

이 텍스트에서는 의미범주의 동일성에 의한 생략이 위의 형태범주의 동일성에 의한 생략보다는 다소 빈번히 나타난다. 그러나 형태적 동일성이나 의미적 동일성에 의한 생략에서와 마찬가지로, 형태범주의 동일성에 의한 생략과 병행하여 일어나는 경우가 많다. 이 텍스트에 나타나는 의미범주의 동일성에 의한 생략을 살펴보면 다음과 같다.

(85) "(∅1) 사 년 만인가. 아니면 오 년?"
  "팔십팔 년에 마지막으로 만났으니까. (∅1) 오래되었지."
  "계속해서 부산에서 살았어?"
  "아니. 난 일주일 전에 (∅2) 내려왔어. 계속 서울에 있었어."[35]

(86) "넌 계속 서울에 있으면서 연락 한번 하지 않았어."

"우린 끝났잖아. (Ø1)"

"그때 난 (Ø2) 아니었어."

"하지만 지금, 지금은 끝난 거잖아."

"그때 넌 일방적이었어."

"지금은 아무것도 아니잖아."

"……"

"(Ø3) 부정하지 못하지?"

(85)와 (86)에서의 생략은 의미맥락을 바탕으로 범주적 복원이 가능하다. (85)의 경우 Ø1은 담화맥락을 바탕으로 '우리가 헤어진 지' 아니면 '우리가 마지막으로 만난 지' 등의 정보를 추론할 수 있다.

(86)의 Ø1은 '그래서 연락하지 않았어, 너랑 만날 필요가 없었어' 정도의 의미로 복원된다. 또한 담화 중간에 나오는 생략표 "……"는 이전 발화 전체를 바탕으로 여러 가지 의미로 추론할 수 있다. 선행화자의 발화에서처럼 '이젠 아무 관계가 아니라'는 의미범주나, 혹은 '그렇지만 그것은 내 의지가 아니었어'라는 의미범주로 추론이 가능하기 때문이다. 그리고 Ø3은 지금의 상황을 바탕으로 아무 관계가 아니라는 의미범주에 포함되는 정보의 추론이 가능하다.

이 텍스트의 담화전개에서는 고전산문의 생략에서 살펴볼 수 없었던 범주적인 생략이 쉽게 확인된다. 이는 현대국어로 올수록 상황정보 및 담화맥락을 바탕으로 생략유형이 확대되었기 때문이다.

4.2.1.2. 〈다큐채널, 수요일, 자정〉에 나타난 생략의 특성

<다큐채널, 수요일, 자정>에 나타나는 생략을 유형별로 살펴보았다.

---

35) Ø2는 형태적·의미적 동일성에 해당하는 '부산'으로 추론할 수 있다.

중세국어의 텍스트와는 달리 현대국어 텍스트에서는 범주적 생략이 빈번하게 실현되고 있다. 이는 현대국어로 오면서 생략기제가 좀더 확대된 개념으로 활용되었기 때문이다. 여기에서는 이러한 점을 감안하여 <다큐채널, 수요일, 자정>에서 나타나는 생략의 특성에 대해 살펴보기로 하겠다.

첫 번째로, 이 텍스트에서는 생략이 결속성을 강화하는 기제로 활용되고 있다는 점이다. 실제로 생략은 결속성을 강화하는 중요한 언어기제이다. 청·화자의 담화에서 구정보나 비초점정보를 발화하지 않으면, 텍스트 전체의 표층결속성이 강화됨은 물론, 심층결속성까지도 담보하기 때문이다. 그런데 <다큐채널, 수요일, 자정>에서도 표층결속성나 심층결속성을 강화하는 차원에서 생략을 빈번히 활용하고 있는 점이다. 다음의 예문을 보자.

(87) 언젠가는 바티칸에 가서 교황에게 고해성사를 하고 싶다고 했습니다. 죽기 전에 한 번은요. 그는 고등학교 때 한 번 살인을 한 적이 있다고 했습니다. 집 나온 소녀였죠. 정말인지 거짓말인지 모르겠어요. 시체를 바다에 버렸다는군요. 그걸 마음 아파했습니다. 그는 크리스천이었으니까요. 정기적으로 교회에 나가지는 않았지만 어떤 의미에서는 상당히 광적이었습니다.

위의 예문을 보면 생략이 빈번히 나타난다. 전체의 줄거리는 화자가 준배라는 등장인물에게서 들은 이야기를 간접 전달하는 방식이다. 그런데 주목할 것은 그의 이야기를 전달하면서도 주체에 대한 언급이 거의 없으며, 중간에 바뀌는 주체에 대해서도 역시 언급하지 않는다는 점이다. 그러나 이 이야기를 듣는 청자나 독자들은 언급되지 않은 주체에 대해서 의아해 하지 않는다. 오히려 생략함으로써 신속한 정보전달이 가능하여 다음 이야기에 대한 호기심을 유발시키는 효과를 거두고 있다.

위의 예문은 계속되는 발화들이 선행발화에 이은 신정보만으로 이루어졌다. 언뜻 보아 통사적인 연결이 어려울 것 같으나 의미·화용적인 담화맥락 때문에, 더욱 강한 결속성을 형성하게 된다. 그래서 이것은 다음과 같은 관계망을 구축하게 된다.

(88) 고등학교 때 살인 함→집 나온 소녀→시체 바다에 버림→마음 아픔→죽기 전에 한 번→고해 성사함→크리스천

즉 이야기의 발단은 고등학교 때의 살인이다. 이것을 바탕으로 결론은 크리스천으로 끝맺는다. 이렇게 스토리의 흐름이 실제 담화에서처럼 역순으로 제시되면서, 많은 요소들을 생략 처리하고 있다. 그러나 청자나 독자는 생략에 대하여 크게 신경 쓰지 않는다. 왜냐하면 그렇게 하더라도 전체 이야기의 이해에는 어려움이 없기 때문이다. 이는 생략기제를 사용하여 더 강한 결속성을 구축한 결과이다. 다음의 예문을 더 보도록 하자.

(89) "그 중요한 약속이라는 것은 몇 시지?"
"저녁 일곱 시"
"장소는 집에서 가까운 곳이겠지?"
"해운대 감리교회"

(89)의 예문에서도 선행발화의 질문에 대한 핵심 정보만을 발화하여 강한 결속력을 보이고 있다. 후행화자는 선행화자의 발화에서 원하는 신정보만을 간단하게 제시함으로써 나머지 요소는 화용적으로 추론하게 만든다. 그래서 표층결속성의 강화까지 담보할 수 있게 된 것이다.

두 번째로, 이 텍스트에 나타나는 생략에서는 부가정보원을 원활히 활

용하고 있다는 점이다. 즉 상황정보나 인지정보를 바탕으로, 여러 가지
생략정보를 복원하는 것이다. 이미 앞에서 밝힌 것처럼 상황정보에 의한
복원은 발화된 상황맥락을 통하여 그것과 밀접한 관련을 맺는 정보를 추
론하는 것이다. 그래서 같은 발화라 하더라도 발화상황을 고려하면 아주
다른 의미로 해석되기도 한다. 그리고 인지정보에 의한 추론은 제시된
언어정보와 상황정보 그리고 화자나 청자의 인지구조 속에 자리한 인지
정보를 바탕으로 한다. 그런데 <다큐채널, 수요일, 자정>에서의 생략 역
시 상황정보와 인지정보를 활용하여 생략정보를 추론하는 경우가 빈번
하다는 점이다. 다음의 예문을 보도록 하자.

(90) 시로는 대학 때 그 친구를 알게 되었고 그들은 서로의 결혼식에 참석하자고
약속한 사이라고 했습니다. …… 심지어는 그 친구가 어떤 타입의 여자를
좋아하는지 갈비뼈가 드러날 정도로 마른 여자인지 아니면 살집이 좋은 여
자인지 음울한 타입인지 명랑한 주근깨가 있고 피부가 하얀 여자인지 아무
것도 짐작할 수 없다고 했습니다. …… "부산 여자일지 몰라. 그렇다면 고약
한 사투리를 쓰겠군." "그럴지도 모르지. 하지만 아닐 수도 있어. 같은 회사
의 여직원일지도 모르지."

(90)의 담화상황은 대학시절에 친구의 결혼식에 가면서 등장인물들간
에 나누는 이야기이다. 그런데 제시된 발화에서는 이야기의 주체가 생략
되어 누구에 대한 이야기인지 알 수 없다. 하지만 상황이나 맥락을 통하
여 그가 누구인지 충분히 추론이 가능하다. 이는 상황과 맥락을 고려해
야만 원하는 정보를 원활히 획득할 수 있음을 의미하는 것이다.

세 번째로, 초점 요소인 신정보만을 단독으로 제시하는 경우가 많다는
점이다. 이는 발화자가 선행화자의 의도와는 별개로 자신의 발화의지만
을 강하게 표출하면서 나타난 현상이다. 대체로 이러한 경우에는 신속한
정보교환이 이루어지게 마련이다. 다음의 예문을 보자.

(91) "시로, 결혼식은 몇 시지?"
　　"목요일 저녁 일곱 시."
　　"장소는?"
　　"해운대 감리교회."

(92) "훔치는 거야?"
　　"이것만."
　　"왜 다른 것이 더 탐나지 않아?"
　　"이것이 갖고 싶어. 결혼식의 맹세가 쓰여진 묵주야."

　위의 담화를 보면 선행발화에서 요구하는 신정보만을 간략하게 제시한다. 즉 서로간에 구정보나 비초점정보를 거의 언표화하지 않는다. 이는 발화자의 발화의도, 즉 (91)에서 발화자의 심드렁한 발화의도나 (92)에서 훔치는 물건에 대한 발화자의 강한 집착을 동시에 나타내 준다고 하겠다. 이렇게 신정보만을 간단히 제시하여 신속한 정보교환이 가능하게 됨은 물론이다.

　네 번째로, 범주적 개념의 생략이 빈발하고 있다는 점이다. 이는 조선전기 텍스트에서는 발견하지 못했던 것이다. 따라서 현대국어에 와서 이러한 범주적 개념의 생략이 보편화된 것으로 보인다. 이것은 위에서 제시한 부가정보원—상황정보와 인지정보—에 의거하여 생략이 실현되기 때문에 나타나는 현상이다. 특히 상황맥락에 의한 의미해석은 현대국어로 올수록 중요한 요소가 되었다. 그것은 발화상황이 생략정보의 추론에 아주 큰 영향을 미치기 때문이다.

(93) "우리 어디로 가는 거지?"
　　"아무 데나 가서 내리면 돼."
　　"이 버스는 어디로 가?"
　　"나도 몰라."

(93)의 담화에서 보면 청·화자는 서로간에 원하는 정보를 제시하지 않고, 다만 자신의 상태만을 나타낼 뿐이다. 그러나 그것만으로도 생략된 정보를 추론하는 데 어려움이 없다. 그것은 상황맥락에 의거한 추론이 가능하기 때문이다. 즉 청자와 화자가 정신적으로나 물리적으로 방황기에 접어들었다는 상황을 바탕으로 생략정보를 추론할 수 있다. 이렇게 보았을 때 생략정보의 복원은 상황맥락에 의거해야만 더 정확히 추론할 수 있게 된다.

4.2.2. <울도 담도 없는 집>의 경우

이윤기의 <울도 담도 없는 집>을 대상으로 생략현상을 살펴보겠다. 이 텍스트는 삶의 의미를 상실한 주인공이 여행을 하면서 삶의 진정한 의미를 다시 찾는다는 이야기이다. 내성적 성격의 소유자인 주인공은 어머니를 잃은 후 현사도라는 섬을 여행하면서, 자기 정체성과 삶의 의미를 되찾아간다. 이 텍스트에 나타난 생략에 대한 논의도 위에서와 마찬가지로 유형별 생략현상과 특징에 대해 살펴보도록 하겠다.

4.2.2.1. 각 유형에 따른 생략현상

가. 형태적 동일성에 의한 생략

형태적 동일성에 의한 생략은 이 텍스트에서 가장 일반적으로 나타난다. 선행발화에서 언표화되었거나 그렇지 않았거나 간에 청·화자는 형태적으로 동일한 대상을, 그것이 초점정보나 신정보가 아닐 경우 생략하는 것은 자연스러운 일이다. 다음의 예문을 보자.

(94) "검이씨 생선포 사가지고 들어가?"
　　"네. 노친네가 좋아해서 …… (Ø1) 갈치포예요. (Ø2) 어떻게 알았어요?"
　　"옷에 (Ø3) 냄새가 배었나봐."

(95) "그 섬은 물론이고 인근 섬에도 뱀이 많아요. 하지만 가서 보시면 아시겠지만 가물섬이 <현사도>라는 이름으로 불리는 게 뱀이 많기 때문만은 아닌 것 같아요."
　　"아니면 (Ø) 뱀처럼 길쭉하게 생긴 섬인가요?"
　　"예정대로 된다면 내일 오후 네 시 거기 도착합니다. (Ø) 가서 설명해 드리지요."

　위의 산락한 남화에서도 생략은 빈번히 일어난다. 먼서 (94)의 경우 Ø1, Ø2, Ø3 셋 모두가 형태적 동일성에 의한 생략이다. Ø1은 선행발화를 바탕으로 '생선포를 샀어요' 정도로, Ø2는 '생선포 산 것', Ø3은 '갈치포'의 의미로 추론할 수 있다. 물론 이전 발화에서 언급된 것도 있고, 그렇지 않은 것도 있으나 형태적인 면에서 모두 동일한 요소로 복원이 가능하다.

　(95)에서도 선행발화에서 구정보화된 '현사도'를 후행발화에서는 초점정보가 아니기 때문에 생략하고, 그 섬의 모양에 대해서만 청·화자가 관심을 갖는다. 이처럼 형태적 동일성에 입각해 화제정보가 되지 못하는 요소를 생략하는 것이다. 다음의 예문을 더 보자.

(96) "너도 그랬냐? 나는 짧은 글짓기 잘못했다가 안 죽을 만하게 터지고는 학업의 꿈을 접었다. 뭐였더라 …… (Ø) 그래 <반딧불>이었다."
　　"(Ø) 어떻게 했길래?"
　　"(Ø) 어떻게 했는고 하니 이렇게 했다. [선생님이 나에게 <반딧불>을 넣어 짧은 글을 지으라고 하셨다 ……] 말 되잖아? (Ø) 만병통치약 아니냐?"

(97) "부잣집 아들이 하필이면?"

"…… (Ø1) 머슴의 딸과 눈이 맞았대요. 그런대 부모 허락이 안 떨어지더라는군요. 그 당시만 해도 그런 게 있었나 봐요."

"……"

"그러던 어느 해 홍수가 나고 물이 불으면서……"

"…… (Ø2) 처녀의 집이 물에 떠내려 갔겠군요?"

"아니 어떻게 ……"

위의 담화에서는 많은 종류의 생략이 나타난다. 그 중에서 형태적 동일성에 의한 생략만을 살펴보기로 하겠다. (96)에서는 구정보인 '짧은 글짓기'가 모든 발화에서 생략되었다. 이는 형태적 동일성에 의한 것으로, 맥락으로 보아 그 중요성이 '짧은 글짓기를 했다'보다는 '어떤 내용이었는가'에 초점이 놓였기 때문이다.

(97)에서도 선행발화에서 언급된 대상들을 언표화하지 않고 있다. 그것은 이들이 이미 앞에서 발화된 구정보이기 때문이다. Ø1의 경우는 '부잣집 아들이', Ø2의 경우는 '홍수가 나고 물이 불으면서'로 선행발화와 동일하다. 계속되는 발화에서 이들 요소가 생략된 것은 뒤에 이어지는 내용에 의미의 초점이 놓였을 뿐만 아니라, 이들을 생략함으로써 신속한 정보전달을 꾀할 수 있었기 때문이다. 물론 그렇게 하는 것이 결속성도 강화할 수 있다.

나. 의미적 동일성에 의한 생략

의미적 동일성에 의한 생략은 형태적 동일성에 의한 생략과 거의 동시에 나타나는 경우가 많다. 그러나 의미적으로 동일하다고 해서 반드시 형태적 동일성을 수반하는 것은 아니다. 의미적으로는 같은 대상을 언급하더라도 형태적으로는 얼마든지 다르게 복원될 수 있기 때문이다.[36]

이 텍스트에서 나타나는 의미적 동일성에 의한 생략을 들어 보면 다음과
같다.

(98) "이런 …… 가물섬 사람이 동승하니까 나도 <가물섬>이라네? 지도상의 행
정명칭은 <현사도>입니다. 우리도 이 이름으로 부릅니다. 하지만 인근 도
서의 등대수들은 <가물섬>이라는 이름을 더 좋아합니다. 유간수 등대가 있
는 무인도죠."
"유간수 등대가 있으면 그게 어떻게 무인도가 됩니까? 등대지기는 사람도
아니라는 말인가요?"
"편의상 그렇게 부릅니다. 등대수만 있을 뿐 주민은 없다는 뜻입니다. 마침,
저기 나오네요."

(99) "독살에 갈치도 들 텐데?"
"(∅) 들어요."
"그러면 (∅) 말려서 갈치포 만들면 되지."
"(∅) 맛이 안 난대요. 옛맛이 ……"

위의 담화를 보면 생략된 대상은 의미적으로 동일한 요소들이다. (98)
의 경우는 '가물섬' 혹은 '현사도'가 발화에서 지속적으로 생략되고 있다.
화자에 따라서 가물섬의 의미가 때로는 현사도의 의미로 인식되어 생략
했을지라도, 의미적으로는 모두 동일한 섬을 가리킨다. (99)에서는 선행
발화에서 언표화된 요소가 구정보화됨에 따라 생략되었는데, 의미적으로
는 동일한 기능을 수행하는 것이다. 모두 '독살에 든 갈치' 정도의 구정
보로 복원이 가능하기 때문이다.
이처럼 의미적 동일성은 청·화자가 생략대상에 대해 갖는 인지적 의

---

36) 이들의 관계를 구조화하면 다음과 같이 '형태적 동일성≤의미적 동일성'이 된다.
즉 형태적 동일성은 의미적 동일성에 반드시 포함되는 부분집합의 관계이나 의
미적 동일성은 형태적 동일성과 같을 수도 있고 그렇지 않을 수도 있다.

존도나 맥락에 의거해 다른 형태로 복원된다. 이를테면 같은 의미대상을 가리키지만 발화자의 발화의도와, 생략대상에 대한 인지정보의 차이에 따라 다른 형태로 복원이 가능하다. 다음의 예문을 더 보도록 하자.

(100) "아까 그 영감과 무슨 이야기를 그렇게 진진하게 했습니까?"
　　　 "(∅) 눈물겨운 사연을 들었지요."
　　　 "그 영감, 혹시 춘자 이야기 하지 않던가요? 춘자 이야기 잘하는데 ……"
　　　 "(∅) 춘자 이야기가 아니라 옥자 이야기를 합디다. 가슴이 뭉클하다 못해 아프기까지 하던데요. ……"

(101) "무인도 등대 간수들도 옛날에는 살짝살짝 마실 다녔어요. 바다가 미치면 표지선이 피항하는 일도 있고 ……"
　　　 "등대지기가 마실을 다녀요? 몇 시간 뱃길인데 ……"
　　　 "(∅) 표지선이 도와주지 않으면 못하죠. 사람이 사람 안 만나고 어찌 사나요. 다녀야 살지."

(100)과 (101)의 생략정보는 의미적 동일성에 의한 경우이다. (100)의 경우 선행화자에게는 '그 영감'으로 발화된 대상이 후행화자인 주인공에게는 '영감님' 혹은 '등대지기' 등으로 복원된다. 선행화자와 영감 사이에 형성된 친밀도가 후행화자에게는 없기 때문이다.

(101)에서도 선행화자에게는 '무인도 등대 간수'가 후행화자에게는 '등대지기'로 발화된다. 역시 의미적으로는 동일한 대상을 지시하지만 그 복원형태는 다르다. 이는 발화자의 의도나 발화맥락에 따른 것이다. 맥락은 발화에 관계된 모든 동적·정적 요소들의 결집이기 때문에, 맥락에 의해 같은 대상도 이처럼 달리 언표화될 수 있다. 그래서 생략정보를 복원하는 데 있어서 이러한 맥락정보가 반드시 수반되어야 한다.

다. 형태범주의 동일성에 의한 생략

형태범주의 동일성에 의한 생략은 맥락정보와 상황정보에 크게 의존한다.[37] 그렇기 때문에 선행발화에서 언표화된 요소만 생략되는 것이 아니라, 상황정보나 인지정보를 바탕으로 추론 가능한 요소들까지 생략된다. 여기에서의 생략요소는 선행정보와 완전한 동일성을 갖기보다는 범주상에서 동일성을 획득한다. 이와 같은 생략이 이 텍스트에서도 빈발하고 있다. 그 실태를 보면 다음과 같다.

> (102) "…… 겁이 없으신가봐요."
>
> "어떻게 아시고 ……(Ø)"
>
> "담뱃불이 보였어요. 이런 데서는 불빛이 멀리 가요."

> (103) "어떻게 내 방에 들어갔는지 조금도 기억이 나지 않아요. 초면에 혹 실수 같은 것이라도 하지 않았는지 …… (Ø1)"
>
> "…… (Ø2) 많이 했어요."[38]
>
> "정말 미안합니다만. 대체 어떤 실수를 했는지 …… (Ø1)"
>
> "…… 어제 밤에 실수 안 한 사람 없어요."
>
> "구체적으로 …… (Ø3)"
>
> "(Ø4) 어쩌시게요?"
>
> "부끄러워도 (Ø4) 알아야 하지 않겠어요?"

위의 예를 보면 형태범주의 동일성에 의한 생략이 빈번히 일어나고 있

---

37) 김태자(1993)에 의하면 맥락은 담화전개에서 의미분석을 위해 반드시 필요한 요소이다. 그러한 맥락의 자질을 세분하면 언어적 요소와 상황적 요소 및 사회 관계적 요소가 된다. 언어적 요소는 형태·연결성·정보·화제 등이고, 상황적 요소는 상황·의도 및 배경의 범주이다. 그리고 사회 관계적 요소는 위치·나이 관계 등을 말한다.

38) 물론 이 경우 Ø2는 형태적 동일성에 의한 생략유형으로 간주할 수 있다.

다. 동일성을 획득한 구체적인 구정보가 제시되지는 않았지만, 담화맥락을 바탕으로 범주적 차원에서 생략정보를 추론할 수 있기 때문이다.

(102)의 경우 생략정보 Ø는 '겁이 없다고 하세요'일 수도 있으나, 그 외의 형태범주의 동일성에 의거해 '그렇게 말씀하세요?' 등의 용언범주에 해당하는 생략정보의 추론도 가능하다.

(103)의 경우에도 Ø1은 '궁금해요, 말해주세요' 정도의 용언 범주를, Ø2는 '어젯밤에 한 실수' 정도로, Ø3은 '제가 어떤 실수를 했나요? 어떤 잘못을 저질렀나요? 말해주세요' 등의 발화범주로, Ø4는 '제가 한 실수, 잘못' 정도의 체언범주로 추론이 가능하다. 물론 이러한 생략정보의 추론은 상황맥락을 바탕으로 한 것이다. 다음의 예문을 더 보자.

> (104) "왜 말을 못해요? 걱정할 게 뭐 있나요?"
> "미안해요. 괜한 걸 물었군요. 궁금해서 …… (Ø1)"
> "묻는 게 직업이라면서요? 우리는 궁금한 것 없어요. 사는 것처럼 살아야 궁금한 것이 많을 텐데 …… (Ø2). 무인도에서는요. 살아있다고 생각하고는 못 살아요."

위의 예문에서도 형태범주에 의한 생략정보의 복원이 여러 차례 일어나고 있다. Ø1의 경우 '견딜 수가 없었어요, 물어봤어요, 질문했어요' 정도의 용언범주에 해당하는 생략정보를, Ø2의 경우는 '우리는 그렇지 못하거든요, 사람처럼 살지 못하거든요' 정도의 생략정보를 추론할 수 있다. 물론 이러한 정보의 복원과 추론은 모두 맥락에 의한 상황정보와 청·화자의 인지정보에 의존한 것이다.

앞에서 이미 살펴보았던 형태적·의미적 동일성에 의한 생략이 주로 언어정보에 의해 생략정보의 추론이 가능하다면, 형태범주·의미범주의 동일성에 의한 생략은 상황정보나 인지정보에 의해 생략정보의 추론이 가능하다.

라. 의미범주의 동일성에 의한 생략

의미범주의 동일성에 의한 생략은 형태범주의 동일성에 의한 생략과
병행하여 일어나는 경우가 많다. 물론 형태범주와의 관계는 '형태범주≤
의미범주'를 형성할 수 있다. 의미범주의 동일성에 의한 생략은 생략정
보가 맥락상 비슷한 의미를 함의할 때 실현된다. 특히 현대국어처럼 다
양한 언어현상을 내포하고 있는 경우는 의미범주의 동일성에 의한 생략
이 더욱 빈번히 일어난다. 이 텍스트에서 그러한 실상을 확인해 보도록
하겠다.

> (105) "어른신께서는 뭘 물어도 대답을 않으시던데 …… 작년에 이 섬으로 다시
>   들어오셨다지요?"
>   "(Ø) 묻지마세요."
>   "결혼하면서 뭍으로 나가신 건가요?"
>   "묻지 마시라니까요. 과거는 ……"

> (106) "웃도리에 삼베 쪼가리를 붙이고 계시던데 …… 복 입었다는 거. 나도 알아
>   요. 언제 …… (Ø1)"
>   "(Ø1) 겨우 한 주일밖에 안 됩니다. 복상한 지 한 주일밖에 안 되는 상주가
>   한심하게도 …… (Ø2)"
>   "나도 잘은 모르지만 …… (Ø2) 한심할 거 없어요."

위에서 보면 담화가 전개되는 처음부터 끝까지 의미범주의 동일성에
의한 생략이 일어나고 있다. 물론 이들 생략정보의 복원은 상황맥락에
의거해 가능하다.

(105)의 경우 생략정보는 '나에 대해서는, 과거에 대해서는, 작년에 이

섬에 들어온 것에 대해서는' 등으로 추론이 가능하다. 물론 의미적으로 모두 여자 '박검이'의 과거사로 규정되는 것이다.

(106)도 상황맥락에 의한 의미범주의 생략이 나타나고 있다. Ø1은 '상을 당하셨어요?, 복을 입으셨어요?, 그런 일을 치르셨어요?' 등이, Ø2의 경우는 '이런 실수를 했군요, 이런 잘못을 저질렀군요' 등이 복원될 수 있다. 물론 의미적으로 동일한 범주에 속하기 때문에 가능한 것이다. 다음의 예문을 더 보도록 하자.

    (107) "장편소설 쓸 일 있어요? 사진 찍으신다더니 …… (Ø)"
        "사진에도 사연이 깃들여야 하잖아요?"

(107)의 담화 역시 의미범주의 동일성에 의한 생략이 나타난다. 그래서 상황맥락을 바탕으로 선행화자가 생략한 정보를 짐작할 수 있다. 이를테면 '별걸 다 묻네' 혹은 '거 참 귀찮게 꼬치꼬치 물으시네' 등으로 복원하여 발화자의 귀찮아하는 의도나, 아니면 너무 자세히 묻는 것에 대하여 핀잔을 주려는 의지를 추론할 수 있다.

4.2.2.2. 〈울도 담도 없는 집〉에 나타난 생략의 특성

<울도 담도 없는 집>은 현대국어의 실제 언어현상을 상당수 반영하고 있다. 실제로 최근에 와서는 문학텍스트에서 구사하는 담화가 실제 언어현상을 그대로 반영하여 간혹 비문법적이거나, 지나친 생략으로 의미파악에 어려움을 겪는 경우도 있다. 그렇기 때문에 비언어적인 상황적 요소가 때에 따라서는 언어적 요소보다도 더 명확하게 화자의 발화의도를 전달하는 경우도 발생하게 된다.

<울도 담도 없는 집>에 나타나는 담화는 현실담화를 거르지 않고 그 대로 반영하고 있다. 따라서 여기에서 나타나는 생략은 우리의 언어생활에서 보이는 생략과 큰 차이가 없는 것으로 판단된다. 이 텍스트에서 나타나는 생략의 특성을 들어 보면 다음과 같다.

첫 번째로, 이 텍스트에서는 레마 정보만을 단독으로 제시하는 경우가 많다는 점이다. 즉 구정보와 신정보로 비유되는 테마와 레마에서, 주변정보로 인식되는 테마적 요소를 모두 생략하고 오로지 레마에 해당하는 관심 정보만을 간략히 제시하는 것이다. 이는 더 신속한 정보전달을 염두에 둔 현대인의 발화심리가 반영된 결과이다. 그래서 문법적인 일탈현상까지 초래하기도 하지만, 이러한 현상은 실제 언어생활에서 빈번히 나타나는 현상이다. 이 텍스트에서도 그 실태를 확인할 수 있다.

> (108) "가물도에는 언제 오셨어요?"
> "4년 되었어."
> "그 전에는 ……"
> "격렬비도 ……"
> "몇 군데나 다니셨어요?"
> "안 가본 데가 없어."
> "그러면 총 근무연수는요?"
> "30년 넘었어."
> "부인 이야기 여쭤워도 ……"
> "…… 말아요."

위의 담화를 보면 대부분 레마만으로 이야기가 전개되고 있다. 말하자면 화자는 청자에게 지속적으로 질문을 하고, 청자는 이에 대응해 원하는 신정보만을 간단하게 제시하고 있다. 이렇게 속도감있는 담화전개로 보아 이 상황의 삭막함을 알 수 있거니와 둘 사이의 소원한 관계까지 확인된다. 그렇지만 이는 역설적으로 원하는 정보를 정확하게 전달하는 효과를 거둔다. 실제로 현대의 언중은 테마와 레마의 병치보다는 레마만으로 이루어진 정보를 더욱 선호하고 있다. 이것은 급박해진 현대인들의 정서를 반영한 언어현상이기도 하다. 다음의 예문을 더 보자.

(109) "등대에 사는 사람들은 울 막고 담 치고 살고 싶어하나요?"
　　 "아이고 끔직해 ……"
　　 "끔직하다뇨?"
　　 "무인도에서 태어나 무인도에서 자란 사람에게는 ……"

(110) "따님이 밤중에 이렇게 다녀도 어른신께서 걱정하시지 않나요?"
　　 "누가요?"
　　 "어르신"
　　 "아니고 …… 누가 밤중에 나다녀요?"
　　 "따님 ……"
　　 "걱정할 게 뭐있어요?"
　　 "……"

위에서 보면 신정보만으로 간단하게 담화를 전개하고 있다. (109)의 경우는 선행화자의 발화는 생략하고, 후행화자의 발화의도인 '끔직해'만을 제시한다. 즉 이전 정보는 이미 알고 있고, 또 발화자의 의도도 그 내용에 대한 자신의 감정 제시이기 때문에 언급하지 않은 것이다. 그러다가 마지막 발화에서는 '끔직해'의 주체인 '무인도에서 태어나고 무인도에서 자란 사람'만을 언급함으로써 그 주체에 대한 강조의 효과까지 거두고 있다.

(110)에서도 선행화자의 질문에 대하여 후행화자는 간단한 레마 정보만을 제공한다. 만약 이전 발화에서 언급된 것을 발화자가 새롭게 언표화했다면, 이는 이미 테마가 아닌 레마로서 기능하게 된다. 이를테면 같

은 언어적 발화체라 하더라도 기존의 발화에 또 다른 의미가 첨가되는 것이다. 그렇지 않고 완전히 같은 언어정보라면 굳이 발화를 고집할 이유가 없다. 따라서 여기서 제시되는 정보들 '어르신, 따님'은 발화자에 의해 또 다른 의미가 첨가된 레마가 되는 것이다. 즉 구정보인 '어르신, 따님'이 아니라 '구체적인 행동주'로써 신정보화되어 제시된 것이다. 이는 새로운 언어정보가 부가되지는 않았을지라도 발화자의 발화의도의 첨가와 상황정보의 가세로 또 다른 레마로써 기능하는 것이라 하겠다.

두 번째로, 이 텍스트에서는 주어 생략이 많다는 점이다. 이는 한국어의 특징에서 기인한 것이기도 하지만, 여기에서의 주어 생략은 발화자가 대부분 주어와 일치하기 때문이기도 하다. 실제로 이 텍스트에서 주어를 생략하지 않으면, 담화상황에서 어색한 분위기가 조성될 수 있다. 다음의 인용문을 보도록 하자.

(111) "독살에 갈치도 들 텐데?"
"들어요."
"그러면 말려서 갈치포 만들면 되지."
"맛이 안 난대요. 옛맛이 ……"

(112) "…… 기자 양반이셔. 등대 사진 찍으러 가신대."
"나는 또 …… 검문소 형사인 줄 알았네."
"형사 보면 가슴 무너져 내릴 일 있어?"
"없어요. 그럼"

(111)과 (112)에서 보면 일반적인 주어나 주체자에 해당하는 언어요소가 모두 생략되었다. 이 담화자료뿐 아니라 거의 대부분의 발화가 이런 방식으로 이루어진다.

반면 (112)의 '나는 또 ……'에서 발화된 주어 '나'는 색다른 의미 기능을 수행하기 때문에 실현되었다. 즉 '검문소의 형사가 보고 놀라는' 주체로서의 '나'인 것이다. 따라서 이러한 경우 주어는 생략되지 않는다. 이는 이 주어가 신정보로 기능하기 때문이다.

세 번째로, 이 텍스트에서는 생략이 텍스트의 심층결속성을 강화하여 정보성을 상승시키고 있다는 점이다. 생략기제는 결속성의 상승이나 정보성과는 아주 밀접한 관련을 맺는다. 물론 이 텍스트에서도 생략기제의 원활한 사용으로 심층결속성이 강화됨은 물론, 정보성까지 상승시키는 효과를 거두고 있다. 이 심층결속성은 표층결속성과는 달리 화용적 요소로서 담화의 주제와 관련된다. 즉 하나의 화제를 중심으로 긴밀하게 엮이는 관계를 심층결속성이라 할 수 있는데,[39] 생략은 담화 주제를 견고하게 연결시키는 기능 때문에 심층결속성을 상승시킨다. 다음의 예문을 보자.

> (113) "아까 그 영감 무슨 이야기를 그렇게 진진하게 했습니까?"
> "눈물겨운 사연을 들었지요."
> "그 영감 혹시 춘자 이야기 않던가요? 춘자 이야기 잘 하는데 ……"
> "춘자 이야기가 아니라 옥자이야기를 합디다. 가슴이 뭉클하다 못해 아프기까지 하던데요 ……"

> (114) "내가 업어다 눕혔어요."
> "…… 검이씨가요?"
> "계장님이 나보고 그러라시대요."
> "……"
> "옷도 내가 벗겨 드렸어요. 됐어요?"
> "미안하군요. 그럴 때가 아닌데 ……"

---

39) 노석기(1990)에서는 결속성에 대해 담화화제를 긴밀하게 연결하는 것으로 파악하고, 이러한 결속성을 수행하는 결속표지로서 대용(유표대용과 무표대용), 되풀이, 접속어, 상황 결속을 제시한다. 이 중 생략은 무표대용에 해당하는데, 노석기에서는 동일형태의 변형으로 처리하였다.

(113)과 (114) 역시 담화 주제로 연결된 긴밀성에 의해 심층결속성이 강화되고 있다. (113)에서는 옥자이야기에 해당하는 것만을, 그리고 그 이야기를 듣고 난 후의 청자의 감정만을 제시한다. 생략이 담화 주제를 다른 곳으로 벗어나지 않도록 한 곳으로 결집시킴을 알 수 있다.

(114) 역시 업어다 눕힌 검이의 행동만이 제시된다. 이후에도 검이의 행동만이 연속적으로 제시될 뿐 부수적인 연결고리는 어떠한 것도 없다. 그러나 이야기의 전개가 담화 주제에서 벗어나지 않기 때문에 오히려 심층결속성을 강화하고, 신정보를 속도감 있게 전달하여 정보성의 상승 효과도 거두고 있다.

4.3. 현대희곡에서의 생략

이 절에서는 현대희곡 텍스트를 대상으로 생략의 실제와 특성에 대하여 살펴보도록 하겠다. 잘 아는 것처럼 희곡은 다른 문학장르와는 달리 등장인물의 대사와 행동만으로 사건이 전개된다. 따라서 전체 텍스트가 담화형태로 조직되게 마련이다. 이러한 텍스트 구조는 일상적인 담화와 가장 유사하기 때문에, 이들을 분석하면 당시의 언어현상도 조망할 수 있다.

희곡은 소설과 같은 서사 장르이기는 하나 소설보다는 더 구어적인 발화를 요청한다. 그것은 텍스트 전체가 등장인물의 발화로 이루어지기 때문이다. 따라서 희곡 텍스트에 나타나는 생략에 대해 살피면, 우리의 실제 언어생활에서 나타나는 생략의 특징을 살피는 방법이 될 수 있다. 이에 앞에서 논의한 소설 텍스트에서와 같은 방법으로 두 작품의 희곡 텍스트를 선정하여 각각의 텍스트에 나타나는 생략의 유형과 기능 및 특성에 대하여 검토하기로 하겠다. 분석 텍스트로는 오영진의 <살아있는 이중생 각하>와 고성주의 <부평초>를 선정하였다.

오영진의 <살아있는 이중생 각하>는 1940년대 전후의 언어현실을 잘 반영한 텍스트이다. 이 텍스트는 장르의 성격상 전체가 대화로 조직되어 있다. 이것은 당시의 언어현실을 충실히 반영한 것으로, 그곳에 나타나는 생략에 대한 논의는 결국 실제 담화에서 나타나는 생략을 살피는 결과가 될 것이다.

고성주의 <부평초>는 1990년 이후의 언어현실을 여실히 반영한 텍스트이다. 이는 현재의 언어생활에서 나타나는 생략현상을 살피는 데 좋은 자료가 될 수 있다. 실제로 이 텍스트에서 구사하고 있는 대사는 현재의 언어현실을 두루 반영한 것이기에 현실언어에서 나타나는 생략을 살피는 데 적합한 자료이다.

4.3.1. <살아있는 이중생 각하>의 경우

오영진의 <살아있는 이중생 각하>는 1949년 발표된 희곡작품으로 3막 4장으로 구성되어 있다. 이 텍스트는 매판자본가가 해방 직후 겪는 파탄의 과정을 극화한 것으로, 당시로서는 시사성이 컸던 작품으로 평가된다. 매판자본가 이중생은 해방이 되자 자신의 친일행위를 반성하기는커녕 미국인에게 붙어 돈을 벌려다 오히려 사기 혐의로 감옥에 갇힌다. 보석으로 풀려난 이중생은 사위인 송달지에게 재산을 모두 넘기고 자살을 위장하나, 이에 속아 넘어가지 않은 수사관들은 그 재산을 의료사업에 기부하게 한다. 결국 이중생은 자신의 초상날에 뜻하지 않은 자살을 기도하게 된다는 해학과 풍자로 일관된 텍스트이다.

이 텍스트가 당시의 시대 상황을 여실히 반영하고 있을 뿐만 아니라, 해방 이후의 언어현실을 대변하는 작품이라는 점에서 분석 대상으로 선정하였다.

4.3.1.1. 각 유형에 따른 생략현상

가. 형태적 동일성에 의한 생략

앞에서 말한 것처럼 형태적 동일성에 의한 생략은 선행정보와 형태적으로 동일할 때 실현된다. 이때 생략되는 요소는 이미 정·화자 사이에서 구정보화된 것이거나 담화전개에 있어서 초점화되지 못하는 정보이다.[40] 이와 같은 현상은 <살아있는 이중생 각하>에서도 쉽게 확인된다. 다음의 인용문을 보자.

(115) 어멈 : 기집애들이 여기 있으면서두 대답을 안 해. 용석 아버지 좀 찾아와, 마님께서 떡치신다구 (Ø1) 부르신다.

　　　 복순 : 용석 아버지 심부름 갔어요.

　　　 옥순 : (Ø1) 숙수쟁이 데릴러 숙수쟁이 집에 갔는데, 뭐.

　　　 어멈 : (Ø1) 미쳤다구 와 있는 숙수쟁이는 어쩌구 숙수쟁이 데릴러 숙수쟁이 집엔 간단 말이냐.

　　　 옥순 : 마님께서 숙수쟁이 집에 가서 숙수쟁이 데리구 오라니까 (Ø1) 숙수쟁이 집에 갔지 뭐유.

　　　 어멈 : 숙수쟁이 집에 와 있는 것 왜 마님이 숙수쟁이 데리러 (Ø1) 숙수쟁이 집에 보냈단 말이냐.

　　　 옥순 : 그야 마님이 숙수쟁이 집에 온 줄을 몰랐으니까 (Ø1) 숙수쟁이 집에 가랬지, 그치, 애?

---

40) 간혹 구정보일지라도 생략되지 않는 경우가 있다. 이러한 경우 구정보는 화자가 청자에게 구정보와 관계하여 무엇인가 특별한 발화의도를 드러낼 때이다. 그러한 경우를 제외하면 일반적으로 구정보는 발화되지 않는다.

(115)의 담화에서 '용석 아버지'는 처음 화자의 발화에서 언급된 이래 연속적으로 생략되고 있다. 이는 담화전개에 있어서 이미 구정보화되어 더 이상 초점정보가 되지 못하기 때문이다. 오히려 생략함으로써 '용석 아버지가 숙수쟁이를 데리러 간 행위' 자체가 초점 요소로 반복하여 나타나고 있다.

그런데 '숙수쟁이를 데리러 간 행위'가 생략되지 않고 연속하여 발화되는 것은 발화자의 발화의도가 개입된 것으로 보아야 한다.[41] 담화 참여자들도 용석 아버지보다는 그가 숙수쟁이를 데리러 간 행위 자체에 초점을 맞추었기 때문이다. 다만 이때 '용석 아버지'의 연속적인 생략은 형태적으로나 의미적으로 동일한 요소이다.

한편 두 번째 화자인 복순의 발화에서 '용석 아버지'가 구정보임에도 불구하고 언급된 것은, 복순이가 가지고 있는 발화의도 때문이다. 이를테면 심부름을 간 사람이 바로 용석 아버지라는 것을 드러내는 일종의 강조 심리의 발현인 셈이다. 이렇게 형태적 동일성에 의한 생략은 아주 기본적인 유형이기에 이 텍스트 전체에서 빈번하게 실현되고 있다. 다음의 예문을 더 보자.

(116) 우 씨 : (달지에게) 자넨 학생 땜부텀 (∅1) 여러 번 드나들었으니 잘 알겠구면.

송달지 : 뭐, (∅1) 밖에서 생각하기 보담은 편하죠.

하 주 : 당신은 자기 생각만 허구 그렇지만 아버지 같은 분이 어떻게 하루 이틀도 아니고 한달을 유치장 살이를 한단 말이오. (∅1) 콧구멍만

---

41) 반 다익에 의하면 텍스트의 표층결속성을 달성하기 위해서 반복표현의 회기법을 사용하는데, 이것은 한 텍스트 내에서 앞서 사용된 발화체가 다시 나타나는 것을 말한다. 이러한 회기법의 사용은 표층결속성과 심층결속성을 위한 기제이지만, 지나치게 사용할 경우 오히려 정보성을 저하시키기도 한다.(이현호, 1994 : 33)

한 방에 열명, 스무 명을 구겨 놓구 뒷간두 방안에 있다는구려. 그
렇죠?

　(116)의 예에서도 구정보인 '유치장'이 여러 차례 생략되고 있다. 그러
나 이에 대하여 담화 참여자들은 이미 공유된 정보체계를 바탕으로 추론
할 수 있기에 문제가 되지 않는다. 다만 하주의 발화에서 '유치장 살이'
가 언급된 것은 이전 생략정보와는 다른 주관적 감정의 덧붙임에 따른
것이다. 즉 하주의 아버지가 유치장 살이를 하는 것에 대한 안타까운 감
정까지를 얹어서 발화한 것이다. 그러한 까닭에 일부 발화되었을 뿐이고,
나머지 담화에서는 객관적 의미의 대상이기에 생략되었다.

나. 의미적 동일성에 의한 생략

　앞에서 살핀 바와 같이 의미적 동일성에 의한 생략은 생략정보가 의미
적으로 동일할 경우에 나타나는데, 때로는 형태적 동일성과 함께 실현되
기도 한다. 따라서 형태적 동일성에서 예로 든 것들은 의미적 동일성까
지 병행되는 경우가 많다. 그 외에 의미적 동일성에 의한 생략의 예를 더
들어보면 다음과 같다.

(117) 박씨 : 그럼 형님, 집엣것들 저녁상이나 차려 주군 곧 오리다. 집에서들은
　　　　　　명일날이나 온 줄 알겠군. 호호 …… (다다미방을 들여다보고) 그저
　　　　　　세상 떠난 분 하나 불쌍하시. (Ø1) 소곰만 참으셨던들 아드님두 만나
　　　　　　실걸. 그래도 천도가 무심치 않지. (Ø2) 돌아가신 아버님이라도 한
　　　　　　번 보라구 장례 전으로 들어스게 되니 이게 하느님 인도가 아니구
　　　　　　뭐유? 에그 저 사위 양반은 얼마나 고단하길래 저렇게 앉은 채 꾸벅
　　　　　　꾸벅 졸구 있을까?
　　　우씨 : 그럼 곧 다녀와요. 난 아우님 없인 못 살어. (Ø3) 내 이 은혜는 꼭 갚
　　　　　　을 테니.

(117)의 예를 보면 박씨의 발화에서 처음에 언급된 '세상 떠난 분'이
이후의 발화에서는 실현되지 않는다. 같은 의미대상일 뿐만 아니라, 그것
에 의미의 초점이 놓이지도 않았기 때문이다. 말하자면 그 사람이 죽었
다는 사실이 초점화되었기 때문에 발화하지 않아도 정보파악에 있어서
문제가 되지 않는다.

'아드님' 역시 처음에 발화된 이후 언표화되지 않고 있다. 우씨의 발화
에서도 '아우님'이 다음 발화에서 생략되고 있다. 이는 화자의 발화초점
이 '은혜는 꼭 갚는다'에 놓여 있기 때문이다. 같은 의미대상을 생략하고,
화자의 행동과 발화의지만을 표면화한 것이다. 그렇게 함으로써 부가적
으로 강조의 효과까지 얻게 된다. 다음의 예문을 더 보도록 하자.

(118) 이중생 : 관청에선 아무도 안 왔지?
　　　　송달지 : 아직 아무도 …… (∅1).
　　　　이중생 : 예끼, 고약한 놈들! 올 놈들은 아니 오고 ……. 엥이, 제 아무리 인
　　　　　　　　정이 백지장 같기루 내가 죽었다는 통지를 받구도 한 놈 얼씬 않
　　　　　　　　는다? 어디 두고 봐라. 엊그제꺼정두 내 앞에서 알쫑거리구 꼬리
　　　　　　　　를 쳤던 놈들이 오늘에 와서는 딱 돌아선다? 인젠 알아볼 때가 있
　　　　　　　　으렷다. 내가 다시 살아나구 볼지경이면 ……. 에익, 괘씸한지고.
　　　　　　　　하식이두 아직 안 들어오구?
　　　　송달지 : 네, (∅2) 하연이가 마중 나갔습니다만.
　　　　이중건 : 하식이에게두 전후사를 잘 타일러 두게. 탈짐이 나지 않게.

(118)의 담화에서도 의미적 동일성에 의한 생략이 빈번히 일어나고 있
다. 처음의 ∅1에서는 선행발화 '아무도 안 왔지'가 구정보화됨에 따라 생
략되었는데, 계속된 발화에서도 의미적 동일성이 획득되어 생략한다. ∅2
역시 선행발화에서 언표화된 '하식이'를 의미적 동일성에 입각하여 생략
하고 있다. 이러한 것들은 발화상에서 이미 그 중요성을 상실했기 때문

에 언표화하지 않는 것이 더 유리하다. 만약 구정보이거나 비초점정보임에도 불구하고 발화하였다면, 새로운 의미 기능이 첨가된 경우이다.

> (119) 김의원 : 그럼 영감께서는 (Ø1) 운명하시는 걸 보셨구면요?
> 이중건 : 그럼요, (Ø2) 내가 눈을 감겼죠. 경동맥으로 면도칼을 싹둑 잘러버렸는걸.
> 김의원 : (Ø1) 경동맥으로 면도칼을 잘러요?
> 최변호사 : 헛, 헛 ……. 취하셨군. (Ø3) 면도칼로 경동맥을 끊었지.
> 이중건 : 어, 참 …….

(119)에서는 생략대상이 이중건인데, 이것이 생략된 것은 의미적으로 동일성을 획득하였기 때문이다. 그러나 문맥에 의해 그리고 이중건과 발화자와의 관계에 의해 생략정보의 복원은 모두 달라지게 된다. 즉 Ø1에서는 '이중건 씨' 정도로, Ø2에서는 '동생'이나 '그 사람' 정도로, 그리고 Ø3에서는 '고인'이나 '이중건 씨' 정도로 복원형태가 다르게 된다. 이렇게 의미적으로는 동일한 대상이 발화자와의 관계에 의해 다른 형태로 복원되는 것이다.

다. 형태범주의 동일성에 의한 생략

앞에서 살펴본 것처럼 형태범주의 동일성에 의한 생략은 반드시 같은 요소는 아니지만, 형태상으로 같은 범주에 속하는 요소를 생략하는 깃이다. 이를테면 상황에 따라서 형태상으로 같은 맥락에 속한다고 해석되는 요소, 즉 완전히 같은 지시물을 의미하지는 않지만, 그 지시물의 범주에 들어간다고 간주되는 요소를 생략하는 것이다. 이와 같은 생략은 이 텍스트에서도 쉽게 확인된다. 다음의 예문을 보자.

(120) 용석아범 : 불러 계십쇼?

　　　이중건 : 거 어디 가져가는 거야?

　　　용석아범 : 아까부텀 바깥 사랑 손님이 찾으십니다.

　　　이중건 : 여기도 정갈히 한 상 봐 오게.

(120)에서는 생략정보가 주안상이다. 그러나 용석아범이 가져가는 주안상과 이후 이중건이 요구하는 주안상은 같은 주안상이 될 수 없다. 말하자면 동종의 사물일 수는 있지만 동일물이 될 수는 없다. 동종의 주안상을 의미한다는 측면에서 이는 형태범주의 동일성에 의한 생략이다. 다음의 예문을 더 보자.

(121) 이중건 : 그러니 콸콸 솟는 피가 뽐뿌 수도 같을 수밖에 ……. 여기두 피, 저기두 피, 왼통 방 안이 피바다가 됐지. 앉은 데가 다 핏자리야.

　　　홍주사 : 이 자리가요 ……? 으째 으스스허다. 술이 깨는 모양이군. 이거, 으째 두고보니 좌불안석인걸 …… (∅).

　　　김주사 : 홍주사, 인젠 일어서 보지 않으려우? 난 집에 조카 놈이 온다구 한 걸. (∅)

　　　홍주사 : 어, 나두 참 깜박 잊었군. 오늘 반상회가 있는걸. (∅)

(121)의 예문에서도 형태범주의 동일성에 의한 생략이 빈번히 일어난다. 그래서 위 담화에 나타나는 생략정보 ∅는 각기 비슷한 형태로 복원될 수 있다. 이를테면 '여러 가지 이유로 집으로 돌아간다'거나, '이제 그만 자리에서 일어난다'거나 하는 등의 용언형태로의 복원이 가능하다. 이렇게 형태적으로 동일한 범주의 요소가 복원된다는 측면에서 형태범주의 동일성에 의한 생략이라 하겠다.

라. 의미범주의 동일성에 의한 생략

의미범주의 동일성에 의한 생략은 상황성과 결부되어 나타난다. 그래서 상황맥락에 의해 생략정보를 추론하거나, 동일 범주적 개념으로 이해되어야 한다. 이러한 생략현상은 현대국어로 올수록 두드러지는데, <살아있는 이중생 각하>에서 그 실태를 살펴보면 다음과 같다.

> (122) 이중건 : 너 여기가 어디라구 어슬렁어슬렁 기어 나와!
>   송달지 : 손님들이 많으신데! 어쩌실려구 ……(∅).

(122)에서의 생략정보는 선행화자 이중건이 발화한 '어슬렁어슬렁 기어나와'에 해당된다. 그러나 후행화자가 생략정보를 복원할 때는 이와는 다른, 말하자면 의미범주상으로만 비슷한 내용이 될 수밖에 없다. 그래서 '밖으로 나오십니까?' 정도로 추론이 가능하다. 그것은 송달지와 이중건이 행위의 주체자인 이중생과의 사회적·감정적 거리가 다르기 때문이다. 그렇지만 발화내용이 의미적으로 동일 범주에 속하는 것임은 물론이다. 다음의 인용문을 더 보도록 하자.

> (123) 하 주 : 여보, 당신은 뭣이 잘났다구 챙견했수?
>   송달지 : 누가 하겠다는 걸 시켜 놓구 이래? (∅1) 이런 탈바가지를 억지로
>   씌워 논 건 누군데? (∅1)
>   하 주 : 누가 당신더러 무료 병원 이얘기하랬소?
>   송달지 : (∅2) 하면 어때? 난 의견두 없구 생각두 없는 천치 짐승이란 말야?
>   난 제 이름 가지구 살 줄 모르는 인간이구? 왜 사람을 가지구 볶
>   으는 거야.
>   하 주 : 그러구두 잘 했다구 되려 야단이야? 우리집 망치구 뭣이 부족해서.
>   천치.
>   하 식 : 누님

하 주 : 천치지 뭐야. 바본 바본 척 입이나 다물구 있으문 좋지 않어!
송달지 : (하주의 뺨을 갈기며) 이것이? (∅3)
하 연 : 어마, 형부가! (∅4)

(123)의 예문 역시 담화가 전개되면서 의미범주의 동일성에 의한 생략
이 지속되고 있다. 첫 번째 송달지의 발화에서 ∅1은 '이제 와서 나에게
뭐라고 하는 거야' 정도의 의미가 두 번 생략된다. 이는 맥락상 생략해도
정보전달에 무리가 없다. ∅2에서는 '무료병원 이야기'의 생략정보가,[42]
∅3은 하주의 발화내용을 바탕으로 한 '말이면 다해도 되는 줄 알아?'나
구체적으로 '사람을 가지구 볶으는 거야'와 의미상 비슷한 범주의 내용
이 생략된 것으로 추론된다. 물론 ∅4는 이전 상황에 의해 '언니를 때리
다니' 정도로 생략정보의 추론이 가능하다. 의미범주의 동일성에 의한 생
략은 이처럼 현대국어에서 빈번하게 나타나는 현상으로, 상황정보에 의
존하는 생략의 특성에서 기인한 것이다. 다음의 예문을 더 보자.

(124) 이중생 : 귀신? 헛헛! 그럼 내게는 집두 없구, 돈도 없구, 자식두 없구 ……
          (∅1) 벗지 못할 수의밖엔 아무것도 없는 귀신이란 말이냐? 하식아
          …… (∅2)

(124)의 이중생의 발화에서도 의미범주의 동일성에 의한 생략이 나타
난다. 화자 이중생은 자신의 처량한 처지를 한탄하면서 자조적인 발화를
한다. 거짓 연극의 말로가 비참하여 이제 자기 정체성을 상실한 이중생
의 발화는 자신을 귀신과 같은 존재로 인식하면서 모든 일을 체념한다.
따라서 생략정보 ∅1과 ∅2는 모두 '귀신처럼 공중에 떠있는, 살아있지도
죽지도 않은 그런 사람이란 말인가' 정도로 생략정보를 복원할 수 있다.

---

42) 물론 이것은 형태적·의미적 동일성에 의한 생략으로 해석할 수도 있다.

이들 모두 의미범주의 동일성에 의한 생략임은 물론이다.

4.3.1.2. 〈살아있는 이중생 각하〉에 나타난 생략의 특성

앞에서 <살아있는 이중생 각하>에 나타나는 생략의 유형에 대해 살펴보았다. 이 텍스트에 나타나는 생략은 현대국어의 언어현상을 그대로 반영하고 있으며, 그로 인해 상황맥락과 인지정보에 의거해 각 유형의 생략이 빈번하게 실현되고 있다. 이를 바탕으로 이 텍스트에 나타나는 생략의 특성과 기능을 살펴보도록 하겠다.

첫 번째로, 이 텍스트에 나타나는 생략은 핵심정보만을 제시하도록 하여 정보성을 상승시킨다는 점이다. 담화 참여자들은 비초점정보를 과감히 생략한 채 정보 가치가 높은 언어요소만 발화한다. 이렇게 정보가치가 높은 요소만 발화하면 신정보를 신속하게 전달하는 강점이 있다. 생략기제를 활용하여 전달하고자 하는 내용에 중점을 두어 정보성을 강화한 경우라 하겠다. 이 텍스트에서 그러한 실상을 확인해 보면 다음과 같다.

> (125) 이중생 : 자네가 뭘 잘했길래 왜 날더러 죽으라고 해. 응? (면도칼을 휘두르며) 여보 최변호사! 내가 뭘 잘못했길래 이걸로 목 따는 시늉까지 하구 나흘 닷새를 두고 이 고생, 이 망신을 시키는 거냐아! 유서는 왜 쓰라고 했어! 내 재산을 몰수하는 증거가 되라구? 고문 변호사라구 믿어 온 보람이 이래야만 옳단 말야? 이 일을 다 망쳐버린 게 누구 탓야, 응? 유서는, 저 사람에게 책잡힐 유서는 왜 쓰랬어! 왜 내 입으로 발명 한 마디 못하게 죽여 났나 말야, 나를 왜 죽여! 이 이중생을 ……

(125)에서 이중생의 발화를 보면 지속적으로 새로운 정보가 전달된다. 그러나 새로운 정보를 전달하면에서도 선행발화문과의 관계에 의하지 않

고, 화자의 감정에 따라 연속적으로 발화한다는 점이다. 이렇게 신정보만
을 계속 발화하여 결국은 정보성을 상승시키고 있다. 또한 발화자의 격
한 감정표출도 더불어 드러내고 있다. 다음의 예문을 더 보도록 하자.

> (126) 이중생 : 어 참, 내 잊었군. 형님, 금방 여기 앉았던 것들이 홍주사, 변주사,
> 　　　　　　　 김주사 아니오?
> 　　　　이중건 : 글쎄, 초면 인사에 기억이 잘 안된다.
> 　　　　이중생 : 얼굴 긴 놈이 홍가놈.
> 　　　　이중건 : 그래서?
> 　　　　이중생 : 코 아래 기미있는 놈이 김가놈.
> 　　　　이중건 : 그래서?
> 　　　　이중생 : 대머리가 변가놈.
> 　　　　이중건 : 그래서?

　(126)의 이중생 발화에서도 신정보만을 간단하게 제시한다. 즉 주변정
보를 과감히 생략하고 신정보만을 단독 제시함으로써 높은 정보성을 확
보하고 있다. 그럼으로써 청자에게 빠른 정보전달은 물론, 화자의 발화의
지도 강조하는 효과를 거둔다.

　두 번째로, 이 텍스트에서는 상황맥락에 의거해 생략이 실현되고 있다
는 점이다. 맥락 중심의 모든 담화전개에서는 상황의존적인 생략이 보편
적이다. 그래서 생략을 고찰함에 있어서 언어정보 이외에 담화가 전개되
는 상황정보와 청·화자가 공유한 인지정보까지를 고려해야 한다. 실제
로 담화 참여자들은 '담화세계'라는 인지구조를 담화의 배경으로 설정한
다. 이는 생략된 요소가 선행발화에서 나왔던 언어요소이거나, 청·화자
의 인지구조 안에서 추론된 요소이거나 간에 공통되는 조건이다. 이와
같은 모습을 이 텍스트에서도 쉽게 찾아볼 수 있다. 다음의 예문을 보도
록 하자.

(127) 시경 : 이 댁이 이중생 씨 댁이죠?

하주 : 아이 깜짝이야 …… (Ø1) 그렇수.

시경 : 주인장 좀 보러 왔는데요.

하주 : 안 계십니다, 주인어른.

시경 : (Ø2) 안 계세요? (Ø2) 회사에서는 지금 막 댁으로 왔다는 데요.

하주 : (Ø1) 출타하셨어요.

시경 : (Ø2) 확실히 출타하셨겠다요. (사이) 틀림없죠?

하주 : 아 누구길래 안사랑꺼정 들어와 이 야단이요. 이 댁이 어딘 줄 알고.

시경 : 물론 반도임업 관리인 이중생 씨댁이 틀림없으리라 믿구 왔죠.

하주 : 젊은 양반이 추근스레 아주 몰상식허구 무례허군 그래. 주인 영감을
만나시려거든 미리 약조를 허구 와야지. 아닌 밤중에 홍두깨격으루
불쑥 들어선다구 분주허신 양반을 그리 쉽사리 만날 줄 아슈.

시경 : 헛 그 참 세도가 당당허시군. 그럼 시간 약조를 단단히 허죠. (Ø2) 들
어오거들랑 오늘 저녁 다섯 시까지 경찰서 경제계루 보내주십시오.
(Ø2) 기다리구 있겠습니다. 만일 (Ø2) 오지 않는 경우에는 체포헙니
다.

하주 : 체포요?

시경 : (Ø2) 달아나진 못할테니까 …… 그럼 시간 약조를 했겠다요?

하주 : 저, 저, 잘못 아시구 그러시지 않어요? 아버지 지금 마악 중앙청으로
가신다구 나가셨는데요.

시경 : (혼잣말로) 그럼 길이 어긋난 게로군, 실례했습니다.

하주 : 저 …… 무슨 일이 생겼어요. 네? 왜 아버질 체포해요. 네? 오늘 서장
께서두 이리 오시게 됐는데요.

시경 : 장차룬 서장두 만나구 다 그래야겠지만 우선 나부텀 봐야 할걸요.
참 가풍을 몰라보구 실례가 많았군요.

(127)의 담화에서 언급되는 '이중생'은 화자에 따라 그 명칭이 달라진
다. 즉 시경의 입장에서는 '이중생 씨, 주인장'이라는 발화로, 이중생의
딸 하주에게서는 '주인어른, 주인영감, 분주하신 양반, 아버지' 등의 발화
로 대체된다. 이후의 발화에서는 각기 언급되지 않았지만 생략된 언어요
소를 복원한다는 가정을 하면, 각각의 발화자에 따라 다른 명칭으로 언

급됨은 당연하다. 비록 같은 인물을 지칭하지만, 각 발화자와 생략대상과의 감정적·사회적 거리에 의해 분명하게 한계 지워진 명칭을 사용할 수밖에 없기 때문이다. 실제로 담화전개의 후반부에 와서 사건이 역전됨에 따라 주인공의 딸 하주는 자신의 아버지를 언급함에 있어서 호칭이 변경되고 있다. 이것은 자신들에게 불리한 사건전개를 눈치채고 재빨리 약자의 자세로 돌입했기 때문이다.

　담화에서의 호칭은 이처럼 청·화자와 언급 대상과의 감정적·사회적 차이에 의해 사뭇 달라질 수 있으며, 생략정보의 복원 역시 이러한 관계를 전제한 후에 가능하다.

4.3.2. <부평초>의 경우

　고성주의 <부평초>는 1993년 희곡연간특선 15집에 수록되어 있는 작품이다.[43] 이 텍스트는 어느 어촌 읍내에서 여름 며칠간에 걸쳐서 일어나는 사건을 짧은 이야기 형태로 구성한 것이다. 광대를 따라 떠난 아들을 그리는 가운데, 손자를 키우면서 어부생활을 하는 황노인 부부가 사는 마을에 서커스단이 찾아오면서 사건은 시작된다. 황노인 역시 젊은 시절 서커스단의 일원이었기에 황노인과 그의 부인은 더욱 불안해 한다. 혹시라도 손자 동욱이 그의 아버지나 할아버지처럼 서커스단을 따라 갈까봐 노심초사하게 된다. 그런데 동욱은 이에 아랑곳하지 않고 아이들과 함께 서커스를 구경하러 갔다가 자신의 혈육인 동생을 만나고, 그 과정에서 진한 동기애를 느낀다.

---

43) <부평초>는 '한국희곡작가협회'에서 출간한 '93 희곡연간특선 15집 ≪탈을 쓴 꼭두각시탈≫에 수록된 작품이다.

이 텍스트는 곡예사로 살아가는 주인공인 동생을 통해 부평초처럼 뿌리내리지 못하는 현대인의 인생을 묘사한 것이다. 그렇기 때문에 이 텍스트는 현대인의 자아 정체성에 대한 문제를 비유적으로 형상화한 것이라고 할 수 있다.

이 텍스트는 위에서 살펴본 <살아있는 이중생 각하>와는 시간적으로 50년 정도의 상거(相距)가 있지만, 언어의 쓰임에 있어서는 그리 큰 차이를 보이지 않는다. 그렇기 때문에 동시대의 텍스트로 설정해도 큰 무리가 없을 것으로 판단하였다. 뿐만 아니라 이 텍스트가 희곡이라는 점에서 현대의 언어현상을 그대로 반영한 것으로 생각하여 분석 대상으로 선정하였다. 여기에서는 이 텍스트에 나타난 생략의 각 유형을 고찰한 뒤 그 특성을 확인해 보고자 한다.

4.3.2.1. 각 유형에 따른 생략현상

가. 형태적 동일성에 의한 생략

앞에서 말한 것처럼 형태적 동일성에 의한 생략은 가장 보편적인 유형이다. 이 유형은 선행발화에서 언표화된 요소가 후행발화에서 형태적인 동일성을 확보하여 생략되는 것이다. 이 작품에서도 그 실상을 확인할 수 있다. 다음의 예문을 확인해 보자.

(128) 할머니 : (안에서 나오며) 이제 오냐? 배고프쟈?
　　　동욱 : 아니요.
　　　할머니 : 아니면, 긴긴 나절에 점심을 사먹기라도 했단 말여?
　　　동욱 : 아이들이 (Ø1) 사먹는 것 좀 얻어 먹었어요.

(129) 할머니 : 이제 오시는거유?

황노인 : 날씨 변덕이 심하니 어디 고긴들 올라와야제.

할머니 : 언제는 영감 솜씨가 큰 고기 건졌는 기여.

황노인 : 내가 어부가 아니니까 고기도 얕보는 거여.

할머니 : (Ø1) 아시는구먼유.

황노인 : (Ø1) 언제는 몰랐담.

위의 담화를 보면 일정한 형태의 구정보들이 지속적으로 생략된다. 물론 이들이 생략된다 하더라도 정보전달이나 이야기의 흐름에는 지장을 초래하지 않는다.

(128)의 Ø1은 이전 발화에서 언표화된 '점심'이다. 선행발화에서는 신정보로 제시되었지만, 후행발화에서는 구정보화되어 생략된 것이다. 그렇게 함으로써 오히려 뒤에 나오는 '얻어 먹었어요'가 신정보로 기능하도록 돕는다.

(129)에서도 선행발화 '내가 어부가 아니니까 고기도 얕보는 거여' 전체를 후행발화에서 구정보화하여 생략하고, 그 사실을 안다는 데에 초점을 맞추어 담화가 전개되고 있다.

이처럼 형태적 동일성에 의한 생략은 담화에서 가장 기초적인 생략유형으로, 선행발화에서와 동일하다는 전제하에 빈번하게 나타난다. 다음의 예문을 더 보자.

(130) 할머니 : 영감, 그 생각 나는기유?

황노인 : 무슨 생각?

할머니 : 낡은 자동차 위에서 나팔 북소리에 맞추어 춤추며 거꾸로 서서 재주를 부리던 일 말이지요.

황노인 : 암. (Ø1) 생각나구 말구지. 구경꾼을 모으러 동네 한 바퀴 신나게 돌던 생각 허허허.

할머니 : 난 그때 말만한 처녀라는 생각도 잊구 구경 따라 다녔지 않았시유
　　　　호호호.

(131) 동　욱 : 돈 좀 주시겠어요?
　　　할머니 : 돈을? 뭣 담새 (∅1) 쓸려는 기여? 공책이라도 살려는 기여?
　　　동　욱 : …… !
　　　할머니 : 말을 히여. 어서 이렇다 저렇다 똑 부러지게 말을 히여 어서.

　(130)과 (131)에서도 형태적 동일성에 의한 생략이 일어난다. (130)의 ∅1
은 선행발화에서 젊은 시절 광대노릇 하던 일을 그대로 제시했기 때문에
후행발화에서는 언표화하지 않고 있다. 오히려 그 일에 대한 담화 참여
자들의 감회가 주정보원으로 작용한다.

　(131)에서는 동욱의 발화에서 신정보로 제시된 '돈'이 후행의 할머니
발화에서는 구정보화되고, 그것에 대한 할머니의 감정적 반응만이 신정
보화되어 나타난다. 즉 '돈'에 대한 할머니의 의구심이 새로운 정보로 제
시되어 긴장감을 조성하고 있다.

　형태적 동일성에 의한 생략은 생략정보가 선행발화에서와 동일하다는
전제하에 일어난다. 하지만 같은 정보라 하더라도 발화자의 발화의도에
변화가 생기면 구정보이거나 발화된 정보일지라도 생략되지 않는다.

　(131)에서 할머니의 발화 중 처음에 나타난 '돈'이 그러한 예이다. 이미
동욱의 발화에서 나타났지만, 할머니의 발화에서 다시 한번 언표화된 것
은 할머니의 입장에서 동욱이 '돈' 쓸 곳이 없음에도 불구하고 돈을 요구
하는 행위에 자못 놀라움을 갖게 되었기 때문이다. 이는 동욱의 의사를
강조 및 확인하려는 할머니의 발화의도가 내포된 것이다. 따라서 이미 발
화되었다 하더라도 발화자의 새로운 발화의지가 개입되었기 때문에 실현
된 것이고, 이렇게 다시 한번 반복 발화함으로써 새로운 의미까지 획득

하게 된다. 이러한 경우를 제외하고 이미 구정보화된 요소에 대해서는 형태적 동일성에 의거해 생략 처리한다.

나. 의미적 동일성에 의한 생략

의미적 동일성에 의한 생략은 청·화자가 생략대상에 대해 의미적으로 동일하다고 판단하는 경우에 실현된다. 즉 발화상황이나 생략대상에 대한 청·화자의 감정 등이 개입되어 그 복원형태는 다를지라도 의미적으로는 동일한 기능을 수행하는 것이다. 이 텍스트에서 그러한 실상을 들어보면 다음과 같다.

> (132) 동 욱 : 오늘은 남자 아이들이랑 갔어요.
> 할머니 : 머슴애들이 뭐 구경거리가 있다구 장구경을 가나, 장구경을 ……
> 동 욱 : (Ø1) 서커스 구경 갔지 누가 장구경을 갔을까 보서요.
> 할머니 : (놀라며) 서커스? 서커스가 뭐하는 거여?
> 동 욱 : 서커스 말예요, 서커스. 아참 할머닌 곡마단이래야 잘 아시죠?
> 할머니 : (말을 잇지 못하고 머뭇거리다) 뭐라구? 곡마단? 곡마단이 읍내에 왔다구. 그게 정말여?
> 동 욱 : 네. (Ø2) 입장료가 비싸 들어가진 못했어요. 그 음악 소리가 신나던 걸요.

위에서 보면 담화가 전개됨에 따라 생략이 아주 자연스럽게 일어난다. 그 중 Ø1은 선행발화에서 언급하여 구정보가 된 '남자아이들', 혹은 '머슴애들'이라고 할 수 있다. 동욱의 입장에서는 '남자아이들'로 할머니에게서는 '머슴애들'로 언표화되기 때문이다. 이렇게 의미적 동일성에 의한 생략은 화자가 생략대상에 대해 갖는 감정에 따라 다른 형태로 복원될 수 있다.

Ø2 역시 같은 대상인 서커스단을 의미하지만 추론된 복원정보의 형태는 할머니에게서는 '곡마단'이고, 동욱에게서는 '서커스'이다. 이것 또한 생략대상과 화자와의 관계에 의해 규정된 것이다. 이처럼 의미적 동일성에 의한 생략은 발화자와 생략대상과의 관계에 의해 복원형태가 결정된다. 다음의 예문을 더 보자.

(133) 황노인 : 아 저 소리!
　　　할머니 : (Ø1) 못 들은 척 해요.
　　　황노인 : 암 그래야지. 이놈은 어디 갔데여.
　　　할머니 : 동욱이 말인가요? (Ø2) 아까 동네 애들이랑 마을 회관으로 놀러
　　　　　　　나갔디요.
　　　황노인 : 혹시 이놈이 (Ø3) 구경이라도 가는 게 아닌기여?
　　　할머니 : 어디 허락없이 나가는 앤가요, 우리 동욱이 놈.
　　　황노인 : 허기는 그렇지먼서두.

(134) 황노인 : 곡마단 같은 저런 구경은 말이다 않는 것이 좋아.
　　　동　욱 : 왜요, 할아버지. 동네 아이들은 오늘 저녁에 모두 (Ø1) 구경 간댔는
　　　　　　　데요.
　　　황노인 : 넌 아직 몰라서 그렇지. 저 소리에 미치면 팔자 망치는 거여.
　　　동　욱 : 네에?
　　　황노인 : 저 음악 소리는 마치 아편같은 소리라서 한번 빠져들면 헤어나지
　　　　　　　못하게 된다 이말이여.
　　　동　욱 : (의아해서) 곡마단 구경 말예요.
　　　황노인 : 걱정이다 걱정이여.
　　　동　욱 : 동네 아이들이랑 (Ø1) 구경 갔다 올께요.
　　　황노인 : 안돼.

　　위의 담화에서도 구정보와 같은 의미 기능을 수행하는 요소에 대하여 생략 처리하고 있다.

(133)의 Ø1은 곡마단 소리를 의미하며, Ø2는 동욱이, Ø3은 곡마단을 의미한다. 물론 이들은 모두 선행발화에서 이미 언표화된 것들이기에 이후의 발화에서는 언표화되지 않았다. 그렇지만 이들을 생략해도 정보전달이나 의미를 해석하는 데 문제가 되지 않는다.

(134)에서도 '곡마단'이 구정보로 처리되어 지속적으로 생략되었다. 그 곡마단에 대한 발화자들의 평가내용이 주요한 정보로 제시되어야 할 필요성 때문이다. 이렇듯 의미 기능상 같은 정보는 굳이 언표화하지 않아도 정보처리나 신정보 획득에 큰 영향을 주지 않는다.

이미 알고 있는 정보를 다시 한번 발화한다면, 그것은 발화자의 또 다른 발화의도가 덧붙여진 경우이다. (134)의 담화를 보면 황노인과 동욱의 담화는 서로 엇갈리는 듯한 인상을 준다. 즉 동욱의 질문에 대해 황노인은 직접적인 답을 회피하면서 본인의 생각만을 진술한다. 그에 맞서 동욱 역시 황노인의 이야기와는 별개로 자신의 발화만을 이어가는 듯한 인상을 준다. 이는 서로간에 이미 화두에 대해 공감하며 발화의도를 파악하였기 때문이다.

(135) 사라 : (Ø1) 해낼 수 있겠니?
     나나 : (Ø1) 해낼 수 없다고 (Ø1) 않을 수는 없잖아요.
     사라 : (나나의 머리를 짚어보며) 가엾은 것. 이 몸을 가지고 어떻게 줄타기
            를 할 수 있다고.
     나나 : 원망스러워요. 하필 오늘 병이 나다니 …… (Ø2)

(135)의 담화에서도 의미적 동일성에 의한 생략이 빈번히 나타난다. 특이한 것은 담화 참여자들 사이에 언표화한 적이 없었던 요소를 담화전개상 화제를 통해 인지했을 경우 발화하지 않는다는 점이다. 이는 담화전개나 정보전달에 하등의 지장을 주지 않기 때문에 가능하다. Ø1의 경우

가 그러한 예라 할 수 있다. 애초부터 사라와 그의 딸 니나 사이에서 '줄타기'는 전혀 발화되지 않았다. 하지만 둘은 무엇에 대한 이야기인지를 이미 인지하고 있다. 그러다가 담화가 한참 전개된 이후 사라의 발화에서 강조하기 위하여 구정보인 '줄타기'를 새롭게 언표화한다. 이때의 '줄타기'는 신정보로 제시된 것이다.

　주의할 것은 Ø1과 뒤의 사라가 발화한 '줄타기'가 같은 정보라 하더라도 완전히 동일한 정보로 취급될 수 없다는 점이다. 즉 처음의 생략정보인 '줄타기'가 광대가 해야 하는 객관적 의미의 줄타기라면, 뒤의 '줄타기'는 사라의 입장에서는 지극히 걱정스럽고 위험한 것이며, 니나의 입장에서는 염려스러운 의미의 줄타기인 것이다. 따라서 같은 형태라 하더라도 그것의 의미기능은 사뭇 다르다. 니나의 발화에 나오는 생략정보 Ø2는 앞에서 이미 발화된 '원망스러워요'의 재발화에 해당된다. 따라서 이후의 발화에서는 생략되고 있다. 물론 이것은 형태적으로나 의미적으로 동일성을 획득하고 있는 정보이다.

다. 형태범주의 동일성에 의한 생략

　앞에서도 살핀 것처럼 범주적 동일성에 의한 생략은 주로 현대국어로 근접해 오면서 더욱 빈번하다. 즉 담화내용이 간접적인 양상을 띠거나 혹은 이야기의 범위를 확대하여 해석하는 경우가 많아지면서 나타난 현상이라 하겠다. 이 텍스트에서도 그러한 현상을 확인할 수 있다. 다음의 예문을 보도록 하자.

　　(136) 할머니 : 휴우, 휴우~
　　　　　황노인 : 그놈의 한숨소리.
　　　　　할머니 : 심상찮아서유 심상찮아서 (Ø1).

>황노인 : 심상찮기는 뭐가 심상찮은기여. 금방 태풍이라도 불어 온디여?
>할머니 : 어쩐지, 어쩐지 예감이. (Ø2)

(137) 황노인 : 읍내에 곡마단이. 그게 정말이여?
　　　 할머니 : 영감도 놀라시는구려. 나도 …… (Ø1). 지 애비가 거기에라도 붙어
　　　　　　　 있으면 하는 생각이 불현 듯 듭디다요.
　　　 황노인 : (Ø2) 생각지도 말어유. 지 자식 지 부모 헌신짝 버리듯 버리구 광
　　　　　　　 대 따라 집나간 녀석 돌아올 줄 알구? 다 팔자소관이여.

(136)과 (137)에 나타나는 생략들이 바로 형태범주의 동일성에 의한 것이다. (136)에서 생략정보 Ø1은 이전의 발화와 범주적 동일성을 갖는 '한숨을 쉬었어요'나 '그래요' 등임을 짐작할 수 있다. 여기에서는 발화자의 발화초점이 '심상찮아서'에 집중되어 있기 때문에 굳이 발화하지 않은 것이다. Ø2에서도 이전의 발화에 나오는 '심상찮아요'와 형태범주상 동일한 언어요소가 생략된 것으로 볼 수 있다. 즉 비슷한 형태의 '걱정이어요'나 '불길해요' 등의 언어요소를 추론할 수 있다.

(137)의 Ø1도 이전 발화에서 언표화된 '놀라시는구려'와 동일한 형태범주에 속하는 요소를 삽입할 수 있다. 예를 들면 '매우 놀랐어요'나 '깜짝 놀랐죠' 등의 형태범주에 속하는 언어요소가 삽입될 수 있다. Ø2는 이전의 발화인 '지 애비가 거기에라도 붙어 있으면 하는 생각'과 형태범주상 동일한 요소가 삽입될 수 있다. 예를 들면 '애비가 그 곡마단에 있다면'이나 '혹시 애비가 돌아오지 않았을까' 등의 형태범주의 이야기들이 삽입될 수 있다. 이는 담화가 전개됨에 따라 맥락을 통해 짐작할 수 있기 때문이다.

이처럼 범주적 동일성에 의한 생략은 그것이 청·화자의 기저구조에 들어있는 인지정보와 완전히 동일한 요소는 아닐지라도, 맥락상 범주적 동일성을 확보할 때 실현된다. 다음의 예문을 더 보도록 하자.

> (138) 동 욱 : 가엾은 니니가, 니나가 어른들의 욕심으로 곡예를 하다가 끝내 숨
> 을 거두었어요.
> 단원2 : (Ø1) 이제 모두가 되돌려 줄 수 없는 일 (사이) 그리고 니나의 죽음
> 은 한 가련한 소녀의 죽음만이 아니라, (Ø2) 어느 곡예사의 운명이
> 었어.44)
> 동 욱 : (흐느끼는 사라를 향해) 그런가요?
> 사 라 : (눈물어린 눈으로 고개를 끄덕인다.) …… (Ø3).

(138)에서의 생략 역시 형태범주의 동일성에 의한 것이다. 생략정보 Ø1
은 선행발화에 나오는 '니나가 숨을 거둔 일' 정도의 범주에 들어가는 내
용으로 추론이 가능하다. 예를 들면 '니나가 죽은 일, 니나가 세상을 떠
난 일' 등과 같은 범주적 맥락으로 처리할 수 있는 내용으로 복원이 가
능하다. Ø3 역시 선행발화를 바탕으로, 형태적으로 동일한 범주에 속하
는 것들을 추론하여 삽입할 수 있다. 즉 니나의 죽음에 대한 담화 참여자
들의 평가에 해당하는 내용을 추론·복원할 수 있다.

이상에서 보는 바와 같이 형태범주의 동일성에 의한 생략에서는 생략
정보에 대하여 나름대로 다양한 추론이나 복원이 가능하다. 다만 주의할
것은 추론·복원 정보가 동일한 형태범주에 속하는 것이어야 한다는 점
이다.

라. 의미범주의 동일성에 의한 생략

의미범주의 동일성에 의한 생략은 선행정보를 바탕으로 범주적 동일성
이 획득되기만 하면, 그것이 비록 완전히 같은 의미로 쓰이지는 않을지

---

44) Ø2도 형태적·의미적 동일성에 의한 생략으로, 선행발화에서 제시된 '니나의 죽
음'을 가리킨다. 그런데 여기에서는 새로운 초점정보인 '곡예사의 운명'이 제시
되었기 때문에 언표화되지 않았다.

라도 생략이 가능하다. 다음의 예문을 확인해 보도록 하자.

(139) 할머니 : 그래, 오늘이 장날이긴 허구만서두, 남에 것 그렇게 얻어만 먹는
      것 아니여.
   동 욱 : (Ø1) 싫테도 줬어요.
   할머니 : 걔가 순화인가 하는 개여? 날마다 우리 집에 오는 얼굴이 반반한
      에미나이 말여.

(140) 동 욱 : 아빠도 어부가 되기 싫어 집을 나갔나요?
   할머니 : 그 얘긴 왜 또 꺼낸담. 언제 적 이야긴데 (Ø1).
   동 욱 : (Ø2) 제가 엄마 뱃속에 있었을 때였다니까 13년 전 일이겠지요.[45]
   황노인 : (역정이 나) 그 얘긴 꺼내지도 말어 …… 네 놈도 머리가 커가니까
      애비 닮어가는 기여. 부모 싫어 집 나간 놈 생각지도 말어. 왜 그
      얘길 꺼내는 거여 이제와서. 네 애빈 잊어버려. 알겠는기여?

(139)와 (140)에 나타나는 생략은 의미범주의 동일성에 의한 것이다.
(139)의 Ø1은 '남에게 얻어먹는 것'과 동일한 범주적 내용으로 추론이 가
능하다. 물론 선행발화 자체를 생략정보로 처리할 수도 있겠으나, 여기
서는 후행화자(동욱)와 선행화자(할머니)의 다소 다른 발화의도에 따라
범주적 동일성으로 처리하는 것이 더 합리적이다. 그것은 할머니의 입장
에서는 '얻어먹는 행위'에 해당하나, 동욱의 입장에서는 얻어먹는 것보다
는 '친구들이 사줘서 같이 먹는 것' 정도로 의미가 달라지기 때문이다.
이렇게 범주적 동일성으로 처리함으로써, 생략정보에 대하여 '얻어먹는
것' 혹은 '친구들이 사줘서 같이 먹는 것' 등으로 확대 해석이 가능하게
된다.

---

45) 생략정보 Ø2는 형태·의미적 동일성에 의한 생략으로, 선행발화에서 제시된 '아
   버지가 집을 나간 일' 정도로 추론이 가능하다.

(140)의 Ø1 역시 선행발화 '그 애긴 왜 꺼낸담'을 바탕으로 범주적 해석이 가능하다. 즉 '이미 지나간 얘기니까 다시는 꺼내지 말아라', '이제 와서 다시 이야기를 하니' 등의 내용을 추론할 수 있다. 이러한 범주적 동일성에 의한 생략은 현대국어로 올수록 빈번하게 일어난다. 이는 현대국어에서 담화에 수반되는 상황정보의 활용이 더욱 다양해졌기 때문이다. 다음의 예문을 더 보도록 하자.

(141) 황노인 : 아, 저 음악소리
　　할머니 : 보세요. 영감도 아직 못 잊고 있잖어. 그 구성진 나팔소리를
　　황노인 : 아니여, 난 저 소리를 잊은 지 오래 됐구먼. 그럼 (Ø) 잊구 말구, 절대로 저 소리를 따라 평생을 부평초처럼 떠다닐 수만은 없는 기여.
　　할머니 : 난 기억하고 있어유. 읍내 장터에서 저 소리가 들려오던 날, 애비가 집을 나가지 않았담.

(142) 동욱 : 니나라고 하셨지요. 아픈 몸으로 걱정이 되어요. 쉬면 좋을텐데.
　　사라 : 구경온 손님들을 실망시킬 순 없어. (Ø1) 그것이 곡예사들의 의무이기도 하거든. (Ø1)
　　동욱 : 단장님이나 감독님이 (Ø1) 허락해 주지도 않을 거구 말예요.
　　사라 : 암, 곡예사 사회에는 엄한 규율도 있지. 밖에서 생각하기보다는 아주 엄한.
　　동욱 : 어렴풋이나마 (Ø2) 알 것 같아요.
　　사라 : 어떻게 학생이 그걸 알 것 같다는 거지?
　　동욱 : 제가 묶인 이 줄을 풀어주려던 니나가 감독님 이야기가 나오자 머뭇거리는 것을 봤지요. 그 표정은 겁먹은 표정이었어요. 아수 많은 섭을 먹은……(Ø3) (Ø2) 말하지 않아도 알아요.
　　사라 : 혹독한 훈련을 받은 운동 선수만이 경기에서 우승을 할 수 있다는 이치라고나 할까?
　　동욱 : (Ø2) 알 만해요.
　　사라 : 그래? (Ø2) 알 만하다고? (Ø2) 알 만 할 꺼야. 그런데 내가 왜 처음 보는 학생에서 이런 이야기까지 하고 있지?

(141)과 (142)에서도 의미범주의 동일성에 의한 생략이 일어난다. (141) 의 생략정보 Ø는 전후 맥락과 '구성진 나팔소리'를 바탕으로 '곡마단 소리', '곡마단의 나팔소리' 등으로 추론이 가능하다. 모두들 '나팔소리'라 는 의미의 범주적 집합에 귀속될 수 있기 때문이다.

(142)에서도 위와 같은 입장에서 생략정보를 추론할 수 있다. 먼저 Ø1 에서는 '니나가 몸이 힘들어 쉬는 것'을 바탕으로, '곡예를 하지 않는 것', '잠시라도 몸의 피로를 푸는 것' 등의 의미맥락을 추론할 수 있다. 또한 Ø2도 선행정보 '곡예사 사회의 엄한 규율'을 바탕으로 '곡예사들의 질서', '곡예사 세계에서 지켜야 하는 법규' 등 여러 가지 비슷한 의미범 주의 생략정보를 추론할 수 있다. Ø3에서도 역시 '니나가 아주 겁을 많 이 먹은 표정'을 바탕으로 '매우 무서워하는 표정', '니나가 무서워서 얼 굴이 굳어지는 표정' 등을 추론할 수 있다.

이를 감안할 때 의미범주의 동일성에 의한 생략유형에서는 생략정보 를 추론함에 있어, 담화가 진행되는 상황맥락과 담화 참여자들의 인지정 보를 충분히 고려해야만 한다.

4.3.2.2. 〈부평초〉에 나타난 생략의 특성

앞에서 <부평초>에 나타나는 생략의 유형에 대하여 담화를 중심으로 살펴보았다. 이 텍스트에서의 생략은 앞에서 살펴보았던 <살아있는 이 중생 각하>와 거의 비슷하게 실현되고 있다. 이는 두 텍스트의 시대적 배경이 그리 많은 차이가 나지 않을 뿐만 아니라, 담화상황을 여실히 담 은 희곡 텍스트라는 공통점 때문이다. 따라서 이 텍스트들을 통해 현대 국어에서 나타나는 생략의 전반적인 특징이나 주류적 유형을 확인할 수 있다. 여기에서는 이 작품에 나타난 생략의 다양한 특성을 확인해 보도록 하겠다.

첫째로, <부평초>에 나타나는 생략은 결속성을 상승시키는 기제로
작용한다는 점이다. 선행 장에서도 살펴본 바와 같이 생략은 표층결속성
과 심층결속성을 강화하는 기능을 담당한다. 그런데 <부평초>에 나타나
는 생략은 표층결속성보다는 심층결속성을 강화하는 기제로 작용하고 있
다. 즉 텍스트 안에서 정보 처리의 흐름을 원활하게 하여 선행발화와 후
행발화를 직접 연결시킴으로써, 의미전달의 수월성을 담보하고 있다. 다
음의 예문을 보도록 하자.

(143) 황노인 : 그런 말 자꾸 말어. 내가 손 씻고 돌아섰는데 그놈이 미쳐서 광대
　　　　　　따라간 기여, 어휴우.
　　　동　욱 : 광대라니요?
　　　할머니 : 아니여. 귀담아 들을 것 없어.
　　　황노인 : 그렇지, 철부지 애들 앞에서 할 말은 못되지.

(144) 할머니 : 영감도 놀라시는구려. 나도 …… 지 애비가 거기에라도 붙어있으
　　　　　　면 하는 생각이 불현 듯 듭디다요.
　　　황노인 : 생각지도 말어유. 지 자식 지 부모 헌신짝 버리듯 버리구 광대 따
　　　　　　라 집나간 녀석 돌아올 줄 알구? 다 팔자소관이여.

위의 예들은 담화가 전개됨에 따라 결속성이 강화된다. 즉 황노인과
할머니의 담화에서 대용이나 반복의 결속기제를 사용하지 않고, 처음의
발화에서 언표화된 것을 구정보화한 후 그것에 대한 신정보만 제시하여
의미적 연결고리를 형성한 것이다. 구체적으로 보면 황노인의 첫 번째
발화 '내가 손 씻고 돌아섰는데 그놈이 미쳐서 광대 따라간 기여'가 이후
지속적으로 생략되며 그것에 대한 평가 내용이 후행화자에 의해 언급되
고 있다. 또한 이후의 발화에서도 할머니와 황노인은 '귀담아 들을 것 없

다'나 '애들 앞에서 할 말은 안 되지' 등으로, 그것에 대한 감정 평가만을 언급하고 있다. 이렇게 함으로써 의미적으로 강한 결속성을 형성하게 된다. 특히 상황맥락의 상승에 따른 심층결속성의 강화를 엿볼 수 있다.

(144)의 '다 팔자소관이여'에서도 심층결속성의 상승을 살펴볼 수 있다. 이는 이전 담화의 내용을 모두 포괄하는 것으로, 특별한 반복이나 대용을 사용하지 않으면서도 의미적으로 아주 강한 결속관계를 형성한다.[46] 다음의 예문을 더 보도록 하자.

(145) 동욱 : 황, 영, 구씨를 아시나요?
　　　 사라 : 그, 그분이 니나의 아버지야.

(145)에서도 짧은 담화 안에서 강한 심층결속성을 엿볼 수 있다. 동욱의 발화에 대해 사라의 대답에서는 질문에 대한 언급을 과감히 생략하고, 새로운 정보만을 언급함으로써 담화상황을 긴박하게 몰아가기 때문이다.

둘째로, <부평초>에서는 구정보를 과감히 생략하고 신정보만을 제시한다는 점이다. 즉 새로운 정보만을 단독으로 제시함으로써 정보전달을 신속하게 함은 물론, 청자로 하여금 생동감과 신선감을 느끼도록 한다. 이는 현대국어로 오면서 빈번하게 나타나는 현상으로, 신속성을 강조하는 현대 언어생활이 반영된 결과이다. 다음의 예문을 보도록 하자.

(146) 할머니 : 이제 오시는 거유?

---

46) 휘베거는 담화의 생산과 해석과정이 발화의 언어표현과 통화맥락 자질 사이의 관계에 의해 제어된다는 점을 기본적으로 상정하면서, 언어적 지식이나 백과사전적 지식, 언표내적 지식 그리고 스키마적 지식, 담화원리의 지식이 모듈로 상호작용함으로써 달성된다고 제시하였다.(이현호, 1994 : 44~45)

황노인 : 날씨 변덕이 심하니 어디 고긴들 올라와야제.
할머니 : 어제는 영감 솜씨가 큰 고기 건졌는기여.
황노인 : 내가 어부가 아니니까 고기도 얕보는거여.
할머니 : 아시는구만요.
황노인 : 언제는 몰랐담.

(147) 필 호 : 소식 들으셨습니까?
황노인 : 소식이라니? 무슨 소식 말인기여.
필 호 : 등대집이 마을을 떠난답니다.

(146)과 (147)의 예에서도 그러한 현상을 확인할 수 있다. (146)에서는 할머니의 질문에 대한 직접적이고 구체적인 대답이 없다. 이는 상황맥락으로 미루어 할머니의 질문의도를 파악한 황노인이 그 질문에 대한 대답보다는 자신의 입장에서 새로운 정보로 간주되는 언어요소만을 언급했기 때문이다. 그렇게 함으로써 더 신속한 담화전개의 효과를 얻고자 한 것이다.

(147)에서도 황노인의 질문에 대해서는 구정보로 처리하여 전혀 언급하지 않고, 그 질문에 대한 대답만을 초점정보화하여 제시한다. 신정보만을 단독으로 제시함으로써 청자가 핵심정보를 더 충격적으로 받아들일 수 있음은 물론, 담화의 흐름까지도 생동감을 확보하게 된다.

이처럼 이전 발화와의 연결고리를 과감히 생략하고 신정보나 초점정보만을 단독으로 제시하는 언어현상은 현대국어로 오면서 두드러지는데, 그렇게 함으로써 신속성과 수월성을 확보할 수 있다. 뿐만 아니라 전체 담화나 텍스트의 응집성까지도 고양할 수 있다.

셋째로, 범주적 생략의 경우 생략정보의 복원은 상황맥락이나 담화 참여자의 인지정보에 크게 의존한다는 점이다. 이는 담화 참여자가 생략정보를 복원할 때 상황정보나 각자의 인지정보를 바탕으로 추론하면서 나

타난 현상이다. 따라서 같은 생략정보라 할지라도 각자의 추론정보는 다
소 다를 수 있다. 다음의 인용문을 보자.

(148) 동   욱 : 아빠도 어부가 되기 싫어 집을 나갔나요?
　　　할머니 : 그 애긴 왜 또 꺼낸담. 언제 적 이야긴데.
　　　동   욱 : 제가 엄마 뱃속에 있었을 때였다니까 13년 전 일이겠지요.
　　　황노인 : (역정이 나) 그 애긴 꺼내지도 말어 …… 네 놈도 머리가 커가니까
　　　　　　　애비 닮어가는기여. 부모 싫어 집 나간 놈 생각지도 말어. 왜 그
　　　　　　　얘길 꺼내는 거여 이제와서. 네 애빈 잊어버려, 알겠는기여?
　　　동   욱 : …… !?

(149) 황노인 : 읍내에 곡마단이 그게 정말이요?
　　　할머니 : 영감도 놀라시는구려. 나도 …… 지 애비가 거기에라도 붙어있으
　　　　　　　면 하는 생각이 불현듯 듭디다요.

　(148)과 (149)에서는 생략정보의 복원이 각각의 화자에 따라 다르다. 그
것은 생략정보의 추론이 상황맥락과 인지정보 등을 바탕으로 주관적인
입장에서 행해지기 때문이다. (148)에서 동욱의 생략발화 역시 동욱·할
머니·황노인의 인지구조 속에서는 각기 다른 내용이거나, 설혹 비슷한
것일지라도 각자의 입장에서 주관적인 내용으로 추론이 가능하다. (149)
에서 할머니의 생략발화 역시 할머니와 황노인의 인지구조 속에서는 각
기 다른 내용으로 추론할 수 있다. 이들은 모두 상황정보와 부가정보원
인 인지정보, 그리고 개인적인 지식구조 등의 차이에서 기인하는 것이다.

4.4. 요약

이 장에서는 문학텍스트에서 나타나는 생략에 대하여 살펴보았다. 먼저 고전산문 텍스트로 ≪석보상절≫과 ≪월인석보≫를 살피고, 이어서 현대소설 텍스트로는 <다큐채널, 수요일, 자정>과 <울도 담도 없는 집>을 고찰하였다. 다음으로 현대희곡 텍스트로 <살아있는 이중생 각하>와 <부평초>를 중심으로 생략의 유형과 특징에 대해 고찰해 보았다.

첫째로, 고전산문 텍스트에서 나타나는 생략의 유형과 특성에 대하여 살펴보았다. 여기에서는 중세국어의 대표적 문헌인 ≪석보상절≫과 ≪월인석보≫에 실린 <라후라출가기>·<기원정사건립기>·<목련전>·<안락국태자전>을 들어 생략의 유형 및 특성을 고구하였다.

먼저 ≪석보상절≫에서의 생략은 네 가지 유형 중 형태적 동일성과 의미적 동일성에 의한 생략만이 실현되고 있다. 마찬가지로 ≪월인석보≫에서도 형태적 동일성에 의한 생략이 빈번히 실현되는 가운데 의미적 동일성에 의한 생략이 일부에서 확인된다. 하지만 두 텍스트 모두 형태범주의 동일성과 의미범주의 동일성에 의한 생략은 찾아 볼 수 없다. 이것은 중세국어에서 실현되었던 생략과 현대국어에서 구현되는 생략의 변별 요인으로 보아도 좋을 듯하다.

다음으로 고전산문 텍스트에서 나타나는 생략의 특성을 살펴보았다. 먼저 ≪석보상절≫에서의 생략은 정보성의 상승과 의미의 강조 기능을 수행할 뿐만 아니라, 텍스트의 심층결속성과 표층결속성을 강화하는 기제로 작용하고 있다. 게다가 여격어가 빈번히 생략되고 있으며, 담화를 인용하면서도 인용동사를 생략하여 문장의 호응이 어긋나는 경우도 있다. 뿐만 아니라 문학적 수사법을 구사하면서 상징·함축적으로 표현하는 가운데 생략기제를 적절히 활용하기도 한다.

《월인석보》에서의 생략은 구정보에 해당하는 주어적 인물이나 여격어를 언표화하지 않음은 물론, 주변정보를 과감히 생략함으로써 초점정보를 더욱 강조하기도 한다. 또한 표층결속성과 심층결속성을 강화할 뿐 아니라 담화상황과 연관되며 생략기제가 활용되기도 한다.

둘째로, 현대소설 텍스트에서 나타나는 생략의 유형과 특성에 대하여 파악해 보았다. 여기에서는 현실담화를 많이 반영한 <다큐채널, 수요일, 자정>과 <울도 담도 없는 집>을 대표적으로 들어 살펴보았다.

<다큐채널, 수요일, 자정>에서의 생략은 중세국어에서와는 다르게 생략의 각 유형이 고르게 실현된다. 즉 형태적 동일성이나 의미적 동일성에 의한 생략이 나타남은 물론, 형태범주나 의미범주의 동일성에 의한 생략도 실현되고 있다. 이는 현대국어로 올수록 상황정보 및 담화맥락이 중요한 언어현상으로 자리잡은 까닭이라 하겠다.

<울도 담도 없는 집>에서의 생략 역시 <다큐채널, 수요일, 자정>에서와 마찬가지로 형태적 동일성에 의한 생략과 의미적 동일성에 의한 생략이 빈발하는 가운데, 형태범주의 동일성과 의미범주의 동일성에 의한 생략이 나타나고 있다. 따라서 이러한 현상은 현대담화에서 보편적인 것으로 이해해도 좋을 듯하다.

다음으로 현대소설 텍스트에 나타난 생략의 특성을 살펴보았다. 먼저 <다큐채널, 수요일, 자정>에 나타난 생략은 결속성을 강화하는 인자로 작용하고 있다. 또한 생략의 복원에서도 부가정보원을 원활히 활용해야 하는 경우가 많으며, 초점정보를 우선적으로 드러내기 위하여 신정보를 단독으로 제시하는 현상도 나타난다. 나아가 중세국어에서는 볼 수 없었던 범주적 개념의 생략이 자주 실현되기도 한다.

<울도 담도 없는 집>에 나타나는 생략은 신정보인 레마만이 단독으

로 제시될 수 있도록 돕는다. 또한 한국어의 특성에 해당하는 것으로, 주어 생략도 빈번히 일어난다. 그리고 이러한 생략기제의 적절한 활용으로 텍스트의 심층결속성을 강화하여 정보성을 상승시키기도 한다.

셋째로, 현대희곡 텍스트에서의 생략의 유형과 특징에 대하여 고찰하였다. 여기에서는 <살아있는 이중생 각하>와 <부평초>를 대표적으로 들어 생략의 실제적인 모습을 고찰하였다.

<살아있는 이중생 각하>나 <부평초> 모두 앞에서 분류한 생략의 네 가지 유형이 고루 실현되고 있다. 말하자면 형태적 동일성에 의한 생략이나 의미적 동일성에 의한 생략 그리고 형태범주의 동일성에 의한 생략과 의미범주의 동일성에 의한 생략이 고루 나타나고 있다. 특히 범주적 동일성에 의한 생략은 중세국어의 생략과 변별되는 요소라 하겠다.

다음으로 이들에서 나타나는 생략의 특성을 확인해 보았다. 먼저 <살아있는 이중생 각하>에 나타나는 생략은 정보성을 상승시키는 기제로 기능하고 있다. 나아가 이 작품에서는 상황맥락에 의거해 정보를 생략하는 경우가 많은 것도 한 특성이라 하겠다.

<부평초>에 나타나는 생략은 심층결속성의 상승을 가져옴은 물론, 구정보와의 연결고리를 과감히 벗은 채 신정보만을 단독으로 제시하기도 한다. 나아가 범주적 개념의 생략이 나타날 때 상황맥락이나 담화 참여자의 인지정보에 크게 의존하여 생략정보를 해석해야 하는 경우가 많다.

제 5 장

매체담화에서의 생략의 실제와 분석

언어 경제성의 원칙에 입각하여, 의사소통 과정에서 보편적으로 실현되는 것이 바로 생략이다. 그러다 보니 매체담화에서도 의사소통의 걸림돌로 작용하는 요소를 과감히 생략하고 있다. 더욱이 매체담화에서는[1] 시공간적인 특성 때문에 일반담화에서보다 생략이 더욱 빈발하고 있다. 실제로 매체담화에서는 강한 결속력을 위해 신정보만으로 담화가 전개되기도 하는데, 이는 일반담화의 그것과 변별되는 요소라 하겠다.

이 장에서는 이러한 매체담화의 유형과 생략현상을 살피고, 이어서 이 매체담화에 나타나는 생략의 특성을 검토해 보고자 한다.

5.1. 매체담화의 유형

생략은 급변하는 현대생활에서 아주 중요한 언어기제로 작용하고 있다. 이는 담화 참여자가 원하는 정보를 우선하여 전달하려는 언어심리의 발현 때문이지만, 정보화 시대를 사는 언중의 의식변화에 따른 것이기도 하다. 따라서 생략이 담화에서 차지하는 비중은 자연스럽게 커질 수밖에 없다.

---

1) 매체담화는 전화나 통신에서의 담화, 그리고 신문이나 잡지에서의 담화를 통칭하는 것이다. 그렇기에 일상적인 담화와는 달리 특수한 상황이 전제된 담화유형이다. 담화가 전개되기는 하되, 언어를 제외한 다른 매체의 도움이 필요하기 때문이다. 따라서 추후에 더 적절하고 합리적인 용어가 제시되면 충분히 수정할 수 있음을 명기해 둔다.
김진수(1998)에서는 텍스트의 유형을 활자매체유형(문학작품·교과서류 등), 영상매체유형(영화류·TV대담·보도 및 해설·중계), 음성매체유형(라디오 연속극·전화대화·음성메시지 자료·음성광고자료)으로 나누었는데 본 연구의 매체담화와 맥을 같이 한다.

우리는 일상의 담화구성에서 알고 있거나 알고자 하는 신정보의 신속한 전달과 획득을 위해, 걸림돌로 작용하는 수많은 구정보를 생략한다. 하지만 구정보가 생략되어도 정보의 전달이나 획득에는 큰 문제가 발생하지 않는다. 그것은 생략된 정보가 청·화자에게 이미 테마로 처리되어 레마로서의 역할을 수행하지 못하기 때문이다.[2] 이는 서로 공유하는 정보이기 때문에 발화하지 않아도 정보교환의 측면에서 큰 문제가 되지 않음을 의미한다.

우리가 상정하는 일반적인 담화상황은 동일한 시간과 공간 내에 청·화자가 공존하며 서로의 얼굴을 보고, 정보를 교환하는 것을 의미한다. 말하자면 같은 시·공간적 배경을 바탕으로 화제를 선정하고 원하는 신정보를 교환하는 것이다. 그러는 과정에서 구정보를 생략하거나 상황정보 및 인지정보에 의거해 추론이 가능한 정보들을 생략하는 것이다.[3] 하지만 같은 시·공간적 배경을 상정하지 않고도 담화가 전개되는 분야가 있다. 바로 전화나 컴퓨터통신 그리고 신문·잡지 등을 통한 담화가 그것이다.(강연임, 2000b)[4]

---

2) 테마와 레마에 대해서는 많은 해석이 제시되어 왔으나, 본 연구에서는 이들에 대해 신정보와 구정보의 개념으로 파악하고자 한다. 담화 참여자들이 원하는 정보에 해당하는 레마를 얻기 위해 테마를 과감히 생략하기 때문이다. 실제로 테마는 비초점화되었기 때문에 생략해도 정보의 전달이나 담화전개에 있어서 무리가 생기지 않는디.

3) 담화상황에서 생략되는 대상은 일반적으로 선행발화에서 논의된 언어정보, 담화가 전개되는 정황에 의한 상황정보, 그리고 인지구조 속에 자리잡은 인지정보 등이다. 이들은 모두 담화상황에서 공유된 정보로써 청·화자에게는 중요한 초점정보가 되지 못하기에 생략된다.

4) 텔레비전의 광고 역시 특정한 대상과 일 대 일로 담화를 전개하는 것이 아니라, 불특정 다수를 대상으로 담화전개가 이루어지기 때문에 매체담화의 유형에 속한다. 하지만 여기에서는 지면매체만을 우선적으로 살피고, 이에 대해서는 추후의 과제로 유보하고자 한다.

전화나 컴퓨터통신을 이용한 담화는 현대의 언중이 일상적으로 행하는 유형이다. 고도의 통신망이 발달한 현대사회에서 전화나 컴퓨터통신은 아주 중요한 의사소통 수단이 되었다. 그리하여 공간적인 배경을 무시하고도 전화매체나 컴퓨터통신을 이용하여 마치 서로 같은 공간에 존재하는 것처럼 담화를 전개할 수 있다.[5] 이러한 담화상황은 일상적인 담화에서와는 다르게 매체의 도움을 받아서 진행된다. 따라서 자연스럽게 공간적인 제약이 따를 수밖에 없다.[6] 서로 다른 공간에서 특수한 매체를 통해 원하는 정보를 교환하기 때문이다. 따라서 담화에 참여하는 청·화자가 담화상황이나 공통된 인지정보를 공유하지 못한 채 담화를 전개하는 특성이 있다. 이렇게 특수한 환경 때문에 여기서 발생하는 생략은 일상적인 담화에서와는 사뭇 다르다. 즉 상황정보나 인지정보를 공유하지 못하기 때문에 같은 발화에 대해서도 각기 다른 정보로 해석하게 된다.

신문이나 잡지 등을 통한 정보전달 및 수용도 구체적인 청자나 화자가 존재하지 않는 담화유형이다. 비록 많은 구독자를 화자나 청자로 인식하고 담화를 전개하지만, 이들 역시 기본적인 의사소통의 매체인 음성언어 이외에 이차적인 매체의 도움으로 담화가 전개된다. 말하자면 지면매체인 관계로 음성언어가 아닌 문자언어의 도움을 받아야만 담화가 가능하다. 하지만 구체적인 시공간적인 배경이 없을지라도 원하는 정보를 전달하거나 수용하는 담화의 기본 원칙을 유지하고 있다. 따라서 이들 역시

---

5) 최근 들어 성행하는 화상채팅이 대표적이다. 이는 공간을 공유하지는 않았지만, 마치 공유한 것처럼 담화가 진행된다.

6) 물론 컴퓨터통신망을 이용한 화상담화의 경우는 비록 같은 공간은 아니지만, 화면을 통해 서로 마주한 채 담화를 전개한다. 그러나 이러한 화상담화 역시 엄밀한 의미에서 공간을 공유한 것은 아니다. 단지 화상이라는 매체의 도움으로 서로 얼굴을 확인할 수 있을 뿐 실제 마주보며 담화를 전개하는 상황과는 생동감이나 분위기가 전혀 달라서 의미파악도 판이해지기 때문이다.

매체담화의 한 유형으로 설정할 수 있다.

여기에서는 위와 같은 담화를 통칭하여 매체담화라고 명명하고자 한다. 실제로 매체담화는 같은 공간배경이나 상황배경을 공유하지 않았거나, 구체적인 청자를 고려하지 않은 담화라고 할 수 있다. 이러한 매체담화는 담화가 전개될 때 언어매체 이외에 또 다른 매체의[7] 도움을 받는다. 그렇기 때문에 일상적으로 행해지는 담화유형과는 다소 다른 특징과 의미 기능이 나타날 수밖에 없다. 여기에서는 이러한 매체담화에서 발생하는 생략과 그들이 수행하는 의미 기능 및 특성에 대하여 살펴보도록 하겠다.

5.2. 매체의 유형에 따른 생략현상

5.2.1. 통신매체에서의 생략

현대는 정보통신의 시대라고 할 만큼 다양한 통신수단이 등장하여 정보에 대한 욕구를 충족시키고 있다. 더욱이 급변하는 사회에 부응하다 보니 통신을 활용한 매체담화에서도 생략이 빈발하고 있다. 이러한 매체담화는 아무래도 여러 가지 제약 조건이 따르기 때문에 일반담화와는 다소간의 차이가 나타난다. 여기에서는 이러한 통신매체를 전화통신과 컴퓨터통신으로 대별하여 고찰해 보고자 한다.

---

7) 예를 들면 전화통신이나 컴퓨터통신, 그리고 기계매체나 활자를 통한 문자언어 등이 그것이다.

5.2.1.1. 전화통신에서의 생략

이른 시기부터 정보교환의 수단으로 자리잡은 것이 바로 전화통신이다. 이제 전화매체는 현대를 살아가는 우리에게 결코 빼놓을 수 없는 정보교환의 중요한 수단이 되었다. 그러나 전화담화도 컴퓨터통신 담화에서와 마찬가지로 일상적인 담화전개와는 사뭇 다른 특징을 가지고 있다. 담화의 화자와 청자가 같은 공간을 공유하지 못하고, 오로지 목소리에 의존하는 한계로 인하여 정보교류에 있어서도 오류가 발생할 수 있기 때문이다. 여기에서는 전화통신에서 나타나는 생략에 대해 몇 가지 관점에서 살펴보도록 하겠다.

첫째로, 전화통신에서는 상대방의 신분을 확인하는 곳에서 종종 생략기제가 활용되고, 아울러 일방적인 담화가 전개되는 특성을 가지고 있다는 점이다. 즉 신분을 간략하게 확인하고, 이어서 한 쪽에서만 지속적으로 발화하는 것이다. 다음의 예문을 보자.

(1) "네, 김명웁니다."
    "……"
    "여보세요."
    "저 명지엄마예요. 애가 전철을 타고 가다가 몹시 토했어요. 여기 지금 오피스텔 근처 전철역인데요. 실례가 되지 않는다면 잠시 들어가서 애를 좀 안정시킨 다음에 가고싶어요. 안된다면 하는 수 없구요."
    "애는 어떤데? 그래요, 얼른 와요, 애가 문제지. 여긴 907호실이야."
    (공지영, <고등어>)

위의 전화담화를 보면 일상의 담화에서처럼 생략기제가 빈번히 활용된다. 그런데 전화담화에서 가장 흔하게 나타나는 생략은 바로 상대방의 신분을 확인하는 곳이다. 위의 담화에서도 자신의 신분을 밝히면서 상대방의 신분을 은연중 확인하되, 생략기제를 활용하고 있다. 즉 '네, 김명웁니다'의 발화만으로도 우리는 생략정보 '전화를 거신 분은 누구세요?'를 추론할 수 있다.

또한 두 번째 화자인 명지 엄마는 자신의 소개를 마치자마자 곧바로 원하는 정보만을 전달하고 있다. 즉 자신이 전달하고 싶은 신정보만을 발화할 뿐 그 외의 정보는 언급하지 않는다. 그리하여 담화가 전개되는 동안 청·화자에 대한 언급이 일상적인 담화에서처럼 일어나지 않는다. 마지막 발화 역시 자신이 원하는 신정보만을 언급할 따름이다.

둘째로, 전화통신에서는 담화가 전개되는 동안 상황정보의 유출이 사실상 불가능하다는 점이다. 말하자면 언어적 발화정보 이외에는 담화맥락에 도움을 줄 수 있는 상황정보가 사실상 실현되기 어렵다는 것이다. 그래서 담화에 참여한 청·화자는 담화전개에서 간접적으로 제공되는 억양이나 음색·강약 등을 감안하여 생략정보를 파악할 수밖에 없다.[8] 다음의 예문을 보도록 하자.

> (2) 배여사 : "이재부동산입니다."
> 금 주 : "엄마, 나"
> 배여사 : "어"
> 금 주 : "명원이 어느 친구네 갔던 거래?"
> 배여사 : "원주"
> 금 주 : "은구한네 틀으니까 병원이 누구 여자 있다며, 엄마 알어?"
> 배여사 : "은주두 아냐?"

---

8) 상대방을 볼 수 없기 때문에 정보전달의 보조수단으로 수반되는 손짓을 생각할 수 있다. 즉 전화를 하면서 혼자서 유난히 손짓이나 표정을 풍부하게 하는 경우가 그것이다. 이것은 상대방을 볼 수 없는 화자의 심리에서 기인하는 것이다. 상대가 볼 수는 없지만, 손짓을 함으로써 자신의 정보전달에 생동감이나 명료함을 더 부여할 수 있을 것으로 판단한 화자의 발화심리 때문이라 하겠다.

금 주 : "어 한번 물었는데 누군지 얘기 안하드래 나중에 한다구 그러구. 결
　　　　혼 문제 터진 거야?"
배여사 : "니들은 모른 체 해."
금 주 : "어떤 여잔데?"
배여사 : "나중에 얘기할게, 끊어."
금 주 : "알았어."

(MBC 드라마 <보고 또 보고>)

(3) A : "네에"
　　B : "저 …… 은림이에요."
　　B : "여보세요 ……. 말을 꺼내려니까 이상하다……. 잊어버렸어요? 나 은림이
　　　　라구, 노은림 ……. 여보세요?"
　　A : "듣고 있어."
　　B : "미안해요. 그냥 웃음이 나왔어. 생각해보니까 우스운 것 같아서 ……. 여
　　　　기 지하다방이야. 꼭 내가 스물여섯 살 적에 형한테 몰래 전화 걸던 생각
　　　　이 나는 거 있지."
　　A : "……."
　　B : "이 근처에 볼일이 있어서 왔다가 ……."
　　B : "이제는 형을 만나도 될 것 같아서 ……."
　　A : "알았어. 기다려, 내려가지."

(공지영, <고등어>)

위의 전화담화에서도 구정보나 비초점정보로 인식되는 많은 요소들이
생략되었다. 그러나 이러한 정보가 유실되어도 담화전개에서 어색함은
발생하지 않는다. 오히려 담화에 필요한 정보만을 발화함으로써, 정보전
달의 신속성을 획득한다.

(2)에서는 금주의 지속적인 화제제시에 의해 담화가 이루어진다. 그에
대해 배여사는 생략기제를 이용하여 소극적인 대응만을 보이고 있다. 화
제의 대상인 명원도 이미 구정보화되어 생략하고, 레마에 해당하는 그에
게 일어난 사건만을 이야기한다.

(3)의 담화에서는 일방적인 발화가 연속하여 일어난다. 이로 볼 때 전화담화에서는 상호 교환성이 무시될 수 있다. 화자인 노은림과 청자인 형은 담화가 전개되는 동안 한 번도 바뀌지 않는다. 계속되는 개시발화는 노은림에 의해서 이루어지고, 청자인 '형'은 대답에 해당하는 발화를 회피하고 있다. 이는 청자가 듣고 있을 것으로 전제하는 전화담화의 특성 때문에 일어난다. 그렇지만 청자의 답변에 해당되는 발화가 생략되더라도 발화맥락을 감안하여 담화가 지속될 수 있다. 이러한 현상은 전화담화의 특징으로 이해해도 좋을 것 같다. 다음의 예문을 보자.

(4) 오전에 만나자는 그의 전화가 왔을 때, 나는 전과 달리 차분하게 되물었다.
   "무슨 일이세요?"
   그러자 잠시 침묵이 흐른 뒤 그가 말했다.
   "아, 알겠소. 바쁘신 모양이니 이만 끊어요."
   역시 차분한 목소리였다. 통상으로 그의 목소리는 과장하는 투거나 당황을 감추느라 억눌린 것이어서인지 그 차분함에 나는 왠지 가슴이 철렁했다.

(이문열, <레테의 연가>)

위의 전화담화를 보면 청·화자는 상대방의 전화 목소리에 의존해서 원하는 정보를 도출하고 있다. 즉 청자의 감정상태를 목소리의 억양이나 음색으로 확인함으로써 발화 이외의 정보를 획득하는 것이다.[9] 이처럼 전화담화에서는 일상담화에서의 얼굴표정에 해당하는 상황정보를 확인할 수 없기 때문에 음색을 통해서 해당 정보를 얻을 수밖에 없다.

---

9) 전화담화에서 나타나는 또 다른 특징은 청·화자가 얼굴을 마주하지 않았음에도 불구하고 마치 상대가 눈앞에 있는 것처럼 온갖 몸짓을 다하면서 담화를 전개한다는 점이다. 이것은 역설적으로 청자가 눈앞에 없음을 의식하여 자신의 의사를 더 정확하게 전달하려는 수단이라 하겠다. 청자가 눈앞에 보이지 않기 때문에 화자는 자신의 의도를 더욱 분명히 전달하기 위하여 무의식적으로 발화에 수반되는 그러한 행동을 취하는 것으로 이해할 수 있다.

전화담화에서도 일반적인 담화에서처럼 생략기제가 빈번히 사용된다. 그렇지만 전화담화에서의 생략은 일상적인 담화에서의 생략과는 달리 정보파악에 있어서 부가적인 상황정보의 도움보다는 단지 목소리의 음색이나 억양에 의지하는 경향이 강하다. 그러나 발화상에서 생략되는 요소는 역시 일상적인 담화에서와 마찬가지로 중요하지 않은 구정보로 일관되고 있다.

이제까지 전화통신에서 나타나는 생략에 대해 살펴보았다. 전화통신에서는 상대방의 상태를 목소리를 통해 확인한 후, 생략기제를 적절히 활용하면서 전달하고자 하는 신정보만을 제시한다. 또한 상황정보의 유출이 불가능하기 때문에 정보전달에 부가되는 음색이나 억양만으로 발화자의 의도를 파악해야 한다.

5.2.1.2. 컴퓨터통신에서의 생략

현대인들은 급변하는 언어현실에서 불필요한 부분이나 다소 길다고 생각되는 요소들을 과감히 생략하거나 축약한다. 가장 대표적인 것이 청소년층에서 유행하는 통신언어이다.[10] 통신언어에서 이해할 수 없는 어휘들이 많은 것도 바로 이 때문이다. 그러나 이러한 어휘들은 통신 사용자들에게 있어서는 이미 보편적인 현상이다. 그만큼 이러한 어휘들이 통신 참화자들에게 생명력을 얻었다는 이야기이다.

통신언어는 기존의 문법적인 용례에 비추어 보면 당연히 비문이지만,

---

10) 도효근(2001)에 의하면 통신언어의 범위를, 음성담화를 제외한 컴퓨터통신과 인터넷통신 그리고 휴대전화나 매스컴 등에서 사용하고 있는 문자언어까지 포함된다. 본 연구에서도 이러한 범위설정에 동조하면서 이들에 나타나는 생략을 살펴보고자 한다.

정보를 간단하게 교환한다는 점에서 빠른 속도로 퍼져나가고 있다. 실제로 현대인들 중 상당수는 컴퓨터통신을 이용하여 자신의 의사를 전달하거나 다른 사람의 의견을 수렴한다. 그만큼 우리 생활의 깊숙한 곳까지 자리잡게 된 것이 바로 컴퓨터통신이다. 이 컴퓨터통신은 세기가 바뀌면서 그 중요성이 강조되는 가운데 의사소통의 한 방법으로 확고하게 자리를 잡아가고 있다. 따라서 컴퓨터통신을 이용한 네티즌의 담화는 이제 중요한 정보교환의 수단이 되었다.

컴퓨터통신 담화는 일상담화와는 변별되는 특징이 있다. 즉 청·화자가 공간적 배경을 공유할 수 없는 한계로 인해 서로에 대한 상황정보를 추출할 수 없다는 점이다.[11] 이는 서로에 대한 감정이나 상황정보를 인지하지 못한 채 단지 모니터에 나오는 문자언어에 의존해 의사소통이 이루어지기 때문이다. 그러다 보니 직접적인 의사소통에서와는 달리 간접정보를 얻지 못한다. 그럼에도 불구하고 컴퓨터통신이 현대인의 생활에서 의사소통의 주요 수단인 것만은 틀림없다. 따라서 여기에서는 컴퓨터통신에서 나타나는 생략에 대해 몇 가지로 나누어 확인해 보도록 하겠다.

첫째로, 컴퓨터통신에서는 대폭적인 생략이나 축약을 통해 신속한 정보전달을 도모한다는 점이다.[12] 잘 아는 것처럼 컴퓨터통신에서는 자판

---

11) 상황정보라고 하면 일반적으로 담화가 전개되는 동안에 발생하는 모든 정황적 요소들을 말한다. 예를 들면 발화에 수반되는 억양이나 빌화의 행동, 일굴표정, 손짓이나 발짓, 분위기 등이 이에 해당된다. 이들은 발화자의 발화의도를 파악함에 있어서 발화 이상으로 중요한 기능을 수행할 때도 있다.

12) 장소원 외(2002 : 79)에 의하면, 통신언어는 경제성과 표현성을 추구한다. 시간절약을 위한 경제적 장치로는 소리나는 대로 적기, 음절 줄이기, 문장의 불완전한 종결형, 종결어미 변용, 조사생략을 들 수 있고, 표현적 장치로는 소리나는 대로 적기, 음절 늘리기, 비표준어의 사용, 어미 변용, 호칭과 경어법 사용, 기호를 이용한 표현 등이 있다. 경제성과 표현성을 제고하는 차원에서 생략이 활용되고 있는 것이다.

을 조작하여 담화를 전개한다. 그러다 보니 시간이 오래 걸리는 단점이 있다. 그러한 미비점을 보완하기 위해 활용하는 것이 바로 축약과 생략 이다. 다음 인용문을 보도록 하자.

(5) A : 안냐세요. 전 연주(임돠) 소개 소개~. (안녕하세요. 전 연주입니다. 소개 좀 부탁합니다.)

B : 안냐셔. 난 킹카. 고딩. (안녕하세요. 난 킹카입니다. 고등학생이구요)

······ 중 략 ······

A : 앤 있음? (애인 있습니까?)

B : 업음. 근데 있으면 함. 넘 좋음. (없어요. 그러나 있었으면 합니다. 너무 좋을 것 같아요.)

A : 나두. 그럼, 휘리릭~~. (나두요. 그럼, 안녕)

(중학교 2학년 학생의 채팅 자료)

(6) 킹카 : 하이. 소개소개.

엔젤 : 안냐셔요. 중2 여.

킹카 : 저두여.

엔젤 : 범생?

킹카 : 노.

엔젤 : 친구 차저?

킹카 : 응.

엔젤 : 취미 특기는?

킹카 : 음악 듣는 거. 너는?

엔젤 : 무용.

(중학교 2학년 여학생의 채팅 자료)

위의 인용문은 서로 모르는 상태에서 컴퓨터통신으로 담화를 전개해 나간다. 그런데 위의 담화를 보면 일반담화와는 상당히 다르다. 즉 청·화자간의 의례적인 인사 등이 생략되었을 뿐만 아니라, 서로의 소개 역시 필요한 정보만을 교환한다. 문법적 어사인 조사나 어미도 대부분 생략되었으며, 신정보에 해당하지 않는 언어정보 역시 발화되지 않았다. 그래서 신정보를 둘러싼 문법적인 어사들이나, 구정보이기는 하나 생략대상에 잘 포함되지 않는 언어요소들까지 모두 생략되었다.13) 이를테면 담화맥락상 꼭 있어야 하는 초점 요소나 신정보 이외에는 모두 발화되지 않고 있다. 이러한 담화의 전개는 신정보만으로 연결고리를 형성하여 상당한 표층결속성을 담보한다. 또한 담화 전체를 신속하게 전개하기 때문에 결속력을 강화하기도 한다. 이처럼 컴퓨터통신 담화에서는 생략이 빈번히 실현되면서 정보교환의 신속성을 가능케 한다.

둘째로, 컴퓨터통신에서는 어휘는 물론,14) 구나 문장에서도 생략과 축약이 일반화되어 비문을 양산하고 있다는 점이다. 컴퓨터통신 담화에서의 생략을 어휘단위 안에서의 생략과 통사단위 안에서의 생략 그리고 문장 차원에서의 생략으로 크게 나눌 수 있다.15) 그런데 어떤 형태이든 간에 문법에서 상당히 일탈된 채 가장 초점이 되는 요소만을 언급하고 있다. 컴퓨터통신에서 많이 쓰이는 생략어를 유형화하여 살펴보면 다음과 같다.

(7) 어휘단위 안에서의 생략
    젤루(제일로, 가장), 시로(싫어), 설 사람(서울 사람), 걍(그냥), 고딩어·고삐리
    (고등학생), 잼(재미), 초딩(초등학생), 머거써요(먹었어요), 넘(너무), 앤(애인),

---

13) 특히 난어 내의 생략은 어휘적 의미를 이느 정도 살리기 때문에 가능하다 또한 기존의 단어보다는 짧아졌기 때문에 빠른 의사전달을 가능케 하는 강점을 가지기도 한다. 통신 참여자들이 조금이라도 빨리 담화를 전개하고 싶어하는 심리를 반영한 것으로, 때로는 독특한 조어법에 입각하여 새로운 단어를 형성하는 경우도 있다.

14) 도효근(2001)에서는 컴퓨터통신 언어에서 나타나는 부정적인 요소로, 소리나는 대로 적기, 음운의 탈락·첨가, 음절 줄이기와 늘리기, 자모음의 혼용과 띄어쓰기, 부호를 이용한 표현(이모티콘) 등을 제시한다.

15) 물론 조사의 생략은 일상의 담화에서와 마찬가지로 아주 기본적인 것이다.

중딩어(중학생), 금율(금요일), 낼(내일), 섭(수업), 겜방(게임방), 멜(메일), 아디
(아이디), 이멜(이메일), 컴(컴퓨터), 남친(남자친구), 여친(여자친구), 폰(휴대폰),
글쿤요(그렇군요), 멜임다(메일입니다), 암(아무), 언(어느), 울(우리), 근데(그런
데), 담에(다음에), 드뎌(드디어), 쌤(선생님), 학주(학년주임), 담탱이(담임선생
님) 등

(8) 구단위 안에서의 생략
강추(강력 추천), 방제(대화방의 제목), 통대(통화중 대기), 즐통(즐거운 통신),
언냐 여까지(언니야, 여기까지), 즐건 섭(즐거운 수업), 서롤(서로를) 등

(9) 문장단위 안에서의 생략
어솨요(어서오세요), 방가(반갑습니다), 글쿠나(그렇구나), 모해요(뭐해요), 안대
(안돼), 안나세요(안녕하세요), 그럼 이만 즐(그럼 이만 즐거웠어요), 맘이 넘
아파(맘이 너무 아파요), 쫌 예뿌당(조금 예쁘다) 등16)

이외에도 컴퓨터통신에서 사용되는 축약어 및 생략어는 상당히 많다.
그런데 이러한 것들이 문제가 되는 것은 비단 비문법적인 현상 때문만은
아니다. 생략이 효율적인 의사소통을 위해 활용되는 기본적인 기제임을
감안할 때, 위의 예에 보이는 생략은 이러한 목적을 많이 벗어나기에 문
제이다. 즉 시간 절약-컴퓨터 자판을 더 적게 칠 수 있다는-을 이유로
의사소통에 지나친 제약을 가한다는 것이다. 물론 컴퓨터통신 참여자들
에게 있어서 이러한 예들은 낯선 대상이 아니다. 하지만 이러한 언어현
상이 일상의 담화로 다시 환원된다는 데에 문제의 심각성이 있다.

특히 소리나는 대로 적는 것이나 음절을 줄인 표현, 문장의 불완전한
종결형, 조사생략 등은 대표적인 생략이나 축약의 경우인데(장소원 외
(2002 : 80)) 이들은 모두 통신상에서 타수를 줄이면서 비롯된 것이다. 그

---

16) 본 연구에서 제시하는 예들은 필자가 개인적으로 조사한 자료와 도효근(2001)에
    서 제시된 예들 중에서 생략과 관련된 것만 추출하였다.

로 인해 신속한 정보전달의 효과를 거두는 면이 없지 않다. 하지만 일상 언어의 모습을 상실하였기에 문제가 된다. 이에 해당하는 예를 들어 보면 다음과 같다.

> (10) 소리나는 대로 적기 : 나 따 당하기 시러(싫어), 추카추카(축하, 축하), 2시간 30분째 이러구 이씀(있음)
> 음절 줄이기 : 드뎌 여러분이 기다리시던(드디어), 죄송함다(죄송합니다), 비됴 나오면 봐야지(비디오), 점 어디 가찌?(전부, 갔지)
> 문장의 불완전한 종결형 : 그것보고 무서워했던 제 자신이 부끄럽~, 흠 그럼 이만 즐~~~~
> 조사생략 : 세이해요...이따가~저 술 마시고요, 언니 술 오른다. 웹웹~

(10)에서 보면 여러 곳에서 생략이 나타난다. 이들은 모두 신속한 정보전달의 차원에서 야기된 것이다. 하지만 사용된 어휘들이 대부분 제 모습을 갖추지 못해서 문제가 된다.

셋째로, 컴퓨터통신 담화에서 새롭게 나타난 현상 중의 하나로 부호를 종종 활용하고 있다는 점이다. 긴 문장 대신 간단한 부호를 이용해 자신의 의사를 전달하는 것이다. 이는 전달정보를 응축·기호화했다는 점에서 강한 정보성을 확보한다. 그리고 분량 면에서 문장보다는 아주 간단한 형태이기에 신속한 의사교환도 가능하다. 따라서 이러한 부호의 사용 역시 일종의 생략으로 간주할 수 있다. 통신에서 사용되는 부호를 이모티콘(emoticon)이라 하는데 몇 가지 예를 제시하면 다음과 같다.[17]

---

17) 통신상에서는 부호를 여러 번 반복하는 경우가 있는데, 이 역시 화자의 발화의도를 반영한 결과이다. 대체로 여기에서는 마침표나 쉼표 등의 문장부호가 필요 이상으로 여러번 반복된다. 예를 들면 "나두..... 조아조아...... / 그럼???, 아니죠??? / 가득!!!!!, 삼행시!!!!!, 어쩔까나!!!!! / 가야쥐~~~, 삐짐~~~, 꾸벅~~~, 휘리릭~~" 등이 그것이다.

(11) 부호화한 것

☆, ★, ♬, :, ;, -, ~. ♡, ♥.

(12) 이모티콘으로 표현한 것

:-](진지한 미소), ^ ^(미소), ^-^(소박한 미소), >.<(찡그리기), ^0^(호탕한 웃음), *^-^*(만족스런 기분), ;-(0) (고함치는 모습), S(*^-^*)S, --○---○--, * s ▶@◀ s *, -_-;;, -_-, ^ ^ ;;; 등

이외에도 많은 부호를 활용한다. 컴퓨터통신에 참여하는 청화자는 이러한 부호를 사용하여 더욱 빠르게 신정보를 전달한다. 또한 이들은 지루한 담화에서 탈피하도록 하거나 표현의 다양성을 제공하는 장점을 가지기도 한다. 그리하여 때에 따라서는 화자의 감정을 언어정보로 나타내는 것보다 더 효과적일 때도 있다.

부호(이모티콘)를 이용한 통신언어로 휴대전화의 문자메시지를 들 수 있다. 컴퓨터통신과는 다른 환경적 특징(문자 표시창) 때문에 언어의 중의성을 이용하여 기호, 문자, 숫자를 의사소통의 보조장치로 자주 활용한다. 휴대전화의 문자메시지로 활용되는 것으로는 다음과 같은 것이 있다.(장소원 외 2002 : 96~97)

(13) 너 땜에 못사러   너를 사로
....   잡겠어
철물점에 간다   4444444444
                           4444너4444
                           4444444444

< : }= < : }= (오징어 형제), <´)++++< (뼈만 남은 생선), &&&----&&&(펭귄들의 줄다리기), !25=I=YOU(느낌이 오는 아이는 너)

언어정보보다 위의 부호로써 화자의 감정을 나타내는 것이 때로는 주

제 집약적인 정보전달이 될 수 있다. 그러나 담화에서 지나친 부호화 현상은 비문법적인 현상을 조장하는 문제점도 있다. 이 점 역시 앞으로 해결해야 할 과제 중의 하나이다.

　넷째로, 위의 세 항목과 연계하여 컴퓨터통신에 나타난 생략은 정보간에 긴밀한 연결고리를 형성하도록 돕는다는 점이다. 따라서 일상담화와는 변별되는 특성을 갖게 되었다. 일상담화에서는 초면인 경우 격식과 관련된 표현들이 많은데, 컴퓨터통신에서는 그러한 요소를 대부분 삭제하여 신정보만의 긴밀한 연결고리를 형성하고 있다. 다음의 예문을 보도록 하자.

(14) 메카 : 안나세요. 난 대딩. 넌?(안녕하세요. 나는 대학생입니다. 당신은?)
　　 네오 : 나두. 즐팅이 되길.(나두요, 즐거운 채팅이 되시길.)
　　 메카 : 방제는 모야?(대화방의 제목은 무엇입니까?)
　　 네오 : 비방. 집은 어디?(공개되지 않은 비밀 대화방. 집은 어디예요?)
　　 메카 : 설. 넌?(서울입니다. 너는?)
　　 네오 : 글쿠나. 나두. 잼없음 강퇴시킴.(그렇구나. 나도요. 재미없으면 강제
　　　　　 퇴장시킵니다)
　　 메카 : 안대. 젤루 잼있게 해주지. 밥 머거써요?(안돼요. 제일로 재미있게 해
　　　　　 주지요. 밥먹었어요?)
　　 네오 : 띰띰해. 나 간다. 빠빠.(심심해. 나 가요. 빠이빠이.)
(고등학교 2학년 학생의 채팅 대화)

　위의 인용문에서는 청·화자가 처음 만나는 경우인데, 담화전개의 일반적인 법칙들이 아예 지켜지지 않고 있다. 그리하여 일상적인 담화와는 전혀 다른 형태가 되었다. 따라서 컴퓨터통신에 대해 잘 모르는 사람은 담화 자체를 이해하지 못하게 된다. 이 담화에서는 서로간에 개인정보를 알 수 없기 때문에 상하관계 역시 존재하지 않는다. 이는 신정보만으로

신속하게 의사소통을 기하면서 빚어진 현상이다.

신속한 의사소통을 감안한 통신담화는 일상담화의 그것과 정보간의 연결고리에서 많은 차이를 드러낸다. 다음의 예문을 보면 쉽게 짐작할 수 있다.

(15) 통신담화 : 신정보∽신정보∽신정보
(16) 일상담화 : 구정보(신정보)구정보∽구정보(신정보)구정보

위에서처럼 통신에서의 담화구조는 전달하고자 하는 정보의 핵심만을 연결한 사슬형태이다. 이는 통신 참여자 모두가 필요한 신정보만을 발화하기 때문이다. 그러나 일상적인 담화에서는 원하는 신정보만의 발화보다는 사회적인 혹은 친분관계에 의해 구정보도 함께 발화된다. 말하자면 구정보와 신정보가 중첩된 결합형태라고 할 수 있다.[18] 이로 볼 때 컴퓨터통신에 나타난 생략은 신속한 정보전달을 위하여 신정보만 발화하고, 이에 따라 텍스트가 긴밀한 사슬구조를 갖게 된 것이라 하겠다.

이상에서 본 것처럼 컴퓨터통신에서 나타나는 생략은 일상적인 담화에서의 생략과는 판이한 양상을 보인다. 실제로 여기에서는 생략이 어휘·구·문장 차원에서 나타남은 물론, 부호(이모티콘)를 활용하여 의사전달이 이루어지기도 한다. 그리고 상황정보를 활용할 수 없기에 신정보만을 단독 제시하는 경우가 많다. 또한 컴퓨터를 매체로 의사소통이 이루어지기 때문에 일상적인 담화에서처럼 기존의 인지정보도 그리 큰 도움이 되지 못한다. 따라서 화면에 나타난 정보에 한정해서 의사소통이 진행될 수밖에 없다.

---

18) 물론 일상의 담화전개에서도 상황에 따라 원하는 신정보만 발화하는 경우가 있지만, 통신담화에서처럼 긴밀한 사슬구조로 전개되지는 않는다.

5.2.2. 지면매체에서의 생략

전화나 컴퓨터통신 이외에 현대인들의 중요한 정보전달 기제로 작용하는 것이 바로 지면매체이다. 대체로 신문이나 잡지, 혹은 그 외의 정보지를 통해 이루어지는 정보의 전달 및 수용을 들 수 있는데, 이들은 일방적인 정보전달이라는 특수한 환경을 가지고 있다. 말하자면 직접적이고 구체적인 청자나, 그 청자에 의한 정보요구가 전제되지 않은 상태에서 정보전달의 행위가 일어나는 것이다. 이러한 측면에서 지면 매체에 의한 정부의 전달과 수용도 매체담화의 성격을 드러낸다 하겠다.

지면매체의 대표적인 것으로 본 항에서는 신문과 잡지를 선정하였다.19) 먼저 신문은 유형에 따라 일간신문·연예신문·스포츠신문·경제신문·생활신문 등으로 구분할 수 있다. 이들은 각각의 특성에 따라 다양한 성격을 드러낸다. 따라서 그곳에 게재되는 기사도 얼마간은 다른 양상을 보일 수밖에 없다. 그리고 기사와 함께 실리는 광고 또한 유형상의 특성을 드러내게 마련이다. 어쨌든 이러한 신문의 기사나 표제어 및 광고는 언어·그림·도형 등을 매체로 독자들이 원하는 정보를 제공하고, 독자들은 그 텍스트를 바탕으로 필요한 정보를 획득한다. 그렇기 때문에 신문의 표제어나 광고문은 의사소통에 필요한 적합성과 사회적 수용성을 나름대로 갖추고 있다.

잡지의 표제어와 광고문에서도 생략이 중시된다. 신문에서와 마찬가지로 잡지기사의 표제어에서도 생략이 빈번히 활용되고 있다. 독자의 흥미

---

19) 지면 대중매체에 해당하는 신문과 잡지는 그 성격에 따라 다시 세분되고, 이들은 각각의 특징에 맞게 다소 다른 성향을 드러낸다. 그러나 이 장에서는 매체담화에 대해 포괄적인 특징을 살피는 것이 주목적이기에 신문·잡지에 나타난 생략의 세부적인 논의는 유보하고자 한다.

를 유발할 수 있는 요소로 표제어를 구성하되, 핵심정보만을 나열하기 때문이다. 우리나라의 잡지는 그 특성상 광고지면이 상당수를 차지한다. 그런데 이 광고텍스트 또한 한정된 지면 안에서 정보를 전달해야 하기 때문에 생략을 빈번히 활용하고 있다. 말하자면 신정보에 해당되는 내용으로 광고텍스트를 구성해야 하기에 생략기제가 중시되는 것이다. 독자는 이렇게 제시된 광고텍스트에 상황정보나 자신의 인지정보를 결합하여 신정보를 획득함은 물론, 나아가 행동의 변화(광고의 경우 구매행위)까지 동반하게 되는 것이다.[20] 여기에서는 신문과 잡지의 표제어 및 광고문에 나타나는 생략에 대해 살펴보도록 하겠다.

5.2.2.1. 신문의 표제어와 광고문에 나타난 생략

신문에서 생략기제가 대표적으로 실현되는 곳은 바로 표제어이다. 신문에서 표제어의 중요성은 익히 아는 바이다. 현대 언중의 대다수가 기사의 제목을 보고 그 기사의 읽을 가치를 결정하기 때문이다. 실제로 신

---

20) 광고심리학에서 고객이 구매에까지 이르는 과정을 AIDMA법칙에 따라 다음과 같이 나타내고 있다.(김혜숙, 2000)

광고에 대한 접촉 → 인지반응 → 태도변화

주의 → 흥미 → 욕구 → 기억 → 구매행위

한편 이를 바탕으로 김혜숙에서는 광고텍스트의 의사전달 효과를 다음처럼 정리하였다.

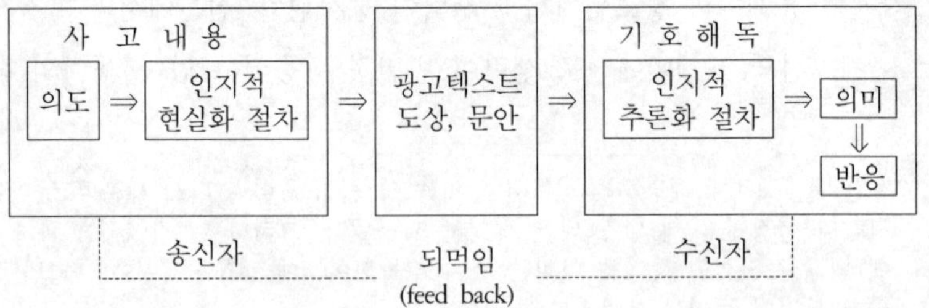

문을 볼 때 크게 제시되어 있는 머릿기사만을 보고 기사내용의 판독 여부를 결정한다. 이는 기사의 표제어가 일반적으로 해당 기사 내용을 집약해서 보여주기 때문이다.[21]

　신문에 제시되는 광고 또한 그 속성상 상품정보를 수신자에게 정확하고도 함축성 있게 제공해야 한다. 이 광고는 불특정 다수의 수용층을 상정한 후 일방적으로 정보를 전달한다. 그래서 정보를 효과적으로 제공하고 소기의 목적을 달성하기 위해서는 담화상황에 의한 적합성과 수용층에 의한 용인 가능성을 담보해야 한다. 즉 광고도 하나의 텍스트로서의 특성을 확보해야만 하는 것이다. 여기에서는 이러한 특징을 가지고 있는 신문의 표제어와 광고문에서의 생략에 대해 구체적으로 살펴보고자 한다.

　첫째로, 신문 표제어에 나타난 생략을 보겠다. 정보내용을 일목요연하게 집약해야 하는 표제어는 그 속성상 레마에 의한 구성체이기 때문에, 비초점정보인 테마는 일괄적으로 생략한다. 이는 표제어가 정확하고 신속한 정보전달을 주목적으로 하기 때문이다. 그러한 결과 표제어는 정보구조에 있어서 심층결속성과 의도성·응집성 등이 강화될 수밖에 없다. 따라서 이러한 표제어에서는 문법요소에 해당하는 조사나 어미 등이 실현되기 어렵다.[22] 다음의 예문을 보자.

---

21) 신문기사에 나타나는 생략에 대해 깊이 있게 논의하려면, 표제어나 광고문 이외에도 다양한 부분을 고찰할 필요가 있다. 그러나 본 연구에서는 세부적인 항목에 대한 논의는 훗일의 과제로 유보하고, 다만 신문 표제어와 광고텍스트만을 그 논의대상으로 한정하고자 한다. 그리고 제시되는 신문 역시 일간신문(동아일보, 중앙일보, 한국일보)만을 분석 텍스트로 한정했음을 밝힌다.

22) 이것은 비단 지면 대중매체에서만 나타나는 특징은 아니다. 일반적인 생략의 범주에서도 의미의 해석에 무리가 가지 않는 한 많은 요소들이 발화되지 않기 때문이다.

(17) 지방선거 초반부터 비방전
　　 '홍업씨 의혹' 연루자 잇단 잠적
　　 베켄바워 "한국·일본 8강 갈 수 있다."
　　 권노갑씨 경기대서 공짜월급

(한국일보 2002년 5월 30일)

위의 예문에서도 알 수 있듯이, 신문 표제어는 아주 타이트하게 연결된 사슬구조를 이루고 있다. 그래서 정보와 정보의 결속이 일상의 담화보다 더 긴밀하여 마치 신정보만을 던져 놓은 결과가 되었다. 이것은 표제어가 핵심정보의 전달과 그것에 대한 수용자의 인지를 그 생명으로 하기 때문이다. 즉 표제어는 그것만으로 그 기사의 가장 핵심적인 정보를 청자에게 전달해야 하고, 또한 그것이 오랫동안 수용자의 인지구조 속에 저장되도록 해야 한다. 그렇기 때문에 신문의 표제어 작성에서는 생략기제가 그만큼 중요하게 활용될 수밖에 없다. 이는 초점 요소가 되지 못하는 것은 그것이 비록 중요한 문법요소일지라도 생략될 수밖에 없음을 의미한다.[23] 다음의 예문을 더 보도록 하자.

(18) 월드컵 밤 수놓을 '황금커플' 아리아
　　 한국 1인당 총소득 세계 54위
　　 '우리＋광주·경남' 합병 진통

(한국일보 2002년 5월 28일)

(18)에 제시된 표제어들도 핵심적인 정보이기 때문에 다음에 이어질 기사내용의 추론도 충분히 가능하다. 말하자면 독자는 이러한 표제어만으

---

23) 텍스트 내에서 사슬구조에 의한 정보구조는 응집성으로 설명이 가능하다. 한 텍스트 내에 존재하는 다양한 요소는 서로간에 의미연쇄망으로 연결되어 결국은 주제를 지향하기 때문이다.

로 이어질 정보의 내용을 짐작할 수 있다. 특히 장소원 외(2002 : 42)에서 밝힌 것처럼 우리나라 신문 표제어는 서술어를 갖추지 않고 명사적 종결 구조를 가진 것들이 많다. 이렇게 함으로써 간결성이 확보되어 신속한 정보전달이 가능할 수 있다.[24] 이러한 표제어는 앞뒤에 이어질 구정보를 생략하고 가장 핵심적인 내용만을 제시하는 특성이 있다. 따라서 표제어는 기사내용에 대한 주제집약의 효과까지 거두게 된다.

둘째로, 신문 광고문에 나타나는 생략을 보겠다. 광고문은 정보의 신속한 전달을 염두에 두면서도, 제한된 분량 안에서 강력한 심층결속성을 담보해야 한다.[25] 그렇기 때문에 제시된 구정보나 청자가 이미 알고 있는 정보를 과감히 생략한다. 실제로 생략기제는 통사적 연결성인 표층결속성(cohesion)뿐만 아니라, 의미적 결속성인 심층결속성(coherence)까지 담보하는 기제이다. 따라서 이 생략이 광고텍스트에서 중요하게 활용될 수밖에 없다. 다음의 예문을 확인해 보자.

> (19) 인생은 게임이다.
>   Ø1 열정이 있습니다.
>   Ø1 스타일이 있습니다.
>   Ø1 골프용품에서 스포츠웨어까지－Ø2
>   신세계 강남점 1주년을 축하하며 당신을 초대합니다.
>   (2001년 10월 5일 중앙일보)

---

24) 물론 이러한 것들이 지나치게 압축되어 간혹 의미가 모호해지는 경우도 있다. 이는 올바른 언어생활을 해치는 것이기에 결코 바람직한 현상만은 아니다.

25) 장소원 외(2002 : 59)에 의하면 광고언어의 특징으로 음운적 특징, 어휘적 특징, 문체적 특징을 제시한다. 음운적 특징으로는 운율적 효과를 위한 두운·각운의 사용을, 어휘적 특징으로는 단어의 의미관계를 이용한 언어유희를, 문체적 특징으로는 구어체 문장과 수사법의 활용을 들고 있다.

(20) 정말이지 시원하게 쭈욱 Ø1 한 번 볼 수만 있다면 더 바랄게 없겠죠.
변이 좋아졌다는 분들이 많은 「불가리스」를 꾸준히 드셔보세요.
위산에도 강력한 생명력을 발휘하는 유산균의 배합과
남양유업의 앞선 발효기술로 만드는 「불가리스」
역시 Ø2 좋다는 것을 확실하게 느끼실 것입니다.

(2001년 10월 9일 중앙일보)

(19)에서는 선행발화 부분인 Ø1에서 생략이 지속적으로 실현된다. 정보에 대한 궁금증을 서서히 강화하다가 마지막 부분에 가서 해당 정보를 인상적으로 발화하기 위함이다. 일반적으로 생략은 이미 발화된 구정보를 후행발화에서 실현하지 않는 데 반하여, 여기에서는 처음부터 생략발화로 처리한 것이다. 그 생략발화에 대한 기대치를 점차 상승시키다가 마지막에서 언급하여 정보성의 상승을 의도한 것이다.[26] 그렇게 하는 것이 청자에게 생략정보에 대해 강한 인상을 심어줄 수 있기 때문이다. Ø2는 순행생략으로써 이전 발화에서 언표화된 요소 '있습니다'를 의미한다. 이로 볼 때 순행생략이든 역행생략이든 간에 비초점화되는 정보를 생략함으로써 신속한 정보전달을 도모함은 물론, 신정보나 초점정보에 대한 강조의 효과까지 고려하고 있다.

(20)에서도 Ø1은 역행생략으로 생략정보에 대한 궁금증을 유발·고조시킨 다음에 해당 정보를 언표화하고 있다. 그로 인해 통사적인 연결성이나 심층결속성뿐만 아니라, 새로운 정보를 극적으로 제시하는 효과까지 거두고 있다. Ø2는 선행발화에서의 구정보 '불가리스'를 반복하지 않음으로써, 그에 대한 화자의 평가내용이 신정보로 부각되도록 하였다. 다음의 예문을 더 보자.

---

26) 이를 그 방향성에 초점을 맞추어 역행생략이라고 한다. 반면 이미 제시된 구정보를 생략하는 것은 순행생략이라 하는데, 이는 생략의 일반적인 경향이기도 하다.

(21) 200억 짜리 새 이유식 남양 스텝 그래뉼 생
　　Ø 지금까지 보지 못한 생생한 새 입자로 만들어라 !
　　Ø 물에 남김없이 잘 풀려, 아기 몸에 쏙쏙 흡수되게 하라 !

(2001년 10월 9일 중앙일보)

(22) 3개월 후면 아이가 영어를 술~ 술~ 읽을 수 있는 이유 !
　　매직 파닉스는 배우는 재미가 다르기 때문입니다.

(2001년 10월 9일 중앙일보)

(21)과 (22)에서도 생략은 중요한 결속기제로 작용하고 있다. (21)에서 처음 제시된 정보 '남양스텝 그래뉼 생'은 이후 발화에서는 구정보로 치리하고, 그 정보의 장점에 해당하는 새로운 신정보만을 제시한다. 그리하여 새로운 정보에 초점이 놓이도록 한 것이다. 나아가 구정보를 생략함으로써 두 문장간의 통사적 연결성도 고려하였다.

(22)에서도 두 번째 발화의 결과에 해당하는 내용이 먼저 언표화되어 구정보로 처리되었다. 말하자면 '매직 파닉스는 배우는 재미가 다르기 때문에'의 결과에 해당하는 '3개월 후면 아이가 영어를 술술 읽을 수 있는 이유'를 먼저 제시하여 구정보화시키고 광고 의도인 상품을 다음에 발화하였다. 원인과 결과의 선후를 바꿔 제시함으로써 광고대상인 '매직 파닉스'에 의미의 초점이 놓이도록 한 것이다.

생략은 경제성의 원리에 따라 각 문장간의 통사적 연결성을 견고히 함은 물론, 심층결속성까지도 획득하게 해준다. 광고텍스트는 그 특성상 분량 면에서 상당한 제약을 받기 때문에 생략을 이용한 표층결속성은 필연적인 현상이다. 이는 생략이 광고텍스트에서 생산적으로 작용하고 있음을 의미하는 것이다.[27]

---

27) 이외에 표층결속성을 위한 기제로는 시제와 상, 접속표현, 기능적 문장투시법 그리고 억양 등이 있다. 시제와 상은 사상의 상대적 시간, 경계, 단일성, 순서 등을

이상으로 신문의 표제어와 광고문에 나타나는 생략에 대해 살펴보았다. 신문 표제어는 핵심정보만을 단독 제시하여 이것만으로도 정보전달이 가능하다. 광고문에서도 생략을 통해 청자에게 호기심을 유발하고, 궁극적으로는 정보전달의 효과를 높이고 있다.

5.2.2.2. 잡지의 표제어와 광고문에 나타난 생략

지면매체 중에서 언중이 전통적으로 중시하는 것 중의 하나가 바로 잡지이다. 여가시간에 틈틈이 잡지를 읽으며, 그곳에서 다양한 종류의 정보를 획득하기 때문이다.[28] 그런데 잡지에 실리는 내용은 크게 기사와 광고로 대별할 수 있다. 잡지기사는 신문기사처럼 보편성을 표방하기보다는 개별성을 중시하는 경향이 강하다. 그러는 가운데 언중이 필요로 하는 정보를 제공하는 것이다. 어쨌든 이러한 잡지기사도 그 표제어를 어떻게 제시하느냐에 따라 독자들이 가사내용에 대한 판독 여부를 결정한다.

표시하는 표층결속성의 장치이다. 접속은 부가적 관계, 택일적 관계, 대립관계 그리고 인과관계, 시간, 법 등을 통한 종속관계를 명시한다. 기능적 문장투시법은 지식이나 정보 우선도와 절과 문장의 어순 사이의 상관관계이며, 억양은 청취 가능한 음조와 조성의 특징적인 억양곡선을 텍스트에 부과하여 사용자의 기대, 태도, 의도 그리고 반응에 대한 주요 단서를 제공하는 것이다.(이현호, 1994 : 36~37)

28) 여기에서는 대표적인 여성잡지로 일컬어지는 것을 선정하였다. 20대들이 주로 구독하는 《쎄씨》와 《에꼴》 그리고 30~40대들이 주로 찾는 《여성중앙》과 《리빙센스》·《에쎈》 등이 그것이다.(《리빙센스》 2001년 10·11월호, 《여성중앙》 2001년 10·11월호, 《쎄씨》 2001년 10·11월호, 《에꼴》 2001년 10·11월호, 《에쎈》 1999년 5월호) 물론 이러한 잡지의 주요 수용층이 여성이라는 한계가 있지만, 우리나라의 잡지 구매계층이 대다수가 여성이라는 점을 감안한다면 그리 편협되지만은 않을 것이다. 그리고 이들 잡지에 수록된 광고가 호수에 상관없이 거의 비슷한데 여기에서는 변별성을 감안하여 중복되는 것을 피했다.

잡지는 그 속성상 광고의 비중이 매우 클 수밖에 없다. 그래서 잡지에서는 객관적인 기사 이외에 상품에 대한 정보제공도 큰 비중을 차지한다. 그런데 잡지에 실린 광고문도 표제어와 마찬가지로 정보 응집력이 강하다. 그것은 긴밀한 정보 집중력으로 독자층에게 깊은 인상을 주고 나아가 상품에 대한 잔상 효과를 거둘 필요성 때문이다.[29] 여기에서는 잡지에 실린 표제어와 광고문에서의 생략이 어떻게 일어나는지 살펴보기로 하겠다.

첫째로, 잡지에 실린 표제어에 나타난 생략을 살펴보도록 하겠다. 먼저 다음의 인용문을 보자.

(23) 프로 주부에 도전한다 / 에쎈 생활정보
    우리 음식을 지켜가는 자부심으로 똘똘 / 배와여대 전통조리과
    좁은 주방을 더 넓고 예쁘게 꾸미려면 / 숨어있는 빈 공간에 선반을 달아요

(23)의 표제어에서는 생략을 주요 기제로 활용하여 정보를 신속하게 전달하고 있다. 실제로 표제어는 기사내용의 핵심적인 부분을 엄선하여 집약적으로 제시하는 것이 생명이다. 말하자면 주제 정보에 해당하는 것만을 선정·표출해야 한다. 그렇기 때문에 위에서도 선행발화에서 의도하는 핵심정보만을 후행발화에서 제시하고 있다. 그리하여 두 발화체 사이에 긴밀한 결속성이 담보되는 것이다. 다음의 예문을 더 보도록 하자.

(24) 여유돈 / 어떻게 불릴까
    오순도순 만드는 재미, 먹는 즐거움 / 우리집 주말별식
    엄마가 싸야 더 맛있는 거 알죠? / 도시락 싸서 소풍가자!

---

29) 광고의 경우는 강한 기억과 잔상효과를 거두어야 한다. 그래야 구독자나 시청자가 광고를 연상하고 상품을 구매하기 때문이다. 실제로 이것이 광고에서 의도하는 최종적인 목표이기도 하다.

(24)의 표제어들도 생략기제를 활용하여 정보전달의 효과를 높이고 있다. 실제로 이들은 기사내용을 대표하는 발화체이기에 핵심정보만으로 구성할 필요가 있다. 그렇게 해야만 독자들이 기사내용이 무엇인지 추론할 수 있기 때문이다. 뿐만 아니라 생략기제를 활용하여 표제어를 집약적으로 표현할 때, 필요한 신정보를 강조할 수 있거니와 전달정보의 결속성까지도 획득하게 된다.

둘째로, 잡지 광고에 나타나는 생략을 살펴보겠다. 잘 아는 것처럼 생략은 잡지광고에서 매우 중요한 결속기제이다. 이는 새로운 정보를 추구하고, 나아가 그것을 신속하게 전달받기를 원하는 언중의 심리가 반영된 결과이다. 담화전개에서 이미 제시된 구정보는 발화자의 특별한 의도가 개입되지 않는 한 반복되지 않는다. 오히려 그것을 생략하고 신정보를 연속적으로 제시함으로써, 신속한 정보전달과 원활한 의사소통이 가능하다. 이러한 점 때문에 잡지광고에서도 생략을 빈번히 활용하고 있다. 다음의 예문을 보자.

(25) Ø 빼자!
　　여자들이여. 이제 자신있게 Ø 빼자.
　　당당하고 아름답게 사는 여자를 위하여 —
　　오늘부터 몸도 마음도 자신있게 변신하자!

(26) ……
　　내가 왜 「아인슈타인」만 고집하는지 남편도 알고 있죠.
　　Ø DHA가 천연적으로 들어있는 것도 놀라운데
　　Ø 유난히 까다로운 별도관리를 거친다니 일반 우유와는 품질부터 다르겠
　　죠?
　　……

(25)에서의 생략정보 '살'은 텍스트가 끝날 때까지 언급되지 않는다.

하지만 언어정보로 제시하지 않았을지라도 뒤의 신정보 '빼자'를 통하여 확인이 가능하다. 그렇게 함으로써 더욱 강한 정보전달의 효과를 거두게 된다. 나아가 생략이 텍스트 전체의 결속성까지도 강화시켜준다. 이를테면 '살'을 생략하고 주제정보인 '빼자'를 초점화시킴으로써 전체 텍스트의 결속력을 강화하는 것이다.

(26)에서는 제시된 신정보 '아인슈타인'을 생략하고 그것에 대한 화자의 평가내용만을 언급한다. 제시된 제품에 대해서는 이미 인지도가 형성되었기 때문에 그에 대한 평가가 다음 정보로 온 것이다. 그렇게 함으로써 사고의 진전과 함께 신속한 정보전달을 도모할 수 있다. 다음의 예문을 더 보자.

(27) 대한민국 미씨 패션이 시작되는 곳,
제일평화시장이 새롭게 문을 엽니다.
Ø 대폭 확대된 명품매장, 편리한 쇼핑을 위한
매장 구성, 더욱 여유로워진 주차장까지 —
Ø 이름은 시장이지만 품질은 백화점입니다.

(28) 아기를 위한 선택,
아기과학, 누크입니다!
Ø 엄마젖을 빠는 것과 흡사한 치의학적 수유용품입니다.
Ø 아래턱이나 치열에 문제가 생기지 않도록
아기의 구강구조까지 생각하였습니다.
Ø 배앓이를 방지하는 Air System까지……
모양은 흉내낼 수 있어도 이러한 누크의 아기과학은 따라올 수 없습니다.

(27)과 (28)에서도 생략은 중요한 결속기제로 작용하고 있다. (27)에서는 신정보이자 광고의 주제인 '제일평화시장'을 처음에 언급한 이래 지속적으로 생략한다. '제일평화시장'의 장점이 새로운 정보로 부각되어야

하기 때문이다. 청자는 이러한 과정을 통해 광고 주제에 한층 더 근접하게 된다.

(28)에서도 '아기과학, 누크'를 처음에 제시하고 이후부터는 생략한다. 그것의 장점들이 다음 발화의 신정보로 자리해야 하기 때문이다. 이미 제시된 정보이면 그것이 신정보가 아닌 이상 굳이 발화할 필요가 없다. 그리고 생략된 정보는 이미 인지정보 속에 포함되어 있기 때문에 언표화하지 않는 것이 사고의 신속한 전개에도 도움이 된다.[30]

5.3. 매체담화에서의 생략의 특징

매체담화에서의 생략은 각종 언어정보나 상황정보 및 인지정보의 원활한 도움을 받는 일상담화에서와는 달리 상당히 제한된 정보원만으로 의미해석이 진행된다. 그리하여 매체담화에서의 생략은 일상담화에서의 그것과는 달리 독특한 특성을 갖게 되었다. 여기에서는 매체담화에 나타나는 생략의 기능 및 특성을 몇 가지 관점에서 확인해 보도록 하겠다.

5.3.1. 정보성의 고양에 따른 결속성 강화

매체담화에 나타나는 생략은 고도의 정보압축으로 인해 인지도를 상

---

30) 그리고 마지막에 '아기과학 누크'를 회기함으로써 한 번 더 정리하는 효과를 거둔다. 그리하여 화자는 처음과 끝을 아기과학 누크로 처리하여 이에 대한 강조의 효과를 도모하고 있는데, 청자는 이러한 구조물에서 형식적인 안정감과 내용 전개의 명확함을 동시에 충족한다.

승시킴은 물론, 정보성까지 고양하고 있다. 말하자면 최대한 압축시킨 신정보의 발화는 전달하려는 핵심내용을 확실하게 인식시켜 전달성을 강화하는 것이다. 따라서 주요한 정보를 정확하게 전달하고, 또한 청자의 인지구조 안에서 오래 기억되도록 정보 저장력을 상승시키는 것이 바로 생략기제라 하겠다. 특히 매체담화의 표제발화는 생략기제를 활용하여 정보성의 획득은 물론, 이를 바탕으로 결속성까지도 담보하고 있다. 다음의 예문을 보자.

(29) 세상에 태어나서
처음 만나는 행복!
해피랜드
......

(30) 주름 앞에 팽팽한 자신감
헤라 링클 트리트 EX
......

위의 예에서 알 수 있듯이, 주제 집약적인 발화를 위해 표제발화를 먼저 제시한 다음, 이어서 신정보를 배치하여 신속한 정보전달을 도모하고 있다. 그리하여 독자는 원하는 혹은 필요한 정보를 바로 전달받게 된다. 이는 발화문 전체의 타이트한 표층결속성을 형성함은 물론, 독자에게도 연속적으로 사고작용을 할 수 있게 하여 정보성의 상승까지도 가능하게 한다.

신정보 이외의 구정보를 일체 발화하지 않는 것은 상당한 결속성을 확보하게 된다. 일상적인 담화에서는 신정보의 전달에 도움을 주는 구정보를 다소간 함께 언급함에 반해, 매체담화에서는 아예 모든 구정보를 발화하지 않는 경우가 많다.[31) 이렇게 구정보를 모두 생략함으로써 청자는

새로운 정보를 인지구조 안에 있는 기존의 인지정보와 결합시켜 재해석
해야 한다. 즉 신정보를 바탕으로 자신의 인지정보를 활용하여 나름대로
새로운 정보를 재창출하는 것이다. 다음의 인용문을 보도록 하자.

(31) 알뜰한 사치
　　사치라고만 여기던 원목바닥이 알뜰해집니다.
　　원목의 느낌을 그대로! 가격은 절반으로!
　　합리적인 선택 - LG우드라인

(32) 다리 성형 안했다.
　　세븐라이너 했다.
　　감추고 싶은 다리를 보여주고 싶은 다리로!
　　이제 세븐라이너가 디자인해 드립니다.

　(31)에서는 '알뜰하다'는 주제가 'LG우드라인'으로 연결된다. 그리하여
주부들로 하여금 원목바닥을 구매하도록 종용하고 있다. 나아가 그것이
합리적인 선택이라는 결론으로 연결된다.

　(32)에서는 '예쁜 다리'라는 주제 프레임을 위해 성형의 개념, 예쁜 다
리에 대한 디자인 개념을 도입하여 주제를 응집하고 있다. 두 예문 모두
주제정보를 처음부터 제시하지 않고, 주제정보에 대한 신정보들만 제시
하다가 마지막에 가서 전달하고자 하는 핵심정보를 발화하여 결속성을
강화하고 있다. 이처럼 텍스트 안에 제시된 각종 요소들은 모두 정해진
주제를 향해 연결되어 있으며, 이로 인해 텍스트의 결속력이 향상되는
것이다.

---

31) 비유하자면 일상적인 담화가 화분인 구정보에 꽂인 신정보가 담겨 있는 것이라
　　면, 매체담화는 꽂인 신정보만을 보여주는 것이다.

5.3.2. 정보의 신속한 전달과 획득

　매체담화에서는 정보전달의 신속성을 위해 초점정보가 되지 못하는 많은 요소들을 발화하지 않는다. 의사소통의 저변에는 핵심정보를 가장 빠르게 전달하려는 언중의 기저 욕구가 숨어 있기 마련인데, 이것을 가장 확실하게 만족시키는 것이 바로 생략기제이다. 그러한 면에서 매체담화에서의 생략은 정보전달의 신속성을 가능케 하는 언어기제인 셈이다. 물론 일상적인 담화의 생략에서도 신속성을 기본으로 삼지만, 매체담화에서 생략이 구현하는 신속성과는 다소간의 차이가 있다. 그것은 매체담화가 제한된 정보원의 활용이나 시·공간적인 제약, 즉 부가적인 요소가 제거된 상황에서 실현되는 것이기에 그 기능이 그만큼 중시되기 때문이다. 다음의 인용문을 보도록 하자.

> (33) 잇몸질환, 풍치, 심한 입냄새!
> 　　치아를 잃을 수도 있습니다.
> 　　－센스민트

(2001년 10월 5일 중앙일보)

　위의 예에서도 구정보에 해당하는 내용을 배제한 채 오로지 신정보만 발화하고 있다. 그렇게 함으로써 정보의 신속한 전달을 도모하고 있다. 생략된 구정보에 대해서는 독자 스스로 추론하도록 유도할 따름이다.

　이상에서 보았듯이 매체담화인 전화·컴퓨터통신, 신문·잡지 등에서는 정보의 신속한 전달을 필수적인 것으로 인식하고 있다. 그렇게 하기 위해서 많은 언어요소를 생략한 채 새로운 정보만 제시해야 한다. 이는 매체담화에서 생략기제가 정보의 신속한 전달과 획득에 일조하고 있음을 의미하는 것이다.

5.3.3. 제한적인 부가정보원의 활용

매체담화의 생략에서는 일상적인 담화에서의 생략과는 달리 부가정보원의 활용에 제한이 따른다. 즉 전달된 정보의 해석에 있어서 정보원의 도움을 선별적으로 활용해야 한다. 이러한 점에서 매체담화는 일상의 담화보다는 제한된 정보구조를 갖는다고 하겠다.

컴퓨터통신의 경우 상황정보가 대부분 배제되었을 뿐만 아니라, 상대에 대한 인지정보 역시 제한이 따른다. 그래서 화제에 대한 정보만으로 담화를 전개할 수밖에 없다. 전화담화 역시 상황정보에 있어서 상당한 제약을 받는다. 화자와 청자의 대면에 의한 담화전개가 아니기 때문이다. 그래서 화자의 어조나 음색·강약 등을 통하여 부가정보원을 활용할 수밖에 없다. 지면 대중매체의 경우에도 일방적인 담화전개라는 점에서 상황정보의 활용은 거의 불가능하다.[32] 이러한 점을 고려하여 일상담화와 매체담화의 정보전달 과정을 도식화해 보면 다음과 같다.

(34) 일상담화

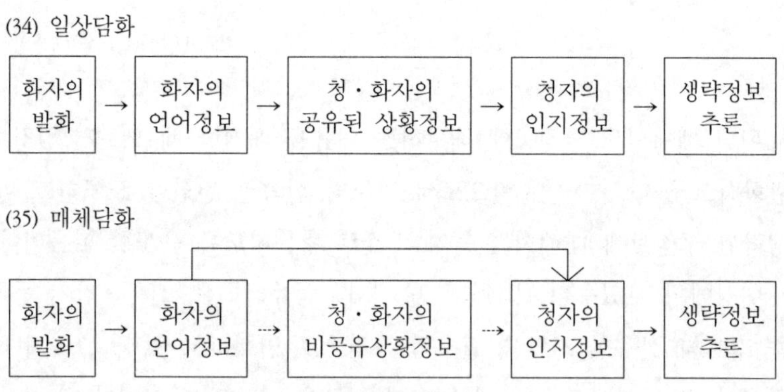

(35) 매체담화

---

32) 지면 대중매체의 정보전달은 문자언어를 통한 것이기 때문에 상황에 따른 정보는 거의 없다. 즉 어떤 정보에 관해 객관적인 사실만을 전달하는 특성 때문에 발화자 개인의 감정적 의도는 대부분 배제될 수밖에 없다.

　　매체담화의 특성상 화자가 제공한 언어정보에 청자의 상황정보가 결합되는데, 이때 공유정보-청·화자의 공유정보-는 거의 존재하지 않는다. 따라서 매체담화의 경우 생략정보를 복원 내지 추론함에 있어서 상황정보의 도움을 거의 받지 못한다. 이렇게 매체담화에서는 한정된 정보원만을 활용해야 하기 때문에 생략정보를 추론할 때 신중을 기할 필요가 있다. 다음의 전화담화를 보자.

　　(36) "나예요."
　　　　 "……"
　　　　 "여경이라구요. 듣고 있어요?"
　　　　 "듣고 있어."
　　　　 "짜증을 낼 사람이 누구라고 생각해요?"
　　　　 "여경아. 난 지금 몹시 피곤해."
　　　　 "나도 피곤해요. 세 번이나 전화했었어요. 왜 전화 안했어요? 은림씨가 말
　　　　 전해주지 않았어요?"
　　　　 "지금 막 돌아왔어."
　　　　 "그래서 막 전화 걸려던 참이었겠죠? 마악 수화기에 손을 대는데 마침 벨이
　　　　 울린 건가 요?"
　　　　 "너마저 왜 이러니? 이따가 만나서 이야기하지."
　　　　 "왜 전화 안했는지 알고 싶어요."
　　　　 "방금 돌아왔다고 했잖아."

(공지영, <고등어>)

　　(36)의 전화담화에서는 일상적인 담화에서처럼 많은 생략정보를 가지고 있다. 물론 이것들이 생략되어도 전체 담화전개에 있어서 문제가 되지 않는다. 여기에서 상당수는 자연스럽게 생략된 경우이지만, 담화전개에 있어서 화자가 의도적으로 생략기제를 사용한 경우도 있다. 일반적인 담화에서는 구정보나 비초점 요소를 생략하지만, 여기에서는 후행화자가 의도적으로 선행화자의 발화에 호응하지 않으면서 생략기제를 사용한다.

이는 후행화자의 심리상태가 반영된 것으로, 중요성이 상실된 정보라기보다는 후행화자의 회피의도를 생략기제를 활용해 표출한 것이다. 즉 후행화자는 선행화자의 질문에 일괄적으로 생략기제를 사용하면서 단지 자신의 상태만을 언급할 뿐이다. 이것은 발화자의 발화의도를 반영한 것이기에 생략정보의 복원은 이어지는 발화의 맥락에 의존해 추론해야 한다. 말하자면 담화전개에 맞지 않게 겉도는 언어정보를 토대로, 발화자의 억양·음색 등의 담화행태 그리고 청·화자의 인지정보를 통해 추론해야 한다.

5.4. 요약

매체담화는 일상적인 담화와는 달리 청·화자가 시공간적 배경을 공유하지 못한다. 뿐만 아니라 특정한 매체를 통해 담화가 전개되는 특성도 있다. 이 장에서는 이러한 매체담화에서 나타나는 생략에 대하여 살펴보았다. 이를 요약하면 다음과 같다.

첫 번째로, 매체담화의 유형을 크게 통신매체와 지면매체로 나누었다. 즉 전자에는 전화통신과 컴퓨터통신이, 그리고 후자에는 신문과 잡지가 해당된다. 이들은 모두 특정 매체를 수단으로 하여 담화를 전개하는 공통점을 가지고 있다.

두 번째로, 매체담화의 각 유형별로 생략현상을 살펴보았다. 전화담화에서는 부가정보원의 활용이 원활하지 못하여, 청자는 화자가 전달한 언어정보나 그에 수반되는 억양이나 음색 등을 바탕으로 생략정보를 복원해야 한다. 컴퓨터통신을 이용한 담화에서는 언어경제성이나 신속성을 지나치게 고려하여 비문법적인 현상까지 초래하는 경우가 많다. 이는 신정보만 신속하게 전달하여 나타난 결과이다. 지면매체에서는 강한 표층결속성과 심층결속성을 중시하고 있다. 그래서 여기에서의 전달정보는 단위화되어 핵심정보만을 신정보로 제공하는 사슬구조를 형성하고 있다.

세 번째로, 매체담화에서 실현되는 생략의 특성을 살펴보았다. 매체담화에서의 생략은 정보압축으로 인해 정보성의 상승효과를 거둔다. 그래서 일상적인 담화보다는 강한 정보압축이 수반되어, 정보의 전달력이나 전달 후의 인지도가 상당히 높은 편이다. 이는 자연스럽게 정보전달에 있어서의 신속성까지 확보하게 된다. 뿐만 아니라 매체담화에서는 부가정보원을 원활히 활용하지 못하여 제한된 정보원, 즉 화자가 제공한 언어정보와 청자가 가진-화자와 공유되지 못하는-인지정보를 중심으로 생략정보를 추론해야 한다.

제 6 장

담화에서의 생략의 기능과 의미해석

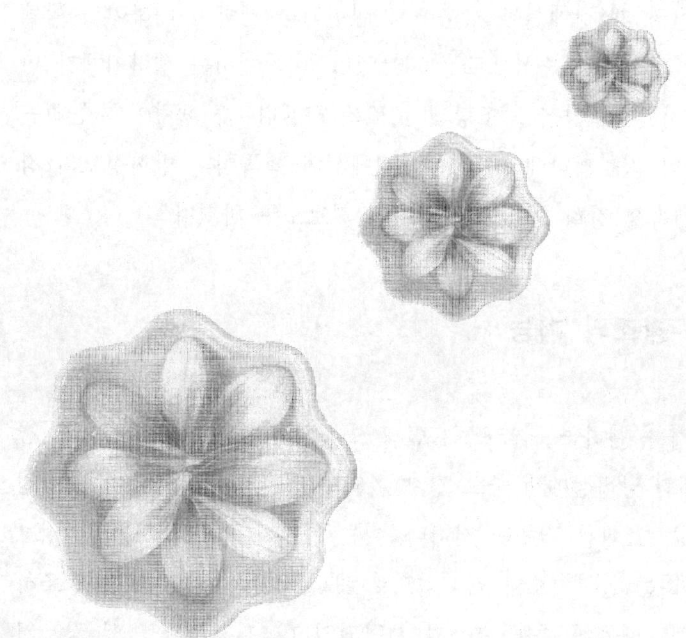

생략은 어느 언어권을 막론하고 공통적으로 나타나는 현상이다. 언어권이 달라도 공통적으로 나타나는 것은 생략의 기능이 그만큼 중요하기 때문이다. 언어사회가 갈수록 신속성과 경제성을 요구하기 때문에 불필요한 요소는 생략되게 마련이다. 그렇게 함으로써 신속한 정보전달은 물론, 초점정보를 강조하여 결속성을 강화하게 된다. 여기에서는 이러한 점을 감안하여 담화에서 나타나는 생략의 기능을 몇 가지로 나누어 살피고, 이어서 그 의미해석이 어떻게 이루어지는지 파악해 보기로 하겠다.

6.1. 담화에서의 생략의 기능

앞의 제4장과 제5장에서는 담화에서 실현되는 생략에 대하여 문학텍스트 및 매체텍스트를 중심으로 살펴보았다. 여기에서는 생략기제가 담화에서 기능하는 제 양상을 조망해 보도록 하겠다. 즉 생략이 기능하는 양상을 신속한 정보전달에 따른 언어경제성의 획득이나 발화정보의 강조를 통한 결속성 강화 등을 감안하여 살펴보도록 하겠다.

6.1.1. 강조의 기능

생략기제가 수행하는 기능으로, 먼저 주목되는 것이 의미의 강조기능이다. 이를테면 담화상에서 중요 정보 이외의 것을 생략함으로써, 전달정보를 강조하는 효과를 거두는 것이다. 이는 청자가 필요로 하는 새 정보만을 언급하려는 발화의도와 직접적으로 관련된다. 즉 새 정보를 강조하려는 발화의도 때문에 주변 요소가 생략되었고, 그 결과 의미의 강조기능이 나타난 것이다. 이처럼 생략은 화자의 발화의도를 강조하고 그 의미를 청자에게 명확하게 전달하도록 기능한다. 다음의 인용문을 보도록 하자.

(1) "날 사랑했소?"
　　"…… 처음 만난 순간부터 ……"

(윤정선, <해질녘>)

(2) "별꼴 다 보겠다는 투였어."
　　"마치 원숭이들처럼."
　　"창살 속에서 캑캑거리는 ……."

(윤정선, <해질녘>)

(1)과 (2)의 예에서 나타나는 생략은 의미의 강조기능을 수행하고 있다. (1)에서 청자는 선행화자의 발화 전체인 '당신을 사랑했소'를 생략하고, 자신이 사랑하기 시작한 시점만을 발화함으로써 사랑이 유구함을 강조하고 있다. 말하자면 신정보인 레마(처음 만난 순간)만을 제시하여 청자로 하여금 더 인상적으로 원하는 정보를 얻도록 하였다.

　(2)에서도 '원숭이들'이 생략됨으로써 화자는 원숭이들보다는 그들의 '캑캑거리는 행동'을 강조하고 있다. 생략기제로 발화의도를 충분히 살려 그 의미를 강조한 경우이다. 이렇게 하는 것이 화자나 청자가 신정보에 관심을 집중하여 의사소통이 더욱 효과적일 수 있다. 다음의 예문을 더 보자.

(3) "최경장님한테 무슨 일 있었다며?"
　　"쉬쉬하는 걸 보면 아마 좋지 않은 일인가 봅니다. 본서까지 불려갔었다는군요."
　　"호송출장소에서 근무하다 왔었거든, 인사 때도 아닌데 갑자기 이쪽으로 날려 온 걸 보면 아마 문제가 있었을거야."
"호송이라니? 죄수들 압송하는 일 말입니까?"
"그럼. 물먹었을걸, 아마."

(송하춘, <청량리역>)

(4) "웬걸 그렇게 많이 사니?"
"할머니 드시라고요, 할머니, 산딸기 좋아하시잖아요?"
"아서라. 할머니 마석 가셨다."
"마석이라니? 죽어서 땅에 묻히기 전에는 절대로 밖에 나가지 않겠다고 다짐
했었잖아요?"
"그래도 가셨다."
"엄마가 그랬죠? 그렇죠? 엄마가 또 할머니를 내쫓은 거죠?"
"에미한테 못하는 소리가 없구나. 내가 가래서 가고 있으래서 있을 사람이냐,
할머니가? 민자년하고 방싸움하기 싫으니까, 가는가 보더라."
"그게 보낸 거 아니고 뭐예요? 못 가시게 엄마가 말렸어야지."

(송하춘, <청량리역>)

위의 담화에서도 신정보에 해당하는 요소를 강조하기 위하여 구정보
를 생략하고 있다. (3)에서는 그 일의 주체자인 최경장을 비초점 정보로
처리하고, 그에게 일어난 일의 결과에만 귀추가 주목되도록 했다. 이는
신정보를 더 강조하려는 발화자의 발화의도 때문에 나타난 현상이다. 또
한 청자 역시 이미 알고 있는 정보는 원하지 않기 때문에, 신정보만을 제
시하는 것이 신속한 이해에도 도움이 된다.

(4)에서도 역시 청·화자가 담화의 주인공인 할머니를 전혀 언급하지
않고 있다. 단지 그 할머니의 상황이나 행동에 대한 판단내용만이 언급
될 뿐이다. 그렇게 함으로써 청·화자는 할머니에 대한 각자의 입장을
정확하게 표현한 셈이 되었다. 이처럼 청·화자는 담화상황에서 신정보
나 초점정보만을 우선적으로 제시함으로써, 자신의 발화의도를 분명히
드러내고 있다. 이는 강조적인 의사표현임은 물론이거니와 청자에게도

신정보를 우선적으로 전달하는 효과가 있다.

　신정보에 대한 강조의 기능은 현대국어로 올수록 더욱 강화되고 있다. 실제로 최근의 청소년이나 젊은층의 담화를 보면, 신정보만을 단독으로 제시하는 경우가 많다. 발화자의 강조의지를 더욱 분명히 드러낼 수 있기 때문이다. 이는 더 빠르면서도 직접적인 정보를 원하는 현대인들의 언어심리가 반영된 결과라 하겠다.

6.1.2. 신속한 정보전달의 기능

　담화에서는 생략기제를 활용함으로써, 원하는 정보를 더욱 신속하게 전달할 수 있다. 실제로 구정보를 생략하고 원하는 신정보만을 발화하면 신속한 의사소통이 가능해진다. 언어생활의 근본적인 목적이 원활한 의사소통임을 전제할 때, 생략기제는 자연스럽게 빠른 정보전달을 유도하여 주목된다. 다음의 인용문을 보도록 하자.

　(5) "얘, 이게 무슨 조개지?"

　　"비단조개."

　　"너, 저 산 너머에 가 본 일 있니?"

　　"없다."

　　"우리, 가보지 않으련? 시골 오니까 혼자서 심심해 못 견디겠다."

　　"저래뵈도 멀다."

　　…… 중 략 ……

　　"저게 뭐니?"

　　"원두막."

　　"여기 참외 맛있니?"

　　"그럼."

(황순원, <소나기>)

위의 담화를 살펴보면 각각의 발화에서 구정보가 모두 생략되었다. 청·화자가 신정보에 중점을 두면서 담화를 전개하기 때문이다. 이렇게 함으로써 신속한 의사소통이 가능해짐은 물론이다. 이는 생략기제가 필요한 정보만을 신속하게 전달하도록 보조하고 있음을 의미한다.

현대인들은 빠른 정보처리를 중시하는 경향이 강하다. 따라서 같은 기능을 수행하는 조건이라면 더 빠른 것을 원한다. 이러한 현상은 그대로 언어습관에 반영되어 나타난다. 실제로 현대의 언중은 알게 모르게 원하는 정보를 신속하게 전달하거나 알고싶어 한다. 그 결과 담화 참여자가 신정보만을 단독으로 제시하는 경우가 빈발하게 되었다. 하지만 갈수록 변화하는 언중의 인지구조는 신정보만의 제시에도 불구하고, 담화상황을 추론하는 데 큰 어려움이 없다. 다음의 인용문을 보자.

(6) "송이는 요새도 발레를 해?"
   "그만 둔 지가 언젠 걸요."
   "걔가 올 해 몇 살이예요? 지난번에 보니 자색이 짤짤 끓던 걸요."
   "열일곱살이요."
   "송이는 노래도 잘 하고 무용도 잘 했잖아요?"
   "어렸을 때 재롱이었지요."

(김지원, <물이 물 속으로 흐르듯>)

(7) "도깨비 봤냐니까?"
   "봤지러."
   "우째 생겼더노?"
   "대가리는 소대가리처럼 생겼는데 털이 많이 났더라. 눈은 뻘겋고."
   "오메."

(김영현, <우리 청춘의 푸른 옷>)

(6)과 (7)에서도 각 화자는 담화를 주고받는 과정에서 신정보만을 전달

하고 있다. 즉 이미 언급된 구정보를 생략하고 새로운 정보만을 발화함으로써, 청자가 원하는 정보를 더욱 신속하게 수용할 수 있도록 한다. 뿐만 아니라 담화상황의 지루함도 상쇄하는 효과를 거둔다.

특히 (7)의 경우는 도깨비에 대한 신정보만을 제시하여 선행화자에게 놀라움을 더 크게 제공함은 물론, 새로 제시되는 정보의 내용에 대해 강조의 효과도 거두고 있다. 그것은 이 정보를 듣는 청자가 도깨비의 외관에 대한 강한 인상을 받을 수 있고, 그 결과 정서적인 충격 효과까지 얻을 수 있기 때문이다.

6.1.3. 언어 경제성의 기능

생략이 수행하는 의미 기능 중의 하나가 바로 언어 경제성이다. 그래서 각각의 화자들이 이미 구정보화된 언어요소를 생략하고 신정보만을 간단명료하게 전달하는 것이다. 이는 생략이 신속한 정보전달을 가능케 하여, 결국은 언어 경제성을 높이는 데 일조하고 있음을 의미한다. 다음의 인용문을 보도록 하자.

(8) "어떻게 된 거니! 다니엘이잖아! 너 거기서 뭘 하고 있는 거니?"
　　"보다시피! 산보를 하고 있어."

(알퐁스 도데 <꼬마 철학자>)

(9) "우리가 처음 만났던 날, 무얼 먹었는지 기억 나오?"
　　"짜장면."
　　…… 중 략 ……
　　"그런데 지금 우리 무얼 하고 있는 거죠?"
　　"사랑."

(윤정선 <해질녘>)

(8)과 (9)의 예에서도 생략기제가 언어 경제성을 실현하고 있다. (8)의 두 번째 발화에서는 구정보화된 요소들을 생략하고 '산보를 하고 있어'만 실현하여 언어 경제성을 고려하고 있으며, (9)의 두 번째 발화인 '짜장면, 사랑'에서도 불필요한 요소를 제거하여 집약된 정보전달을 도모하고 있다. 화자가 묻는 말에 청자가 아주 간단명료하게 대답함으로써 언어 경제성을 확보한 것이다.

언어 경제성의 원리는 대부분의 언어에서 나타나는 공통적인 현상이다. 사회가 발달할수록 언중이 더 적은 노력을 들이면서도 많은 효과를 기대하기 때문이다. 이를 언중의 언어 경제성 원리라고 한다면, 생략 역시 이에 부응하는 언어기제임에 틀림없다. 더 적은 노력을 들이면서 원하는 정보의 전달이나 획득을 가능하게 하는 것이 바로 생략기제이기 때문이다. 다음의 예문을 더 보도록 하자.

(10) "아부지."
"와."
"어데로 가노?"
"부산 간다."
"멀라꼬?"
"돈 벌이러 간다."

(김영현, <우리 청춘의 푸른 옷>)

(11) "내 발은 어떻소?"
"두더지 같군요."
"두더지?"
"그래요. 흙이 묻었잖아요."
"흙이 묻은 건 좋은 징조요. 아침에 산에 올라갔었거든."
"나, 당신한테 딱 한 번 업혔던 일 기억 나요."
"여행을 함께 갔었을 때지 ……"

> "숲길에서 ……"
> "당신은 새털처럼 가벼웠어."
> "널찍한 등, 참 좋았었어요."
> "그때 말하지 않구 ……"
> "당신이 너무 좋아할까 봐."
>
> (윤정선, <해질녘>)

(10)과 (11)에서도 신정보만을 단독 제시함으로써, 담화상황에서 언어 경제성을 구현하고 있다. 즉 공통되는 구정보를 과감히 생략하고 원하는 신정보만을 제시함으로써, 간단하고 분명한 의미전달이 가능하게 된 것이다. 실제로 언중은 일상사에서 이와 같은 기법으로 언어생활을 영위하고 있다. 하지만 언중은 전혀 불편함을 느끼지 못하는 것이 사실이다. 만약 이미 알고 있는 구정보를 다시 발화한다면, 이는 발화자의 또 다른 의도가 개입된 경우이다.

(10)에서의 담화는 신속성과 경제성의 효과를 함께 거두고 있다. 하지만 빠른 정보전달의 이면에 담화상황의 분위기가 다소 무거움을 짐작할 수 있다. (11)에서도 담화가 전개되면서 이야기의 주제를 서로간의 인지정보를 통하여 알기에 언표화하지 않고 있다. 이러한 이유 때문에 서로의 감정에 해당하는 신정보만을 단독으로 제시한 것이다. 이와 같은 점을 감안할 때 생략은 청자에게 화자의 감정표현을 더 정확하면서도 선명하게 수용할 수 있도록 한다. 이는 생략이 갖는 언어 경제성에 다름 아니다.

6.1.4. 표층결속성과 심층결속성 강화의 기능

전통적 의미에서 결속성은 동일한 의미자질이 회기하거나, 텍스트 명제들간의 의미적 연결성을 의미한다. 이처럼 결속성은 수평적이든 계층적이든 간에 일정한 의미적 연결체를 형성하며 담화 전체의 주제와 연관된다. 그런데 생략이 그러한 결속성을 상승시키는 기제로 기능한다는 점이다. 말하자면 담화상황에서 먼저의 발화와 다음의 발화 사이를 아주 긴밀하게 결속시켜 주는 역할을 생략기제가 담당하는 것이다. 그것은 먼저의 발화에서 언급된 요소를 생략하고, 새 정보로 요구되는 것만을 언표화할 수 있도록 하기 때문이다. 따라서 이러한 신정보의 연쇄연결체는 필요한 새 정보만을 발화한 결과가 되어 전체 텍스트의 결속성을 높여준다.[1] 다음의 예문을 보도록 하자.

> (12) "모르세요?"
> "뭘."
> "숙경이 언니 죽은 거."
> "죽어? 미쓰 변이?"
> "왜 자살해요? 그토록 재주있는 언니가, 무엇이 안타까워서."
> "찬찬히 설명해 봐. 극작가 변양 얘기를 하는 거지 시방."
> "얼마나 슬픈지, 가게 일만 아니라면 냉큼 달려가고 말겠는데."
> "자살했대든? 어째서."
> "누가 안대요."
> "지금 어딨는데."

   (12)의 담화상황을 보면 생략이 빈번히 일어나고 있다. 먼저 담화 참여자들이 기본적으로 생략되고 있다. 그리고 전체 담화에서 화제의 주인공

---

1) 생략이 담화상황에서 결속성을 높이는 것에 대해, 이미 텍스트 언어학의 텍스트성에서 언급되고 있다. 즉 텍스트 언어학에서 언급하는 '텍스트성'은 텍스트를 더욱 텍스트답게 만드는 요소로 일곱 가지 특성—응결성·응집성·의도성·용인성·정보성·상황성·상호 텍스트성—을 드는데, 그 중에서 생략을 표층결속성이나 심층결속성을 높이는 기제로 보고 있다.

인 미쓰 변도 처음의 '숙경이 언니'라는 발화 이후 이미 구정보로 처리되어 언표화하지 않고 있다.[2] 마찬가지로 '죽다'는 언급 역시 처음에 발화된 것이기 때문에 다음의 발화에서는 생략하고 있다. 청·화자가 의미적으로나 화용적으로 그들의 관계를 이미 알고 있기 때문에 생략하는 것이 결속성을 더욱 공고히 한다. 말하자면 초점정보의 주변 내용을 언급하지 않았음으로써, 그들 사이의 의미적 연결성을 아주 강하게 만든다. 이는 생략기제가 담화 전체의 결속성을 높인 경우라 하겠다. 이렇게 결속성을 높인 것은 앞에서 설명한 언어 경제성도 동시에 충족시키는 것이다. 다음의 인용문에서도 그러한 실태를 확인할 수 있다.

(13) "우리 삶도 쓰다 마는 것 아니겠소. 마침표 찍고 가는 사람이 몇이나 될라구 ……."
"누가 알겠어요. 우리에게 갈 곳이 있는지 없는지 ……."
"아무도 ……."
"그렇지만, 지금 내 팔짱을 낄 마음은 없어요?"
"팔짱을?"
"그래요. 우리 그림자가 합쳐질 수 있게 ……."
"마지막 그림자라도 ……."

(윤정선, <해질녘>)

(14) "비디오 기계를 사긴 사야겠어. 보고 싶어도 볼 수가 없으니."
"기계가 고장난 모양이군요."
"고장날 게 뭐 있어. 기계 자체가 없는데. 「베니스에서 죽다」도 여기서 봤어. 제자와 함께."
"그때가 언젠데요?"
"3, 4년은 족히 됐을걸."

---

2) 다만 숙경이 언니에 대한 호칭이 '숙경이 언니, 미쓰 변, 극작가 변양' 등으로 바뀌었을 경우는 생략되지 않았는데, 이것은 그 사람에 대한 화자들의 사회적·감정적 관계 및 거리를 부각하는 발화이기 때문이다.

“그동안 계속 잠자고 있었군요.”
“응, 나와 함께.”
“텔레비젼은 있습니까?”
“있긴 한데 고장이 났어. 오래전에.”
“세상과 아주 격리되었군요.”
“그래도 신문은 봐. 한 종류지만.”
“저는 가끔 선배의 집 안 풍경을 상상해 보곤 하지요.”
“불온한 상상이군.”
“왜요?”
“난 혼자 사는 처녀야.”
“정말 그렇군요.”

(정찬, <베니스에서 죽다>)

　(13)에서는 ‘삶’을 지속적으로 생략함으로써 전체적인 결속성을 획득하고 있다. 즉 ‘삶’이라는 언어형식은 생략되었지만, 이후 지속적인 발화들이 모두 그 삶에 대한 각자의 생각을 밝힘으로써, 전체적으로 이들 담화는 하나의 주제를 향해 긴밀성을 형성하고 있다. 이렇게 함으로써 전체 담화는 상당한 결속력을 담보하게 된다.

　(14)에서도 결속성을 획득하는 데 성공하고 있다. 직접적인 언급을 회피하면서 담화 전체의 주제인 여자 선배의 격리된 삶을 향해 화제의 초점이 모아지기 때문이다. 겉으로 드러나는 표층결속성을 형성하기보다는 언어기제를 효과적으로 활용하여 심층결속성을 획득한 경우이다. 특정 대상을 묵시적으로 제시함으로써, 오히려 주제를 더욱 강조하는 효과까지 거두고 있다. 생략은 이렇게 텍스트의 주제를 응집·형상화하는 데 적절한 언어기제로 작용하고 있다

6.2. 담화에서 생략의 의미해석

담화에서 생략된 정보의 추론은 이미 제시된 언어정보는 물론, 상황맥락과 담화에 참여하는 청·화자의 인지구조를 바탕으로 이루어진다. 그래서 기본적으로 제공되는 언어정보에서 생략정보를 먼저 추론한다. 그러나 언어정보로 제공되지 않았을 경우에는 담화가 일어나는 상황이나 담화 참여자들의 인지구조를 바탕으로 생략정보를 추론하거나 복원해야 한다.

담화상황을 고려한 맥락의 분석은 생략뿐만 아니라, 언어현상 전반을 연구하는 데에도 필수적이다. 맥락이 발화자의 발화의도를 파악하는 데 그만큼 중요하기 때문이다. 그리고 담화 참여자들의 인지정보 역시 담화를 진행하는 데 있어서 중요한 요소이다. 인지정보가 적절히 자리하고 있어야 담화정보를 더 정확하게 전달하거나 취득할 수 있기 때문이다. 만약 인지정보를 고려하지 않는다면, 전혀 다른 정보를 도출할 가능성도 있다.

생략정보에 대한 복원과정에서 언어정보, 상황정보, 인지정보가 각기 분절적으로 일어나는 것은 아니다. 생략이 유기적인 관계 아래 복합적으로 나타나는 언어현상이기 때문이다. 그렇다고 그러한 과정을 정확하게 구분하는 것이 목적이 될 수도 없다. 다만 그러한 복합적인 관계 속에서 생략정보를 더욱 정확하게 복원하는 것이 핵심일 따름이다. 따라서 여기에서는 생략정보를 복원하는 데 필요한 부가정보로써, 맥락과 담화세계를 바탕으로 한 인지정보에 대해 살펴보기로 하겠다.

6.2.1. 맥락과 생략정보의 관계

생략을 포함한 언어현상의 논의에 있어서 맥락은 아주 중요하다. 맥락이 담화의 의미를 추출하는 데 있어서 마치 그릇처럼 기능하기 때문이다. 그래서 생략정보의 복원에서도 맥락은 아주 중요한 역할을 담당할 수밖에 없다.

함애리(1994)에서는 맥락에 대하여 담화를 진행하면서 역동적으로 (dynamically) 변화할 수 있는 가능세계들의 집합이라고 말한다. 또한 이강호(1998)에서는 W. Klein의 견해에 동조하여 맥락에 대한 지식을 언어적인 문맥에 대한 지식, 비언어적 문맥에 대한 지식, 상황에 대한 지식을 포함하는 문맥적 지식으로 제시하고, 이것을 크게 세계에 대한 지식, 상황적 지식, 언어적 맥락지식으로 유형화하고 있다.[3] 최창열(1993 : 54~55)에서는 맥락에 대해 발화된 텍스트의 의미를 구체적으로 드러내는 배경으로 파악하고, 언어적 맥락과 언어외적 맥락으로 구분한다.[4] 김태옥(1993 : 357)에서는 맥락을 각종 새로운 정보의 적합성을 평가하는 데 필요한 일련의 구정보 또는 구상정 내용으로 단기 기억, 백과 사전적 지식, 각종 지적 작용에서 얻어지는 정보로 보고 있다. 류현미(1999 : 29)에서는 발화의 배경상황이 되는 화맥을 제시하고 있는데, 그에 의하면 화맥은 화자에게는 발화를 수행하게 하는 배경적 지식이며, 청자에게는 화자의 발화

---

3) 세계에 대한 지식은 어떤 특정한 상황에서 취하는 인간의 일반적 행동으로, 이러한 행동은 사회적으로 적합하거나 용인되어야 한다. 상황적 지식은 화자와 청자가 각각의 상황인식에 근거하여 획득하는 지식이며, 언어적 맥락지식은 선행발화에서 근거하거나 후행발화에서 취할 수 있는 지식이다.

4) 언어적 맥락이란 어휘단위들이 속해 있는 문법적 순서와 함께 작용하고 있으며, 기록된 발화에서는 그것이 문도 되고 단락도 되고 나아가서는 장을 이루기도 한다. 언어 외적 맥락은 어조, 정보의 강도, 화자의 진실성 등으로 발화의 해석에 영향을 끼치는 발화조건을 의미한다.

를 해석하는 기준으로 작용한다. 따라서 배경지식인 화맥을 알지 못하면 발화의미를 올바르게 해석할 수 없다고 보았다.

위와 같은 논의를 바탕으로 주경희(1994)에서는 만화의 구조를 통해 문맥의 중요성을 논의하고 있다. 즉 상황을 뛰어넘는 담화, 중의적 표현, 우회적 표현 등이 사회상황과 연관되지 않고는 올바른 의미를 해석할 수 없다고 본 것이다. 다음의 인용문을 보도록 하자.

(15) 지프와 로열 프린스(1994. 2. 28)
　　A : 지프를 보면 YS가 연상돼.
　　B : 역동적이고 돌파력 있고.
　　A : 뒤따르는 차도 힘 좀 쓰겠군.
　　B : 로열 프린스(royal prince) (주경희 : 1994)

위에 인용한 만화의 올바른 해석은 이 만화가 통용되는 상황맥락에 대한 점검이 필수적으로 수반되어야 한다. 즉 이와 같은 만화 텍스트가 형성될 수 있었던 배경을 중시해야 하는 것이다.[5] 따라서 생략정보의 복원에서도 맥락의 고려는 필수적이다. 이러한 맥락이 담화에서 발화의미를 파악하는 데 아주 중요한 요소로 작용하기 때문이다. 실제로 발화맥락을 바탕으로 한 생략정보의 복원은 발화자의 발화의도를 파악하는 첩경이기도 하다.

맥락에 대한 논의는 김태자(1993)에서 구체적으로 정리·제시되었다. 그는 담화분석에서의 맥문은 언어요소의 발생과 그 기능을 조절하는 언어적·상황적·사회 관계적 요인에 의해 작용을 받는다고 보았다.[6] 따라

---

5) 위의 내용은 언뜻 보아서는 이해가 되지 않는 것 같지만, 로열 프린스가 대통령 아들 김현철 씨를 은유한 것임을 감안해야 한다. 정치권에서는 김영삼 대통령이 김현철 씨의 말에 귀 기울이는 경우가 많은 것으로 알려져 있어, 실세는 김현철 씨라는 이야기가 널리 퍼져가는 맥락으로 해석해야 한다.

서 이러한 맥락의 자질로 언어적 맥락, 상황적 맥락, 사회 관계적 맥락을 제시하고 있다.

언어적 맥락은 언어형태는 물론, 표층결속성과 심층결속성을 형성하는 연결성·정보·화제로 구성된다고 보았으며, 상황적 맥락은 상황이나 일의 상태·배경·화자의 의도나 이를 받아들이는 청자의 용인성 등이 포함될 수 있다고 보았다. 사회 관계적 맥락은 화자와 청자간에 신분과 지위 및 나이와 성별·친숙도 등으로, 이에 따라 동일한 발화가 달리 해석되거나 다른 발화체계가 된다고 파악했다.

위에서 보는 바와 같이 이러한 맥락자질에 의해 생략정보의 복원이 가능할 수 있다. 그리고 맥락자질의 특성에 따라 생략정보의 복원이나 추론 방향이 결정되기도 한다.

6.2.2. 담화세계의 정보구조와 생략의 관계

언어를 매체로 언중이 궁극적으로 수행하는 것은 새로운 정보를 전달하거나 수용하는 것이다. 따라서 청자는 자신이 원하는 정보를 알아내고 분석하기 위해 발화와 관계된 다양한 인지요소들을 원용할 수밖에 없다. 이러한 과정에서 이미 알고 있거나 초점대상이 아닌 정보는 경제성의 원리에 의거해 언표화되지 않는다. 물론 생략된 언어요소는 여러 가지 부가정보를 바탕으로 추론이 가능해야 한다.

실제 담화에서는 신정보나 화제의 초점이 되는 언어요소만을 발화하기 때문에 담화맥락을 알지 못하는 사람은 담화 자체를 이해하지 못하는

---

6) 김태자(1993)에서는 맥문을 문장에서 부가된 맥락의 작용으로 일어나는 실제 의사소통과 전달의미로 보고 있다. 따라서 맥문은 문장을 둘러싼 '맥락과 문장의 결합'인 셈이다.

경우가 발생한다. 이는 담화상황에서 생략기제를 적절히 활용하여 더욱 원활한 의사소통을 도모한 결과이다. 그러나 빈번하게 발생하는 생략이더라도 생략대상에 대한 추론 가능성이 전제되지 않으면 안 된다. 담화 참여자들이 생략된 요소에 대해 여러 가지 정보를 바탕으로 복원하거나 추론할 수 있어야 하기 때문이다.

일반적으로 담화는 단순하게 언어적 요소만으로 전개되지는 않는다. 따라서 담화 참여자가 생략된 정보를 다양하게 추론하거나 복원할 수 있다. 이는 발화행위에 수반되는 행동이나 억양 등의 발화상황과 청·화자가 가지고 있는 인지정보 때문에 야기된다.[7]

위와 같은 점을 고려할 때 담화상황에서 청·화자가 생략된 요소를 추론하는 데 원용할 수 있는 정보를 크게 세 가지로 나눌 수 있다. 먼저 발화에서 제시되는 언어정보, 이 언어정보에 수반되어 나타나는 상황정보, 그리고 이 모든 것들을 총체적으로 분석하는 인지정보가 그것이다.[8] 이들에 대해 구체적으로 살펴보면 다음과 같다.

첫 번째, 언어정보는 담화상황에서 가장 기본적인 것으로, 언어에 의존하여 제시되는 정보이다. 그래서 이 언어정보는 의사소통의 가장 일반적인 형태이기도 하다. 담화의 청·화자는 정보의 전달이나 수용과정에서 일차적으로 이러한 언어적 발화정보에 의존한다. 그래서 후행화자는 우선적으로 선행화자의 언어적 발화요소를 중시한다.

---

7) 상황의미론에서의 의미파악이 이러한 방향이다. 즉 담화상황에서 의미의 전달이나 파악은 순수한 언어적 요소만으로는 해석이 불가능하다. 그것은 발화를 둘러싼 발화상황을 고려해야만 발화자의 정확한 의도를 파악할 수 있기 때문이다.

8) 임규홍(1996)에서는 생략정보는 상황정보와 언어정보만으로 추론할 수 있다고 논의한다. 따라서 '생략정보량＝상황정보－언어정보'라고 언급하지만, 상황정보에서 언어정보를 제외한 것만이 생략정보일 수는 없다. 상황이나 언어정보 이외에 인지정보가 기능하기 때문이다. 따라서 생략정보의 복원은 언어정보와 상황정보, 그리고 이 모든 것들을 포괄하는 인지정보의 총체로 가능하다.

두 번째, 상황정보는 언어정보가 전달될 때 수반되는 발화상황을 의미한다. 발화행위는 단순하게 언어만으로 수행되지는 않는다. 특히 그 발화가 실제 담화상황일 때에는 더욱 그러하다. 발화가 수행될 때에는 반드시 그 발화의 내용을 보완·강조하는 행동이나 억양 등의 발화 분위기가 발화행위를 뒷받침하는 비언표적 행위로 작용한다. 그래서 청자는 이러한 발화행위에 수반되는 상황정보에 의해 더 정확한 의사소통의 경로를 찾는다. 이것은 발화에 수반되는 상황정보를 바탕으로 생략된 요소나 의미를 파악하는 것이다. 간혹 담화상황에서 언표화된 언어정보보다 상황정보를 통하여 생략된 요소의 의미나 발화자의 의도를 더욱 효과적으로 파악하는 경우도 있다. 더욱이 급변하는 현대의 언어사회에서는 그러한 경우가 빈번히 발생할 수 있다.[9]

세 번째, 인지정보는 가장 총체적이고 복합적인 정보구조이다. 담화상황에서 전개되는 언어정보나 상황정보로 해석이 불가능하거나 내용을 좀 더 보충할 필요가 있을 때, 담화 참여자들이 원용하는 것이 바로 인지정보이다. 이것은 청·화자의 인지구조 속에 이미 자리잡고 있는 정보로써, 담화상황에서 제시되는 다양한 정보를 해석하는 데 도움을 준다. 즉 청·화자는 담화상황에서 제시되는 정보 중에서 자신이 잘 모르거나 혹은 생략정보가 있을 때, 자신의 인지구조 안에 위치한 기존의 정보집합을 이용해서 의미를 파악하거나 이해한다. 이러한 인지정보는 개인마다 다르지만, 담화상황에서는 누구든 이 인지정보를 활용하지 않을 수 없다.

세 가지의 정보를 가지고 담화 참여자들은 자신이 원하는 정보를 더 원활하게 전달하거나 획득한다. 이들 정보원은 담화상황에서 유기적으로

---

9) 담화상황에서 청·화자가 직설적인 의사소통을 회피하고, 우회적인 담화를 전개할 때 더욱 그러하다. 청·화자가 서로에게 직접적으로 전달하기 불편한 내용을 이야기할 때에 흔히 이러한 기법을 활용한다. 일반적으로 행간의 의미파악이라는 것이 이에 해당된다.

연결되어 상호 보완적으로 작용하게 마련이다. 따라서 담화 참여자들은 이러한 정보원을 바탕으로 생략정보를 효율적으로 추론하거나 복원한다. 그러는 과정에서 원활한 의사소통도 가능하게 된다.

정보전달의 측면에서 볼 때 이들은 각각 삼각형의 꼭지점을 점유한다 하겠다. 삼각형에 반드시 세 변과 세 꼭지점이 있어야 하는 것과 마찬가지로 의사소통 역시 이 세 정보가 긴밀하게 작용해야 가능하다. 말하자면 세 요소를 모두 고려해야만 정확한 정보전달이나 습득이 가능하게 된다. 그래서 이들 중 어느 하나만으로 생략정보를 정확하면서도 객관적으로 파악하기는 어렵다. 다만 어느 정보를 더 많이 활용하느냐는 그때 그때 담화상황에 따라 다를 수 있다. 이를 도식화하면 다음과 같다.

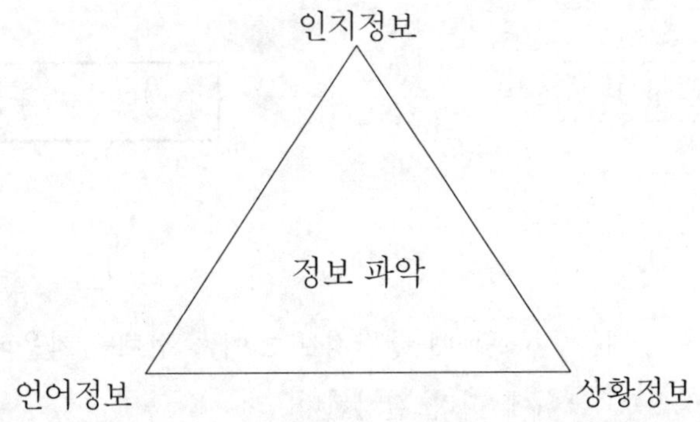

위의 도표에서처럼 정보원은 각각의 지점에 위치하면서 상보적인 기능을 발휘한다. 그래서 생략정보의 효과적인 복원은 이 정보원들이 상호 작용할 때 가능하다. 이들이 긴밀한 관계를 구축하며 정보를 해석하거나 전달하는 데 큰 영향을 미치기 때문이다.

6.2.3. 정보의 정도성 해석

생략기제를 담화상황에서 빈번히 활용하는 것은 언어 경제성에 입각하여 전달 정보를 단순화하고, 그로 인해 정보 처리의 용이성을 보장받기 위해서이다. 그런데 생략정보의 추론은 앞에서도 말한 것처럼 담화상의 언어정보나 상황정보 그리고 인지정보의 유기적인 관계에 의해 가능하다. 이 세 가지 정보원이 서로 함수관계를 형성하면서 생략된 정보원을 적절하게 추론하도록 돕기 때문이다.[10] 이를 표로 보이면 다음과 같다.

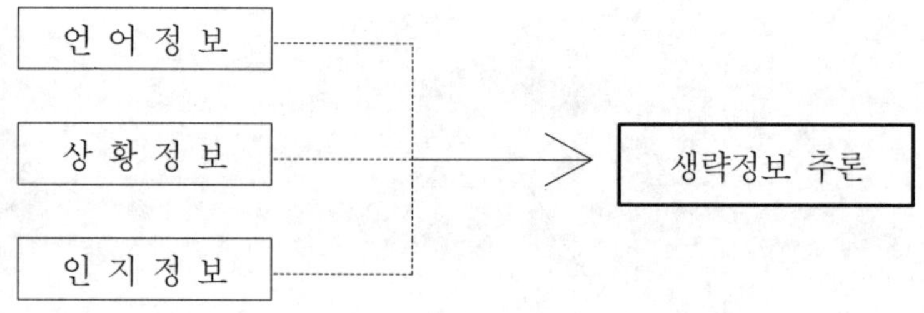

위와 같은 관계를 상정할 때 생략정보는 이들 정보원 가운데 어느 쪽에 더 많이 포함되느냐에 따라 결정된다.

생략된 정보가 여러 정보원 가운데 어느 쪽에 포함되느냐 하는 문제는 쉽게 규명될 성질의 것이 아니다. 인간의 사고 작용이 광범위하기 때문에 그것을 단순히 이분법적인 관점으로 판단할 수 없기 때문이다. 생략된 정보의 해석 역시 단순한 이분법적인 사고로 규정짓기보다는 정도 자

---

10) 권재일(1989)에서는 언어표현은 항상 개념과 개념의 정도 차이로 연결된 연속적인 현상으로 파악해야 된다고 언급한다. 이러한 견해에 의하면, 생략 역시 '정도의 차이'에 의한 재해석이 가능하다.

질에 의한 재해석이 필요하다. 즉 생략된 정보가 어느 정보 쪽에 더 기울어질 수 있는가의 정도에 의해 해석해야 한다.

생략정보를 정도 자질로 해석하는 것은 생략이 지닌 퍼지적인 성격 때문이기도 하다. 이것은 언어정보의 생략보다는 상황정보나 인지정보의 생략일 경우에 더욱 그러하다. 이는 화자나 청자가 갖는 상황정보나 인지정보의 차이에 따라 각기 다른 해석이 가능하기 때문이다.(강연임, 1998a) 이와 같은 현상은 단지 생략뿐만 아니라 언어현상 전반에 해당하는 것으로, 언어적 외현체 하나만으로는 객관적인 설명이 쉽지 않음을 의미한다. 이렇게 여러 가지 외부적 환경이나 발화자의 발화의도 등이 동시에 작용하는 것이라고 할 때, 생략 역시 언어적 발화체 하나만으로 그것에 대한 충족된 설명이 가능하지 않다. 실제로 발화 주변의 여러 상황이나 발화자의 인지정보가 생략정보의 복원에 큰 영향을 미치기 때문이다.

생략정보의 해석은 이러한 여러 정보원들에 대한 정도성 문제를 고려해야 한다. 같은 발화라 하더라도 담화 참여자가 어느 정보에 더 의존하느냐에 따라 생략정보의 복원이 달라지기 때문이다. 결국 생략정보의 복원은 언어정보와 상황정보 그리고 인지정보의 유기적인 관계 때문에 정도 자질의 개념을 고려해야 한다.

6.3. 요약

담화에 나타나는 생략의 기능과 의미해석에 대하여 살펴보았다. 먼저 생략의 기능을 강조의 기능, 신속한 정보전달의 기능, 언어 경제성의 기능, 결속성 강화의 기능으로 나누어 살핀 뒤, 생략의 의미해석을 맥락과 생략정보의 관계, 담화세계의 정보구조와 생략의 관계, 정보의 정도성 해석 등으로 나누어 고찰하였다.

첫 번째, 생략은 담화에서 다양한 기능을 발휘하고 있다. 먼저 생략은 강조의 기능을 담당하고 있다. 발화자가 구정보를 생략하고 전달하고자 하는 신정보만을 언급한 것은, 자신의 강한 의지를 전달정보에 담은 것이라 하겠다. 말하자면 신정보에 대한 정보 응집력을 제고하여 발화자의 의지를 강조한 것이다. 생략은 또한 신속한 정보전달의 기능을 발휘하고 있다. 앞에서도 말한 바와 같이 화자는 구정보를 생략하고 신정보에 해당하는 것만을 집중적으로 발화한다. 청자로 하여금 더욱 쉽게 핵심 정보를 획득하도록 돕는 것이다. 그리고 생략은 언어 경제성의 효과를 발휘하기도 한다. 대체로 언중은 적은 노력을 들여 큰 성과를 거두려는 기저의식을 가지고 있다. 그래서 핵심 정보만을 발화하며 의사소통을 이루게 마련인데, 이때에 중요하게 작용하는 것이 바로 생략이다. 또한 생략은 텍스트에 대한 결속성 강화의 기능을 담당하기도 한다. 텍스트의 결속성을 높이기 위해서는 신정보들의 긴밀한 연결고리가 중시된다. 그런데 바로 생략이 신정보에 대한 정보 응집력을 제고하는 기제로 작용한다는 점이다. 따라서 생략이 텍스트의 결속성을 다지는 데에도 중시됨을 알 수 있다.

두 번째로, 담화에서 생략정보를 복원하거나 추론할 때에는 다양한 정보원을 활용해야 한다. 먼저 맥락과의 관계 속에서 생략정보를 추론하거나 복원해야 한다. 잘 아는 것처럼 생략정보는 발화맥락과 밀접하게 관련된다. 따라서 그 발화맥락을 올바르게 인지해야 생략정보의 파악이 분명하게 된다. 말하자면 상황맥락을 감안해야 생략정보의 복원이나 추론이 객관적일 수 있다.

생략정보의 복원은 인지정보와 밀접하게 관련되기도 한다. 이는 담화 참여자들이 인지구조에 자리한 인지정보를 바탕으로 생략정보를 복원하기 때문이다. 담화 참여자들은 각자 자신만의 인지구조를 가지고 있다. 이를 토대로 담화에서 다양한 생략정보를 복원하거나 추론하게 된다. 그렇기 때문에 언어정보나 상황정보로 파악하기 어려웠던 내용을 이 인지정보를 바탕으로 복원할 수 있다.

생략정보의 복원에서는 정도성 해석을 고려해야 한다. 실제로 생략정보의 복원에서는 언어정보·상황정보·인지정보가 복합적으로 작용한다. 다만 이들의 기능을 명료하게 구분하기가 쉽지 않다. 그래서 그 정도성에 따라 해석하는 것이 더 유용하다. 말하자면 담화상황을 감안하면서 생략정보를 복원하되, 우선적으로 기능하는 정보에 따라 생략정보를 복원하거나 추론해야 한다.

제 7 장

결 론

이상으로 한국어 담화에 나타나는 생략에 대하여 살펴보았다. 먼저 담화에서의 생략 조건과 대상을 확인한 후 생략의 분류 기준과 유형을 파악해 보았다. 이어서 문학 텍스트와 매체 텍스트를 선정하여 생략의 실제적 모습을 확인하면서 그 특성을 분석·고찰하였다. 위의 논의를 토대로 담화에서 나타나는 생략의 기능과 의미를 검토해 보았다. 지금까지 논의한 것을 요약·정리하는 것으로 결론을 삼도록 하겠다.

첫째, 담화에서 나타나는 생략의 조건과 대상에 대하여 논의하였다. 여기에서는 생략에 대한 정의와 조건을 살핀 뒤 생략대상에 대하여 논의하였다. 생략에 대한 정의를 화용·담화론적인 관점에 따라 상황맥락과 발화맥락 그리고 인지정보를 포함한 부가정보원을 활용해서 추론할 수 있는 비언표화된 언어정보라고 규정하였다.

생략이 일어나는 전제 조건에 대해서는 맥락에 의한 추론 가능성과 동일성을 들어 확인하였다. 맥락에 따른 추론 가능성은 선행발화나 담화맥락을 바탕으로 생략정보의 복원이 가능한 경우이다. 그리고 동일성은 형태적으로나 의미적으로 동일하다는 조건을 충족해야 한다. 생략의 대상에 대해서는 크게 네 가지로 구분할 수 있었다. 즉 발화된 언어적 구정보, 발화에 수반되는 상황정보, 발화되지 않은 인지정보 그리고 문법적인 언어정보가 그것이다.

발화된 언어적 구정보는 선행발화에서 언표화된 언어정보가 후행발화에서 언표화되지 않는 것이다. 발화에 수반되는 상황정보는 발화자의 발화상태, 발화공간, 발화시간, 발화맥락, 청·화자의 사회적 관계 등에 수반되는 맥락을 통해 의미해석이 가능한 경우이다. 발화되지 않은 인지적 정보는 청·화자가 발화에 참여하면서 각각의 인지구조 안에 가지고 있는 지식을 바탕으로 새로운 정보를 해석하는 것이다. 따라서 이 인지정보는 화자가 전달한 정보를 청자가 받아들여 해석하는 데 유용한 부가정보원이다. 문법적인 언어정보는 통사적인 기능을 담당하는 언어요소들로, 이들은 이미 문법적으로 고정된 역할을 수행하기 때문에 대부분의 담화에서 생략된다. 이들이 생략되지 않는 경우는 문법적인 의미보다 어휘 의미로서의 기능이 다소 강화되었을 때이다.

둘째, 생략의 분류 기준과 유형에 대하여 살펴보았다. 생략의 분류 기준은 크게 두 가지 관점에서 확인하였다. 첫째 생략정보가 복합적인 방법을 통해 복원된다는 점이다. 이는 상황정보와 인지정보를 염두에 둔 분류기준이다. 둘째 생략정보가 동일성을 충족해야 한다는 점이다. 그것이 형태나 의미적으로 동일하다는 전제가 있어야 생략이 실현되기 때문이다. 위의 기준에 따라 생략의 유형을 형태·의미적으로 완전히 동일한 경우와 범주적으로 동일한 경우로 나눌 수 있었다. 즉 형태적 동일성에 의한 생략, 의미적 동일성에 의한 생략 그리고 형태범주의 동일성에 의한 생략, 의미범주의 동일성에 의한 생략이 그것이다.

형태적 동일성에 의한 생략은 가장 일반적인 유형으로, 앞에서 발화된 선행정보를 형태적인 동일성에 의거해 후행발화에서 실현하지 않는 것이다. 물론 후행발화에서 생략정보를 복원하면 선행발화에서와 형태적으로 동일하다. 의미적 동일성에 의한 생략은 선행발화에서 실현된 요소를 의미적 동일성에 근거하여 언표화하지 않는 것이다. 그런데 의미적 동일성에 의한 생략은 청·화자가 가지고 있는 생각의 차이 때문에, 복원된 생략정보는 의미만 충족될 뿐 형태적으로는 동일하지 않다. 형대범주의 동일성에 의한 생략은 선행발화에서 언급된 것과 후행발화에서 생략된 요소가 동일한 형태범주에 포함되는 경우를 말한다. 그래서 생략정보의 복원에 있어서도 동일한 형태가 아니라 담화 참여자들의 입장에 따라 조금씩 차이가 난다. 의미범주의 동일성에 의한 생략은 이전 발화에서 언급된 것과 후행발화에서 생략된 요소가 의미맥락상 같은 범주에 속하는

경우이다. 즉 발화정보와 생략정보가 의미범주상으로 동질성을 갖는 경
우이다.

셋째, 문학텍스트인 고전산문·현대소설·현대희곡에 나타나는 생략
에 대하여 살펴보았다. 고전산문으로는 ≪석보상절≫과 ≪월인석보≫를,
현대소설로는 <다큐채널, 수요일, 자정>과 <울도 담도 없는 집>을, 현
대희곡으로는 <살아있는 이중생 각하>와 <부평초>를 들어 생략의 유
형과 그 특징에 대해 고찰하였다.

먼저 고전산문 텍스트에 나타나는 생략의 유형과 특성에 대하여 살펴
보았다. 여기에서의 생략은 형태적 동일성과 의미적 동일성에 의한 생략
만이 실현된다. 즉 일차적 개념의 생략만 실현될 뿐 범주적 개념의 생략
이 나타나지 않는다.

고전산문 텍스트에서 나타나는 생략의 특성은, 초점정보를 강조하여
정보성을 고양하는가 하면 텍스트의 심층결속성과 표층결속성을 강화하
기도 한다. 또한 구정보화된 주어적 인물이나 여격어를 언표화하지 않을
뿐만 아니라, 상황에 따른 정보의 해석도 가능한 경우가 있다.

다음으로 현대소설 텍스트에서 나타나는 생략의 유형과 특성에 대하
여 파악해 보았다. 여기에서의 생략은 중세국어에서와는 다르게 형태적
동일성이나 의미적 동일성에 의한 생략 그리고 형태범주나 의미범주의
동일성에 의한 생략이 고르게 나타난다. 이는 현대국어로 올수록 상황정
보 및 담화맥락이 중요한 언어현상으로 자리잡은 까닭이다.

현대소설 텍스트에 나타나는 생략의 특성은 텍스트 전체의 결속성을
강화하는가 하면, 생략정보의 복원에서도 부가정보원을 원활히 활용해야
만 하는 경우가 많다. 또한 초점정보를 우선적으로 드러내기 위하여 신
정보만을 단독으로 제시하는 현상도 나타난다.

끝으로 현대희곡 텍스트에 나타난 생략의 유형과 특징에 대하여 고찰

하였다. 여기에서의 생략은 형태적 동일성에 의한 생략이나 의미적 동일성에 의한 생략 그리고 형태범주의 동일성에 의한 생략과 의미범주의 동일성에 의한 생략이 고루 나타난다.

현대희곡에 나타나는 생략의 특성은 정보성을 상승시키는가 하면, 상황맥락에 의해 정보를 생략하는 경우도 있다. 또한 과감히 구정보를 생략하고 신정보만을 발화하여 결속성을 상승시키기도 한다. 게다가 범주적 개념의 생략이 나타날 때에는 상황맥락이나 담화 참여자의 인지정보에 의존해 생략정보를 해석해야 하는 경우가 많다.

넷째, 매체담화에서 나타나는 생략의 유형과 특성에 대하여 살펴보았다. 매체담화의 유형을 크게 통신매체와 지면매체로 나누고, 전자에는 전화통신과 컴퓨터통신을, 후자에는 신문이나 잡지 등을 들어 살펴보았다.

전화담화에서는 부가정보원의 활용이 원활하지 못하여, 청자는 화자가 전달한 언어정보나 그에 수반되는 억양이나 음색을 바탕으로 생략정보를 복원해야 한다. 컴퓨터통신에서는 언어 경제성과 신속성을 고려하여 비문법적인 현상을 초래하는 경우가 많다. 지면매체에서는 정보의 응집성을 중심으로 강한 표층결속성나 심층결속성이 중시되고 있다. 그래서 여기에서의 전달정보는 신정보의 연속적인 사슬구조를 형성하고 있다.

매체담화에서의 생략의 특성은 강한 정보 압축으로 정보성 상승의 효과를 거둠은 물론, 전달과 수용에 있어서도 신속성을 확보하고 있다. 뿐만 아니라 화자가 제공한 언어정보와 청자가 가진 인지정보만을 바탕으로 생략된 정보를 추론해야만 하는 한계도 있다.

다섯째, 담화에서 나타나는 생략의 기능과 의미해석에 대하여 살펴보았다. 생략은 담화에서 다양한 기능을 수행한다. 신정보에 대한 정보 응집력을 제고하여 의미를 강조하는가 하면, 신정보를 집중적으로 발화함으로써 신속한 정보전달의 효과도 거둔다. 뿐만 아니라 언어 경제성을 실현하는 가운데 텍스트에 대한 결속성도 강화하고 있다.

생략에 대한 의미해석에서는 맥락과 인지정보를 충분히 고려해야 한다. 맥락은 이른바 상황정보와 상통하는 것으로 생략정보의 복원이나 추론에서 중시된다. 또한 담화 참여자의 인지구조 속에 자리잡은 인지정보도 생략정보의 복원에서 필수적이다. 하지만 생략정보의 복원 및 추론은 언어정보·상황정보·인지정보의 복합적인 작용에 따른 것이다. 하지만 이들의 기능이 명확하게 구분되지 않기에, 정도성에 따라 해석하는 것이 유용하다.

이상으로 한국어 담화에서 나타나는 생략에 대하여 살펴보았다. 그리하여 기존의 전통문법에서 생략을 고찰한 것과는 다소 다른 성과를 거둘 수 있었다. 하지만 분석 텍스트의 수가 한정적이고, 나아가 생략의 통시적인 특성도 분명하게 밝히지 못했다. 이러한 미비점은 앞으로 더 논의해야 될 부분이다. 또한 제반 언어현상에 대하여 화용·의미론적인 고찰을 진척시키는 가운데 생략에 대한 논의를 펼쳐야만, 그 의미를 분명하게 드러낼 수 있으리라 본다. 이는 앞으로 지속해야 할 과제로 유보하고자 한다.

<h1 align="center">참고문헌</h1>

1. 자 료

고성주, 1993, <부평초>, ≪탈을 쓴 꼭두각시탈≫, 93 희곡 연간 특선 15집.

공지영, 1994, <고등어>, 웅진.

국어대사전, 1991, 금성출판사.

김영현, 1991, <우리 청춘의 푸른 옷>, ≪91 현대문학상 수상소설집≫, 현대
　　　문학.

김인숙, 1991, <한여자 이야기>, ≪91 현대문학상 수상소설집≫, 현대문학.

김지원, 1993, <구렁이 신랑과 그의 신부>, ≪이상문학상 수상작품집≫, 문
　　　학사상사.

─────, 1991, <물이 물 속으로 흐르듯>, ≪이상문학상 수상작품집≫, 문학
　　　사상사.

≪동아일보≫, 2001년 9월 25일, 9월 28일, 9월 30일, 10월 4일.

≪리빙센스≫, 2001년 10 · 11월호.

문화방송(MBC), 드라마 <보고 또 보고>

배수아, 2000, <다큐채널, 수요일, 자정>, ≪현장비평가가 뽑은 올해의 좋은
　　　소설≫, 현대문학.

≪석보상절≫ 권6, <기원정사건립기>.

≪석보상절≫ 권6, <라후라출가기>.

송하춘, 1993, <청량리역>, ≪이상문학상 수상작품집≫, 문학사상사.

≪쎄씨≫, 2001년 10 · 11월호.

양귀자, 1989, <원미동 시인>, ≪80년대 대표소설≫, 현암사.

≪에꼴≫, 2001년 10 · 11월호.

≪에쎈≫, 1999년 5월호.
≪여성중앙≫, 2001년 10·11월호.
오영진, 1989, <살아있는 이중생 각하>, ≪오영진 전집≫, 범한서적주식회사.
≪월인석보≫ 23잔권, <목련전>.
≪월인석보≫ 제8권, <안락국태자전>.
윤정선, 1992, <해질녘>, ≪이상문학상 수상작품집≫, 문학사상사.
이문열, 1991, ≪레테의 연가≫, 중앙일보사.
이원희 옮김, 알퐁스 도데, 1990, ≪꼬마 철학자≫, 카나리아.
이윤기, 2000, <울도 담도 없는 집>, ≪현장비평가가 뽑은 올해의 좋은 소
    설≫, 현대문학.
이창동, 1991, <운명에 관하여>, ≪이상문학상 수상작품집≫, 문학사상사.
정 찬, 2000, <베니스에서 죽다>, ≪현장비평가가 뽑은 올해의 좋은 소설≫,
    현대문학.
≪중앙일보≫, 2001년 10월 5일, 10월 9일.
최인호, 1991, ≪천국의 계단≫, 시간과 공간사.
≪한국일보≫, 2002년 5월 28일, 5월 30일.
한수산, 1993, <맑고 때때로 흐림>, ≪이상문학상 수상작품집≫, 문학사상사.

2. 논문 및 저서

강경인(1987), 「화제와 초점의 의미론」, 『언어연구』 4, 한국현대언어학회.
강명순(2001), 「국어 '태'의 통시적 연구」, 충남대학교 박사학위논문.
강범모 외(2000), 『한국어의 텍스트 장르, 문체, 유형』, 태학사.
강연임(1996), 「한국어 격조사 '의'의 연구」, 충남대 석사학위 논문.
───(1998a), 「담화와 퍼지(fuzzy)에 대하여」, 『한밭한글』 제3호, 한글학회
    대전지회.
───(1998b), 「생략의 유형에 대하여」, 『한국언어문학』 제41집, 한국언어문
    학회.

강연임(1999), 「담화에서의 생략 조건과 대상에 대하여」, 『한국언어문학』 43
집, 한국언어문학회.
──(2000a), 「<목련전>에 나타난 생략현상에 대하여」, 『목원국어국문학』
6집, 목원대학교 국어국문학과.
──(2000b), 「간접담화 텍스트에서의 생략현상과 특징」, 『어문연구』 34집,
어문연구학회.
──(2000c), 「중세국어 담화에서의 생략현상」, 『한밭한글』 5호, 한글학회
대전지회.
──(2001a), 「신문광고의 텍스트언어학적 고찰」, 『어문연구』 37, 어문연구
학회.
──(2001b), 「잡지광고의 텍스트성에 대하여」, 『한국언어문학』 47집, 한국
언어문학회.
──(2002), 「현대희곡 <부평초>에 나타나는 생략현상」, 『우리말과 글의
이해』, 충남대학교출판부.
고니시 도시오(1992), 「<목련전>의 텍스트언어학적 분석」, 『국어연구』 107,
국어연구회.
고성환(1996), 「<오우가>의 어학적 분석」, 『문학과 어학의 만남』, 신구문화
사.
고영근(1974a), 「현대국어의 종결어미에 대한 구조적 연구」, 『어학연구』 10-1,
서울대 어학연구소.
──(1974b), 「현대국어의 존비법에 대한 연구」, 『어학연구』 10-2, 서울대
어학연구소.
──(1983), 『국어문법의 연구』, 탑출판사.
──(1986), 『표준국어문법론』, 탑출판사.
──(1986), 『국어의 통사·의미론』, 탑출판사.
──(1987), 『표준중세국어문법론』, 탑출판사.
──(1990a), 「문장과 이야기의 관련성에 관한 연구」, 『관악어문』 15, 서울
대학교 국어국문학과.

고영근(1990b), 「텍스트이론과 국어 통사론 연구의 방향」, 『배달말』 15, 배달
  말학회.
———(1992), 「텍스트의 경계를 어떻게 세울 것인가?—이효석의 <산>을 대
  상으로 하여」, 『김태옥교수 화갑기념논총』, 동 간행위원회.
———(1994), 『국어문법의 연구 -그 어제와 오늘』, 탑출판사.
———(1995), 『단어, 문장, 텍스트』, 한국문화사.
———(1996), 「한국 고전작품에 대한 텍스트 언어학적 분석」, 『새국어생활』
  6권 1호, 국립국어연구원.
———(1997a), 「텍스트 이론과 문학작품의 분석」, 『텍스트언어학』 4, 박이정.
———(1997b), 「텍스트 형성과 응집성의 문제」, 『진태하선생 화갑기념논문
  집』, 동 간행위원회.
———(1998), 『한국어문운동과 근대화』, 탑출판사.
———(1999), 『텍스트이론』, 대우학술연구총서, 아르케.
———(2001), 「텍스트 과학과 문학연구」, 『한국 텍스트 과학의 제과제』, 역
  락.
고창운(1996), 「전제 개념과 국어의 전제 분석」, 『우리말 의미연구』, 박이정.
공영일(1992), 「문법 제약의 심리적 실체」, 『언어학과 인지』, 김태옥교수화갑
  기념논총, 한국문화사.
구도희(1988), 「담화속에서의 생략」, 『우리말연구』.
구자은(1991), 「대화구조의 모형화에 대한 연구」, 경북대 박사학위논문.
권재일(1988), 「문법기술에서의 정도성에 대하여」, 『국어국문학』 100, 국어국
  문학회.
———(1989), 「조사의 성격과 그 생략현상에 대한 한 기술방법」, 『어학연구』
  제25권 제1호, 서울대 어학연구소.
김건수(1984), 「담화분석에 있어서의 명제와 상황맥락에 대하여」, 『언어연
  구』 1, 한국현대언어학회.
김규현(2000), 「담화와 문법 : 대화분석적 시각을 중심으로」, 『담화와 인지』
  제7권 1호, 담화·인지언어학회.

김미경(1999), 「정보구조화 관점에서 본 생략의 의미와 조건」, 『담화와 인지』 6권 2호, 담화·인지언어학회.

김미형(1990), 「생략과 정보구조」, 『자하어문논집』 6·7합집, 상명여대국어교육과.

김성훈(1993), 「텍스트에서의 생략현상에 대한 연구」, 『텍스트언어학』 1, 텍스트언어학회. 서광학술자료사.

김송룡(1989), 「국어의 생략현상과 그 유형」, 건국대학교 대학원 논문집 29.

김슬옹(1997), 「개념적 의미에 관한 몇 가지 오해에 대하여」, 『담화와 인지』 제4권 2호, 담화·인지언어학회.

김승곤(1988), 「자리토씨의 이름에 대한 한 고찰」, 『한글』 199호, 한글학회.

김언주(1986), 「우리말의 생략과 삭제」, 『국어국문학』 23집, 부산대 국어국문학과.

김용도(1996), 『텍스트 결속이론』, 부산외대 출판부.

김인숙(1980), 「생략과 복원가능성」, 『영학논집』 4, 서울대 인문대 영어영문학과.

김일웅(1982), 「우리말 대용어 연구」, 부산대 박사학위 논문.

──(1984), 「대명사의 생략현상」, 『언어연구』 7집, 부산대 어학연구소.

──(1985), 「생략과 그 유형」, 『부산한글』 4집, 한글학회 부산지회.

──(1986), 「생략의 유형」, 『국어학신연구』, 탑출판사.

김정미(1991), 「화용론적인 관점에서의 행위개념에 대한 고찰」, 인하대 석사학위논문.

김정선(1997), 「텔레비전 광고 텍스트의 구조와 대화」, 『한양어문』 15, 한양어문학회.

김정자(1999), 「잡지 기사의 구어성 분석」, 『텍스트언어학』 7, 박이정.

김정태(1992), 「국어 글라이드음의 기능에 대한 연구」, 충남대학교 박사학위논문.

김정호(1982), 「생략에 대하여」, 『한글』 130. 한글학회.

김종도(1997), 「인지문법의 국어에의 적용」, 『한국어학』 5, 한국어학회.

김종택(1973), 「무주어문과 생략문」, 『국어교육론지』 1, 대구교대 국어과.

──(1982), 『국어화용론』, 형설출판사.

김진수(1985), 「언어와 논리」, 『목원어문학』 5, 목원어문학회.

──(1987), 『국어 접속조사와 어미 연구』, 탑출판사.

──(1993), 「현대소설의 담화분석(Ⅰ) : 나도향의 물레방아와 윤정선의 해
질녘을 중심으로」, 『언어』 14, 충남대학교 어학연구소.

──(1994), 「현대소설의 담화분석(Ⅱ)」, 『논문집』 43, 충남대 인문과학연구
소.

──(1998), 「텍스트 언어학의 연구방법론-텍스트의 분류를 기준으로-」, 『어
문연구』 30집, 어문연구학회.

김창익(1984), 「간접화행과 대화요령(TACT)」, 『언어연구』 1, 한국현대언어학회.

김충명(1994), 「TFA와 화맥 정보의 통합기술」, 『화용론논집』 2집, 언어정보연
구원.

김태옥(1994), 『인지적 화용론』, 한신문화사.

──(1996), 「텍스트 언어학과 현대문학」, 『새국어생활』 6권 1호, 국립국어
연구원.

김태옥·이현호(1981), 『담화 텍스트 언어학 입문』, 양영각.

김태옥·이현호(1995), 「담화 연구의 텍스트성 이론과 적합성 이론」, 『담화
와인지』 1, 담화·인지언어학회.

김태자(1983), 「의미와 화행분석」, 『국어국문학』 90, 국어국문학회.

──(1986), 「간접화행의 의미와 해석」, 『국어국문학』 96, 국어국문학회.

──(1987), 『발화분석의 화행의미론적 연구』, 탑출판사.

──(1988), 「작품분석의 화행의미론적 접근」, 『한글』 200, 한글학회.

──(1989), 「간접화행과 대화적 함축」, 『국어학』 18, 국어학회.

──(1992), 「담화분석과 그 과정」, 『국어국문학』 107, 국어국문학회.

──(1993), 「맥락분석과 의미탐색」, 『한글』 219, 한글학회.

──(1994), 「간접발화행위의 양상과 구조」, 『이화어문논집』 13, 이화여자
대학교 한국어학연구소.

김해생(1995), 「제 2언어 독일어 습득자의 텍스트에 나타난 생략현상」, 『텍스트언어학』 3, 박이정.

김혜정(1998), 「신문표제어의 텍스트 양상 연구」, 『선청어문』 25집, 선청어문학회.

김홍수(1996), 「담화분석과 문학적 담론」, 한국언어문학회 37차 발표요지집, 한국언어문학회.

김희선(1994), 「담화구조의 측면에서 본 생략현상과 그 형식」, 『화용론논집』 2집, 언어정보연구원.

나은영(1999), 「<살아있는 이중생 각하>의 텍스트 언어학적 분석」, 『한국어의미학』 4, 한국어의미학회.

나찬연(1993), 「우리말 이음에서의 삭제와 생략현상」, 『선청어문』 22집, 선청어문학회.

노석기(1984), 「국어의 담화와 문장에 대한 특성 비교」, 『한글』 184호, 한글학회.

──(1987), 「담화의 얽음관계 연구」, 『논문집』 5, 부산외국어대학교.

──(1990), 「우리말 담화의 결속관계 연구」, 『한글』 208호, 한글학회.

노은희(1995), 「담화에서의 생략에 대한 비판적 고찰」, 『선청어문』 제22집, 선청어문학회.

도수희(1965), 「{그러나, 그리고 …… 그러니, 그러면} 등 어사고」, 『한국언어문학』 3, 한국언어문학회.

──(1967), 「대용언에 대하여」, 『어문연구』 5, 어문연구회.

──(1985), 『문법론 : 국어학개론』, 한국방송대학출판부.

──(1986), 『국어 대용언의 연구』, 탑출판사.

도효근(2001), 「통신 언어가 국어 생활에 미치는 역기능 연구」, 『어문연구』 37, 어문연구학회.

라이온스(J. Lyons)(1978), *SEMANTICS*, Cambridge University Press.

──(J. Lyons)(1981), *Language and Linguistics*, Cambridge University Press.

랭가커(R.W. Langacker)(1991), *Concept, Image, and Symbol*, Mouton de Gruyter Berlin ·

New York.

레이코프(G. Lakoff)(1968), *Deep and Surface Grammar*. Bloomington : Indiana University Linguistics Club.

렌크마(J. Renkema)(1993), *Discourse Studies—An Introductory Textbook*, John Benjamins Publishing Company.

류구상(1986), 「주격조사에 대하여」, 『한글』 190호, 한글학회.

류동석(1990), 「조사생략, 국어연구 어디까지 왔나」, 서울대 대학원 국어연구회.

류현미(1999), 「국어 의문문의 연구」, 충남대학교 박사학위논문.

리치(G. Leech)(1976), *Semantics*, Penguin Books Ltd.

매튜(P. H. Matthews)(1979), *MORPHOLOGY*, Cambridge University Press.

문경환(1990), 「인지체계 속의 언어기능」, 『인지과학』 2−2, 한국인지과학회.

문미선·신효식·이민행 옮김(1996), 『새로운 의미론』, 한국문화사.

민영규(1966), 「≪월인석보≫ 제23 잔권」, 『동방학지』 제6집, 연세대 동방학연구소.

민현식(1982), 「국어 조사에 대한 화용론적 연구」, 『관악어문연구』 7, 관악어문학회.

───(1996), 「<농가월령가>에 대한 텍스트 언어학적 고찰」, 『문학한글』 10호.

바바라(A. F. Barbara)(1987), *Discourse Structure and anaphora*, Cambridge University Press.

박갑수(1992), 「방송광고에 나타난 언어의 문제」, 『새국어생활』 2-2, 국립국어연구원.

박근우(1984), 「담화의 정보구조」, 『새결 박태권선생 화갑기념논총』, 동 간행위원회.

박금자(1999), 「일간 신문 제목에 나타나는 응집성, 패러디, 생략현상」, 『텍스트언어학』 7, 박이정.

박수자(1995), 「어휘의 기능과 텍스트문법적 접근의 관계」, 『선청어문』 22집,

선청어문학회.

박승윤(1983), 「생략에서의 동일성 조건」, 『언어』 8-1, 언어학회.

─────(1990), 『기능문법론』, 한신문화사.

박양규(1980), 「주어의 생략에 대하여」, 『국어학』 4, 국어학회.

박여성(1994), 「화행론적 텍스트 유형학을 위하여」, 『텍스트언어학』 2, 박이정.

박영순(1991), 「국어 의문문의 의문성 정도에 대하여」, 『국어의 이해와 인식』, 한국문화사.

박용익(1998), 『대화분석론』, 한국문화사.

─────(1999), 「드라마 분석을 위한 언어학적 대화 분석의 응용 가능성」, 『텍스트언어학』 7, 도서출판 박이정.

박의재 역(1994), 『사회언어학』, 한신문화사.

박정준(1994), 「담화의 텍스트 언어학적 분석 연구」, 서울대 석사학위 논문.

브라운·일(G. Brown & G. Yule)(1983), *Discourse analysis*, Cambridge University Press.

브링커(K. Brinker)(1992)/이성만 역(1994), 『텍스트언어학의 이해』, 한국문화사.

사재동(1965), 「<목련전> 연구(上)」, 『한국언어문학』 제3집, 한국언어문학회.

─────(1983), 「<목련경>의 유변관계」, 『한국언어문학』 제22집, 한국언어문학회.

서 혁(1995), 「담화의 분석과 화제, 초점에 대하여」, 『선청어문』 22집, 선청어문학회.

서천수(1995), 「EFL학습자를 위한 영어의 생략연구」, 『언어연구』 11, 현대언어학회.

성광수(1972), 「국어 소형문에 대한 검도」, 『한글』 150호, 한글학회.

─────(1982), 「화행의미와 적절성 문제」, 『어문논집』 23, 고려대학교.

세벡(T.A. Sebeok)(1974), *Current Trends in Linguistics*, volume 12 Linguistics and Adjacent Arts and Sciences, Mouton, the HAGUE·PARIS.

세종대왕기념사업회(1991), 『(역주) 석보상절』, 사단법인 세종대왕기념사업회.

손우상(1996), 「대화의 주제와 초점에 관하여-전화대화문의 분석」, 고려대

　　　　학교 석사논문.

손자희(1996), 「광고 주체, 광고의 신화」, 『이미지』, 현실문화연구회.

송병학(1987), 「영형 주어」, 『언어』 7호, 충남대 어학연구소.

스터브즈(M. Stubbs)(1988)/송영주 역(1993), 『담화분석』(Discourse analysis), 한국
　　　　문화사.

신명선(1999), 「광고 표제어의 특성에 관한 연구」, 『선청어문』 27집, 선청어
　　　　문학회.

신성경(1999), 「TV광고의 텍스트 언어학적 특징」, 『텍스트언어학』 7, 박이정.

신지연(1996), 「<속미인곡>의 텍스트 언어학적 분석」, 『문학과 언어의 만
　　　　남』, 신구문화사.

─────(1999), 「구어의 텍스트 형성에 대한 연구」, 『텍스트언어학』 7, 박이정.

─────(2000), 「서사 텍스트로서의 월인석보 권8 <안락국전>의 응집성」, 『목
　　　　원국어국문학』 6집, 목원대학교 국어국문학과.

신현숙(1982), 「목적격 표지 /를/의 의미 연구」, 『언어』 7권 1호, 한국언어학회.

─────(1986), 『의미분석의 방법과 실제』, 한신문화사.

─────(1990), 「담화대용 표지 {그래}의 의미 연구」, 『인지과학』 2권 1호, 인
　　　　지과학회.

─────(1991), 『한국어 현상―의미 분석』, 상명여대 출판부.

─────(1997), 「담화 의미연구의 방향」, 국어의미론학회 창립기념 학술대회 발
　　　　표요지.

신현정(1998), 「대용어 결속구조의 기능연구」, 충남대 석사학위 논문.

심인섭(1985), 「우리말의 생략현상 연구」, 부산대학교 교육대학원 석사학위
　　　　논문.

안주호(1992), 「한국어 담화 표지 분석」, 『말』 17, 연세대 한국어학당.

양동휘(1979), 「Zero Anaphora in Korea」, 『언어』 4-2, 한국언어학회.

─────(1980), 「기능적 대용화론」, 『한글』 170, 한글학회.

─────(1981), 「무형대용화론 서설」, 『언어』 6-2, 한국언어학회.

양명희(1996), 「현대국어 대용어에 대한 연구」, 서울대학교 대학원 박사학위

논문.

양우진(1991), 「인지과학, 언어 그리고 의미」, 『논문집』(인문·사회과학편) 33, 제주대학교.

양태식(1992), 『국어구조의미론』, 서광학술자료사.

양혜순(1986), 「Toward a Unified Theory of English」, 서울대 박사학위논문.

오장근(1993), 「한국어와 독일어 텍스트의 결속구조에 관한 대비연구」, 『텍스트언어학』 제1집, 텍스트언어학회.

오주영(1998), 『화용론과 의미해석』, 경성대학교 출판부.

왕문용(1995), 「국어 연구의 방향과 관련된 몇 문제」, 『선청어문』 22집.

────(2000), 「신문의 매체언어」, 『선청어문』 28집, 선청어문학회.

유동석(1990), 「조사생략」, 『국어연구 어디까지 왔나』, 동아출판사.

윤석민(1989), 「국어의 텍스트언어학적 분석」, 『국어연구』 92, 국어연구회.

────(1998), 「상황의미론의 몇 가지 과제와 전망」, 『대전어문학』 15, 대전대학교 국어국문학회.

윤재원(1989), 『국어보조조사의 담화분석적 연구』, 형설출판사.

윤홍섭(1991), 「상황의미론에 의한 화행분석」, 『화용론논집』 제1집, 서울대학교 화용론 연구회.

의미론연구회(1997), 「인지의미론의 현황과 전망」, 『한국어학』 5, 한국어학회.

이강호(1998), 「독일어의 생략현상 연구 I」, 『독어교육』 제16집, 한국 독어독문학 교육학회.

이경자(1999), 『우리말 신체어 형성』, 충남대학교 출판부.

이기동(1982), 『언어와 인지』, 한신문화사.

────(1987), 「언어와 의식」, 『말』 6집, 연세대학교 한국어학당.

────(1989), 「언어의 주관성 문제」, 『한글』 206호, 한글학회.

이기용(1998), 『상황과 정보―상황의미론』, 태학사.

이남순(1988), 『국어의 부정격과 격표지 생략』, 탑출판사.

이두헌(1994), 「대화분석의 방법에 관한 연구」, 한국외대 박사학위논문.

이선묵(1993), 「일간 신문과 대중 신문의 표제어에 나타난 생략현상」, 『텍스트언어학』1, 텍스트연구회.

이성범(1999), 『언어와 의미−현대의미론의 이해』, 태학사.

이소령(1995a), 「중세국어 토씨 생략연구」, 『부산한글』 14집, 한글학회 부산
　　　지회.

─────(1995b), 「토씨 생략과 관련 양상」, 『우리말연구』 5집, 우리말연구회.

이숭녕(1992), 『중세국어문법』, 을유문화사.

이연식(1990), 「맥락과 용인 가능성」, 『영어영문학』 36−2, 한국영어영문학회.

이영수(1994), 「텍스트 구조의 언어학적 분석−테마 전개의 기본 유형을 중
　　　심으로」, 중앙대학교 석사학위논문.

이유진(1995), 「대화의 주제와 초점에 관하여−전화대화문 분석」, 고려대학교
　　　석사학위논문.

이재호·이현호(1992), 「진달래꽃」의 텍스트 언어학적 분석」, 『김태옥교수화
　　　갑기념논총』, 동 간행위원회.

이정민(1994), 「언어와 인지−의미표상을 중심으로」, 『현대언어학 지금 어디
　　　로』, 한신문화사.

─────(1996), 『논리와 정보』, 태학사.

이정민·배영남(1993), 『언어학사전』, 박영사.

이주행(1992), 「신문 잡지 광고에 나타난 언어의 문제」, 『새국어생활』 2−2,
　　　국립국어연구원.

이현호 외(1997), 『한국 현대희곡의 텍스트언어학적 연구』, 한국문화사.

이현호(1994), 『한국 현대시의 담화·화용론적 연구』, 한국문화사.

이현호(1998), 「우리말 방송 대화의 담화·화용론적 특성에 관한 연구」, 『담
　　　화와 인지』 제5권 2호, 담화·인지언어학회.

이혜원(1995), 「텍스트 결속성에 관한 고찰」, 한국외대 석사학위논문.

이홍배(1987), 「On Empty Categories in Korea」, 『언어』 12−2, 한국언어학회.

이효상(1993), 「담화·화용론적 언어분석과 국어 연구의 새 방향」, 『주시경
　　　학보』 11, 탑출판사.

임규홍(1996), 「국어 생략현상에 대한 연구」, 『어문학』 57집, 한국어문학회.

임규홍(2000), 「컴퓨터통신 언어에 대하여」, 『배달말』 27집, 배달말학회.

임지룡(1998), 『인지의미론』, 탑출판사.

────(2000), 『국어의미론』, 탑출판사.

임지룡·윤희수 옮김(1989), 『어휘의미론』, 경북대학교 출판부.

임홍빈(1975), 「국어의 통사적인 공범주에 대하여」, 『어학연구』 21-3, 서울
　　　대학교 어학연구소.

────(1979), 「을·를 조사의 의미와 통사」, 『한국학논총』 2집, 국민대학교
　　　한국학연구소.

────(1981), 「존재 전제와 속격 표지 {의}」, 『언어와 언어학』 제7집, 한국
　　　외대 어학연구소.

────(1984), 「분 송결의 논리와 수행-억양」, 『말』 9집, 연세대학교 한국어
　　　학당.

장경희(1990), 「조응표현, 국어연구 어디까지 왔나」, 서울대학교 대학원 국어
　　　연구회, 동아출판사.

────(1992), 「광고 언어의 유형과 특성」, 『새국어생활』 2-2, 국립국어연구
　　　원.

────(1997), 「대화 텍스트의 결속구조」, 『한양어문』 15, 한양어문학회.

────(1998), 「국어 대화의 구조」, 『한양어문』 16, 한양어문학회.

장석진(1974), 「보이나 안 들리는 '너'와 '나'」, 『어학연구』 10-2, 서울대 어
　　　학연구소.

────(1975), 「문답의 화용상」, 『어학연구』 11-2, 서울대 어학연구소.

────(1976), 「대화의 분석 : 정보와 조응」, 『응용언어학』 8-2, 서울대 어학
　　　연구소.

────(1984a), 「지시와 조응」, 『한글』 186호, 한글학회.

────(1984b), 「화용의 이론과 실제-동문서답」, 『어학연구』 제20권 제1호,
　　　서울대 어학연구소.

────(1985), 『화용론 연구』, 탑출판사.

────(1990), 「화용과 문법 : 자연언어처리를 위한 화맥 연구」, 『언어』 15,

한국언어학회.

장석진(1991), 「자연언어와 논리 : 화용적 추론」, 『화용론논집』 1집, 서울대학교 화용론연구회.

──(1993), 『정보기반 한국어문법』, 언어와 정보.

──(1994), 『현대언어학 지금 어디로』, 한신문화사.

장소원(1991), 「현대국어의 소형발화 연구」, 『텍스트언어학』 2, 박이정.

장소원 외(2002), 『말의 세상, 세상의 말』, 도서출판 월인.

장인봉(1986), 「담화상황에 대한 새로운 고찰」, 『대학원 논문집』(연구논문집) 14집, 이화여자대학교.

전정례(1996), 「중세국어 문체의 특성」, 『우리말 의미연구』, 한말연구학회, 박이정.

정길정·연준흠 공역(1994), 『언어심리학—문장과 담화처리과정 이해』, 한국문화사.

정원수(1992), 『국어의 단어형성론』, 한신문화사.

정유진(1998), 「보어 생략에서의 지식의 역할」, 『한국어 의미학』 2, 한국어의미학회.

정재형(1990), 「초점과 강조 표현」, 『부산한글』 9집, 한글학회 부산지회.

정진원(1990), 「설화자 화법으로 살핀 텍스트 분석—석보상절 6의 '라후라 출가 이야기'를 중심으로」, 『텍스트언어학』 1집, 텍스트 언어학회.

──(1999), 『중세국어의 텍스트언어학적 접근』, 한국문화사.

정희자(1997), 「생략의 담화기능적 연구」, 『외대논총』 17, 부산외국어 대학교.

──(1998), 『담화와 문법』, 부산 외국어대 출판부.

조성은(1993), 「말해지는 내용과 관련성 원리」, 『언어학논집』 3, 언어정보연구원.

주경희(1994), 「담화에서의 문맥」, 『선청어문』 22, 서울대 국어교육과.

주시경(1910), 『국어문법』, 박문서관, (탑출판사, 1985)

지광신(1994), 「독일어 어순에 있어서의 thema와 rhema의 역할」, 『말』 제19집, 연세대 한국어학당.

차현실(1990), 「'조선어학'의 화용론적 관점에 대한 고찰」, 『주시경학보』 제5
　　집.
최규수(1990), 「주제와 정보와의 관계」, 『부산한글』 9집, 한글학회 부산지회.
최재호(1990), 「담화 공통공간에 대한 연구」, 『언어』 15, 한국언어학회.
최전승(1995), 『한국어 방언사 연구』, 태학사.
최창렬(1983), 「맥락과 발화의미」, 『어학』 10, 전북대 어학연구소.
최현배(1980), 『우리말본, 여덟 번째 고침』, 정음사.
톤들(L. Tondl)(1981), *Problems of Semantics*, D. Reidel Publishing Company.
파터(H. VATER)(1995)/이성만 역(1995), 『텍스트 언어학 입문』, 한국문화사.
프롬킨·로드만(V. Fromkin·R. Rodman)(1983), *An Introduction to Language*, CBS
　　college publishing.
피네간(E. Finegan)(1994), *Language—its structure and use*, Harcourt Brace College
　　Publishers.
필모어(C.J. Fillmore)(1981), *Pragmatics and the Description of Discourse*, in Cole, P. ed.
　　(1981).
한국어문학회(1986), 『중세어문선』, 형설출판사.
한국어학연구회 편(1995), 『국어사 자료선집』, 박이정.
한영목(1977), 「국어 문장 대화어의 분석시론(1)」, 『한국언어문학』 15집, 한국
　　언어문학회.
―――(1980), 「국어 관형사의 연구」, 『장암지헌영선생고희기념논총』, 형설출
　　판사.
―――(1986), 「문장 대화어의 분석적 연구」, 『논문집』 10, 목원대학교.
―――(1988), 「한국어 구문노해 연구」, 충남대 박사학위논문.
――― 역(1993), 『생성문법과 언어능력』, 태학사.
한영목·정원수·류현미 역(1994), 『형태론』, 태학사.
한영목 역(1995). 『형태·통사론의 이해』, 한국문화사.
한영목(1996), 「국어 기본문 구성연구」, 『학림』 14, 충남대 국어국문학과.
―――(2002), 「문장대화어의 분석적 연구시론」, 『우리말과 글의 이해』, 충남

대학교출판부.

한재현(1978), 「생략규칙」, 『어학』 5집, 전북대 어학연구소.

─────(1981), 「생략과 대용현상」, 전북대 박사학위논문.

함애리(1994), 「대화의 공통 배경과 맥락」, 『화용론 논집』 2, 언어정보연구원.

허금회(1993), 「테마-레마 분절과 번역」, 『텍스트언어학』 1, 텍스트연구회.

현대언어학연구회 역(1984), 『언어의미와 상황맥락』, 한신문화사.

홍순성(1987), 「대명사의 영형태화」, 『영남어문학』 14, 영남어문학회.

홍택규(1994), 「담화 주제에 관하여」, 『화용론 논집』 2, 언어정보연구원.

황선엽(1993), 「텍스트 생산자를 중심으로 한 <안락국태자전>의 텍스트 언어학적 분석」, 『관악어문연구』 18집, 관악어문학회.

황적륜(1984), 「*On the Typology of Zero Anaphora*」, 『Language Research』 20-2, 서울대 어학연구소.

황종인(1995), 「한국 신문 기사의 제목」, 『새국어생활』 5권 4호, 국립국어연구원.

황현숙(1992), 「테마-레마 분절과 텍스트 언어학의 관계에 대한 고찰」, 한국외국어대학교 대학원 석사논문.

황희영(1979), 「15세기 대화체어의 한 연구-월인석보의 대화체 문장고」, 『문리대학보』 38, 중앙대문리과학 학도호국단.

찾아보기

□ 강연임(姜連任)

대전 출생
충남대학교 국어국문학과 졸업
동대학원 수료(문학박사)
충남대 · 공주대 · 목원대 강사

주요논저
「번역노걸대의 텍스트언어학적 연구」
「신문광고의 텍스트언어학적 고찰」
「중세국어 담화에서의 생략현상에 대하여」
「잡지광고의 텍스트성에 대하여」
「격조사 '의'의 화용상의 기능에 대하여」 외에
의미론 · 화용론 관계 논문 다수

한·국·어 담·화·와 생략

2005년 3월 30일   제1판 1쇄 발행

지 은 이 | 강연임
펴 낸 이 | 송미옥
펴 낸 곳 | 이회문화사

주   소 | 서울시 동대문구 답십리동 488-338 부영빌딩 503호
전   화 | 02-2244-7912
팩   스 | 02-2244-7914
전자우편 | ih7912@chol.com
등록번호 | 제6-0532호(1992. 5. 2)

ISBN 89-8107-293-0 93710

정가 10,000원